A. ARCELIN

HISTOIRE
DES
PAROISSES, VILLAGES ET SEIGNEURIES
DE

SAINT-CHRIST, BRIOST
ET GIZANCOURT

OUVRAGE COURONNÉ PAR LA SOCIÉTÉ DES ANTIQUAIRES
DE PICARDIE

PREMIER FASCICULE

MONTDIDIER	PARIS
IMPRIMERIE BELLIN	Émile LECHEVALIER, LIBRAIRE
15, RUE DE L'ONGUAIRE	16, RUE DE SAVOIE, 16

HISTOIRE
DES PAROISSES, VILLAGES ET SEIGNEURIES
DE
SAINT-CHRIST, BRIOST
ET
CIZANCOURT

LISTE DES SOUSCRIPTEURS

Sa Grandeur Monseigneur Jean-Marie-Léon Dizien, évêque d'Amiens.
Monseigneur Guenot, protonotaire Apostolique, Vicaire général, Archidiacre d'Amiens.
Monsieur le Chanoine Loyer, archiprêtre, curé-doyen de Péronne.
M. l'abbé Leroy Maurice, Chapelain, curé du Quesnel.
M. le docteur Puche, à Athies.
M. l'abbé de Pissy, Chapelain, rue J. Barni, à Amiens
M. l'abbé Foratier, curé-doyen de Domart-en-Ponthieu.
M. E. Lebel, caissier central de la Caisse d'Epargne, à Péronne.
M. Duclaux Gustave, propriétaire d'étangs, à Falvy.
M. le Chanoine Mantel, supérieur de la Providence, à Amiens.
M. l'abbé E. Bourdon, curé de Biaches.
M. Raymond Martel, propriétaire, 8, rue du Sac, à Péronne.
M. E. Arcelin, comptable, 2, rue du Sac, à Péronne.
M. Léon de Lalain-Chomel, Château de Misery.
M. Hector Josse, propriétaire à Saulcourt, par Heudicourt.
M. Arthur Vinchon, propriétaire, 78, r. N.-D.-des-Champs, à Paris.
M. Annet Veyssière, à Athies.
M. Duhamel-Decéjean, propriétaire, à Nesle.
M. l'abbé Carton, curé de Doingt.
M. l'abbé Peuvion, Chapelain, curé de Cartigny.
M. Tenaille d'Estais, Château de Fresnes-Mazancourt.
M. l'abbé Maurisse, curé de Mons-en-Chaussée.
M. Pérot, courtier en sucres, à La Chapelette-Péronne.
M. Fernand Brière, rue du Collège, à Noyon (Oise).
M. Edmond Bocquet, à Pont-Tugny, par Saint-Simon (Aisne).
Mme Veuve Victor Vion, à Sainte-Émilie, par Roisel.
M. et Mme Desmoutier-Vion, à Compiègne (Oise).
M. et Mme Tattegrain-Vion, à Devise, par Athies.

M. G. Degagny fils, à Croix-Moligneaux, par Matigny.
M. l'abbé L. Cardon, vicaire à Albert.
M. A. Bigorgne, Directeur de l'Imprimerie Bellin, à Montdidier.
M. Brandicourt-Boivin, lib^{re} r. de Noyon, à Amiens.
M. Lechevalier, libraire, 16, rue de Savoie, à Paris.
M. R. Rodière, Place Verte, à Montreuil-sur-Mer (Pas-de-Calais).
M. Albert Boitel, professeur de Sciences au Lycée Lakanal, à Sceaux.
M. l'abbé P. Olive, Chapelain, curé de Thieulloy-la-Ville.
M. Antoine Caron, à Corbie.
M. Antoine Mimerel, Bd. Saint-Germain, 205, à Paris.
M. le Chanoine Simon, curé-doyen du Saint-Sépulcre, à Abbeville.
Madame Henri Fernel, à la Maisonnette-lès-Biache.
M. L. Ledieu, 12, rue Porion, à Amiens.
M. Paul Gigon, ancien notaire, 12, rue Dijon, à Amiens.
M. A. Le Noir de Feuillères de Mérocourt, Château de Longpré-les-Amiens.
M. Arthur Pingeot, à Saint-Christ.
M. Florentin Quéquet, à Saint-Christ.
M. Théodule Gontier, à Saint-Christ.
Mme Nonain-Cazé, à Saint-Christ.
M. Emile Quéquet, à Saint-Christ.
M. Darloy-Ledoux, à Saint-Christ.
M. l'abbé Eugène Defrance, curé de Saint-Christ.
M. le docteur Dheilly, à Marchélepot.
M. l'abbé Gillot, curé de Fresnes-Mazancourt.
M. G. Tattegrain, 38, rue Saint-Fuscien, à Amiens.
M. l'abbé Roger, curé de Sainte-Radegonde.
M. et Mme Adolphe Isèbe, à Villecourt.
M. l'abbé Bisset, curé de Licourt.
M. et Mme Liévin-Delaunay, à Briost.
M. Beauvarlet Ferdinand, à Saint-Christ.
M. l'abbé Gauchin, curé de Lesbœufs.
M. Paul Caron, à Péronne.
Me Terlez, notaire, à Péronne.
MM. Saffroy frères, libraires, Grande Rue, 73, au Pré-St-Gervais (Seine).
Madame Emile Gonse, 19, rue Gribeauval, à Amiens.
M. et Mme Lemaire-Bourdin, Hôtel des Ruines, à Coucy-le-Château (Aisne).

M. Eugène Déprez, archiviste, Palais Saint-Vaast, à Arras (P.-de-C.).
Madame Petit Le Roy, à Buire-Courcelles.
M. Paul Dupré, libraire, 34, rue Croix Belle-Porte, à Saint-Quentin (Aisne).
M. G. de Witasse, r. Voiture, 21, à Amiens.
M. J. Arcelin, recev^r de l'Enreg. à Valençay (Indre).
M. et Mme Petit-Demarolle, à Buire-Courcelles.
M. Henri Théry, à Athies.
M. Cousin, avocat, à Péronne.
M. A. Coutellier, libraire, 22, r. des Grands-Augustins, à Paris, VIe.
M. et Mme Vinchon-Boulenger, 243, Boul. de Beauvillé, à Amiens.
M. Mauppin, 43, rue Saint-Sauveur, à Péronne.
Me Paul Séfourt, notaire à Chaulnes.
M. André Blain, Château de la Taulle, par Cuvilly (Oise).
M. G. Massoulle, industriel, 115, rue des Teinturiers, à Amiens.
M. Ch. Gauchin, à Cizancourt.
M. Hector Duchemin, à Saint-Christ.
M. Doyen, à Saint-Christ.
M. l'abbé Poulain, curé d'Ennemain.
M. l'abbé Marion, curé de Pertain.
M. l'abbé Vasseur, curé de Marchélepot.
Mlle Jeanne Warnet, à Génermont, c^{ne} de Fresnes-Mazancourt.
Mme Vve Martel, à Fresnes-Mazancourt.
M. Levert, maire de Fresnes-Mazancourt, à Génermont.
M. et Mme Objois-Vinchon, Château de Méricourt-sur-Somme.
Mme Marceille, à Buire-Courcelles.
M. Louis Arcelin, à Saint-Christ.
M. Alfred Louis, à Saint-Christ.
M. le Comte d'Auvergne, 51, rue Malesherbes, à Paris.
M. Edouard Debary, 24, rue Duminy, à Amiens.
M. Pierre Cosserat, 40, rue de la République, à Amiens.
M. l'abbé Jules Leulier, curé de Vion.
M. l'abbé Couvreur, curé-doyen de Nesle.
M. le chanoine E. Tassus, curé de Babœuf (Oise).
M. l'abbé Paul Laloy, curé de Morlancourt
M. Emile Quentin, 43, avenue de Paris, à Choisy-le-Roy (Seine).
M. Alfred Ponthieux, secrétaire du Comité archéol. de Noyon, à Berlancourt, par Guiscard (Oise).
Mme Aymé Darbloy, à Saint-Germain-lez-Corbeil (Oise).

M. A. Dufour, bibliothécaire de la ville de Corbeil, à Corbeil (Oise).
Mlle Angèle Arcelin, à Nesle.
Mlle Fernande Arcelin, à Buire-Courcelles.
Mlle Georgette Arcelin, à Buire-Courcelles.
Mlle Noëlle Arcelin, à Génermont.
M. Ch. Arcelin, comptable à Génermont, c^{ne} de Fresnes-Mazancourt.
M. J. Schummer, libraire, 11, Avenue de la Gare, Luxembourg.

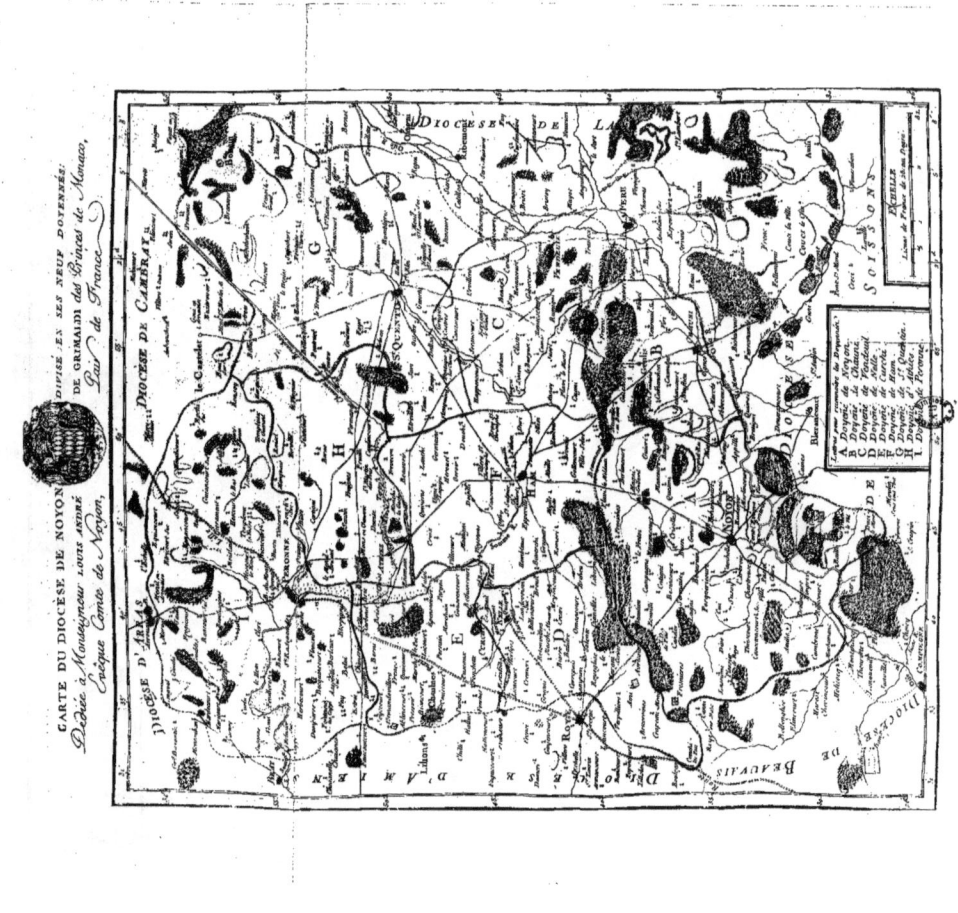

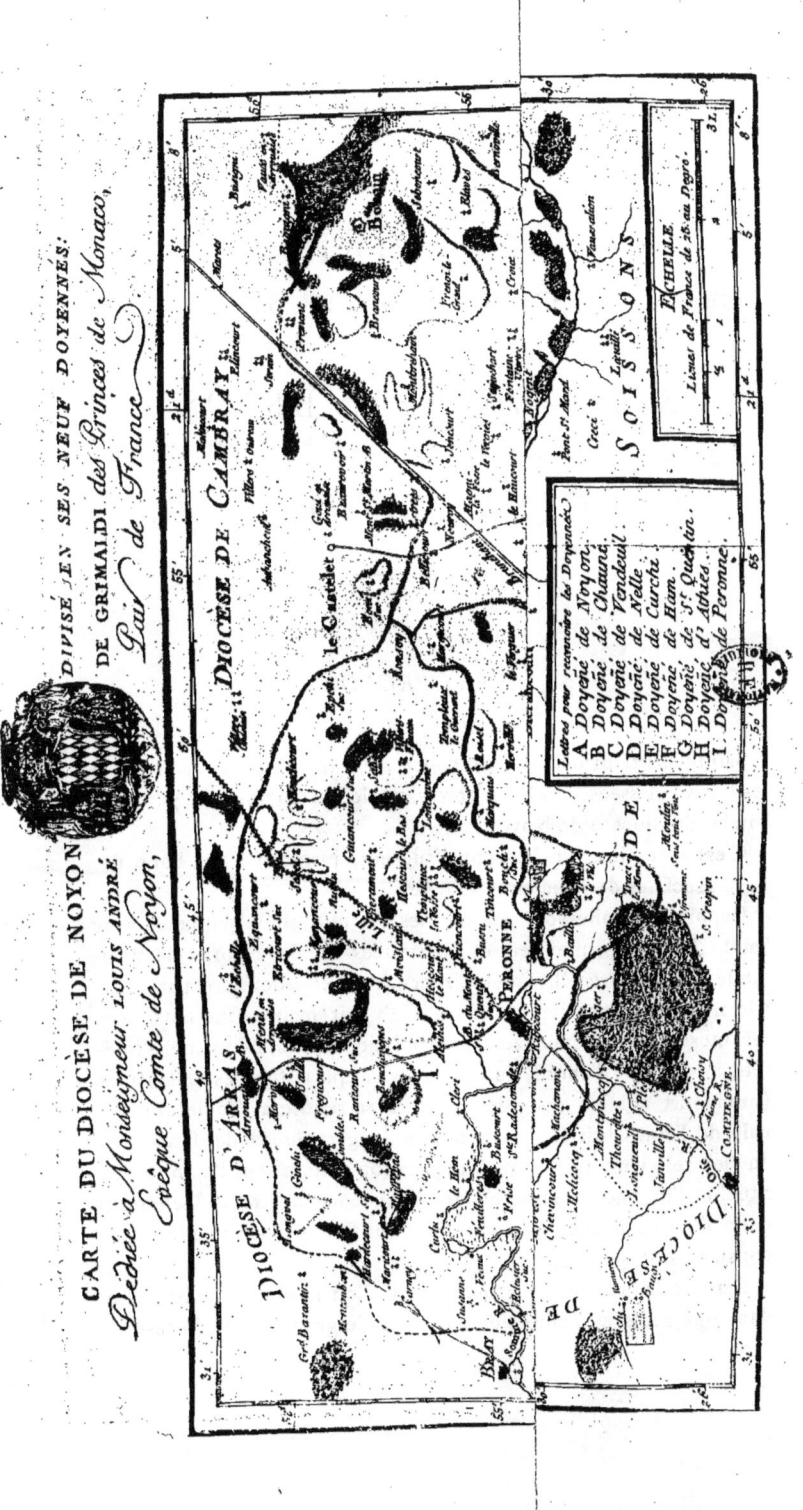

HISTOIRE
DES PAROISSES, VILLAGES ET SEIGNEURIES
DE
SAINT-CHRIST, BRIOST
ET
CIZANCOURT

AVANT-PROPOS

Saint-Christ, Briost et Cizancourt, sont trois localités sœurs. On les trouve classées, dès le xie et xiie siècle, au nombre des paroisses rurales du diocèse de Noyon.

C'est à ce titre qu'elles constituèrent, jusqu'en 1789, l'une des unités sociales de l'ancienne France.

Depuis lors, elles ont été réunies en une seule paroisse, avec Saint-Christ pour chef-lieu, et distribuées en deux corps de commune : Saint-Christ-Briost et Cizancourt. Cette dernière particularité n'empêche pas cependant qu'il n'y ait maintenant, entre ces localités jadis indépendantes, association et communauté d'intérêts, résultant : d'abord, du lien scolaire qui oblige les enfants de Cizancourt comme ceux de Briost, à se rendre à l'école communale de Saint-Christ, école géminée de garçons et de filles, puis du lien religieux qui groupe la population entière sous l'autorité spirituelle d'un même curé, malgré l'existence de trois clochers, et enfin d'un voisinage fort rapproché qui fait que les relations sont constantes et quotidiennes.

Dans ces conditions, j'ai pensé qu'il était rationnel de les réunir dans une seule et même monographie. Ce groupement du reste ne peut que multiplier l'intérêt qui s'attache à une étude dont le but n'est pas uniquement de soulever un petit coin du voile du passé, mais encore et surtout d'inspirer aux lecteurs à qui elle s'adresse plus particulièrement, l'amour du sol natal et du clocher qui les a vus naître, puis de raviver dans le cœur de chacun les sentiments de bonne confraternité qu'on se plaît à voir régner parmi les enfants d'un même pays et de mêmes mœurs.

Pour mon travail, j'ai adopté le plan qui paraît le plus simple et le mieux adapté à la bonne ordonnance des documents qui s'y rapportent ; il embrasse, sous trois titres principaux :

l'Histoire de la paroisse,
l' Histoire du village,
l'Histoire de la seigneurie.

Veuille le Christ, dont nous vénérons la divine et touchante effigie sous la figure de l' « *Ecce Homo* », bénir mes laborieuses et patientes recherches ! Je ne doute pas que la lecture attentive de cette monographie, écrite d'ailleurs avec une impartialité historique absolue, ne serve à démontrer à plus d'un que, dans le passé, la religion chrétienne a été le principe fécond de la plupart des bonnes et heureuses initiatives dont nous reconnaissons aujourd'hui, plus que jamais, bien que sous des noms différents peut-être, l'incontestable opportunité ; qu'elle fut la source du bonheur familial et l'inspiratrice des sentiments les plus élevés et les plus nobles ; et qu'elle demeure encore pour l'avenir, à cause des lois de justice, de charité et de sobriété qu'elle ne cesse de préconiser, l'élément le plus ferme et le garant le plus sûr de la prospérité générale et du bien-être individuel.

Que Notre-Dame de Briost et Sainte Anne, sa glorieuse Mère, soient mes guides dans l'art de compulser les archives poussiéreuses du passé, et que Sainte Marie-Madeleine, l'illustre patronne de Cizancourt, ainsi que Sainte Jule, la patronne toujours implorée et pieusement fêtée de Saint-Christ, nous méritent l'avantage d'en tirer de sages et salutaires enseignements.

En la fête de la Translation de Sainte Jule, vierge-martyre, le 29 Janvier 1913.

PREMIÈRE PARTIE

HISTOIRE DES PAROISSES
DE
SAINT-CHRIST, BRIOST ET CIZANCOURT

Section A. — **LA PAROISSE DE SAINT-CHRIST**

Sous ce titre, je donne tout d'abord l'historique du Prieuré, auquel le pays doit son nom et la paroisse son origine, et l'une des pages les plus mémorables de ses annales ; deuxièmement l'historique de la paroisse proprement dite.

I. — *LE PRIEURÉ DE SAINT-CHRIST*

CHAPITRE PREMIER

Existence et Nature du Prieuré

I. — Origine, composition et situation du Prieuré.
II. — Sa filiation de l'Abbaye de Jouarre, ses Prieures.
III. — Les biens et charges du Prieuré.
IV. — Son droit de franchise ou d'asile.
V. — Le droit d'Avouerie des Seigneurs de Nesle et de Briost.

I. — **Origine, composition et situation du Prieuré.**

A en juger par la nature de son vocable, le Prieuré de Saint-Christ ne semble pas remonter à l'an 665, au temps de Sainte Bathilde, qui en aurait été la fondatrice, comme l'avancent plusieurs historiographes modernes, mais dater plutôt d'une époque ultérieure. Nous savons, en effet, que la légitimité du vocable de Saint-Christ fut fort contestée au viie siècle, et que Saint Hildevert, notre compatriote, qui était évêque de Meaux en 672, fut suspendu de ses fonctions par un synode composé d'évêques, pour avoir voulu dédier une église au « Saint Christ », l'attribution du mot « Saint » à la personne du Christ étant alors considérée comme une nouveauté contraire à la foi. L'établissement du Prieuré daterait donc avec plus de vraisemblance du xie siècle, c'est-à-dire de l'époque où les descendants d'Herbert II, comte de Vermandois, se qualifiaient comtes de Troyes et de Meaux, et tenaient l'Abbaye de Jouarre sous leur sujétion. C'est de l'Abbaye de ce nom, en effet, que le Prieuré de Saint-Christ tire son origine.

Il est fait mention, pour la première fois, de cet établissement, en 1103, dans une charte de Baudry, évêque de Noyon. Dans cette charte, il est rapporté que l'Abbaye de Jouarre possédait la chapelle conjointement avec l'autel de Villa-Nova, nom du village alors, depuis plus de trente ans. C'est déclarer que le Prieuré existait de fait, comme la paroisse, avant l'an 1073, et qu'il fut vraisemblablement érigé vers ce temps.

Aux xiiie et xive siècles, le Prieuré se composait :

A) D'un corps de bâtiments appelé « *Moutier* », réservé à l'habitation des religieuses ;

B) de la « *Maison de la Prieure* » ; cette maison était distincte du Moutier, en 1335 ;

C) de la « *Chapelle* », dont le vocable était celui du Prieuré. C'est là que, pendant cinq siècles, les Religieuses récitèrent « *l'Office divin* », auquel elles étaient astreintes. Elle subsista longtemps encore après la suppression de la Maison Conventuelle, en 1571. On y célébrait la messe le dimanche et le salut en Carême ;

D) de dépendances comprenant *cour et jardin* ;

E) d'une « *grange dîmeresse* » dite « *Grange Notre-Dame de Saint-Christ* ». Il en existait encore deux autres situées : l'une à Chaulnes et l'autre à Brie.

Le Prieuré de Saint-Christ est désigné indifféremment sous les noms de : « *Maison ou meson de Saint-Crist* », « *Eglise de Saint-Crist* », « *Prioré de Saint-Crist* », « *Couvent ou Moustier* ».

Il était situé sur la rive droite de la Somme, à l'une des extrémités de la chaussée, à l'angle droit formé par la route actuelle de Chaulnes à Vermand, (ancien chemin de Saint-Quentin à Amiens), et la rue de l'église. Son emplacement est occupé aujourd'hui par la

Mairie, l'Ecole de garçons et de filles, le Jeu de Paume, etc. Au commencement du siècle dernier, on y remarquait une auberge qui portait comme enseigne « l'Auberge de la Croix Blanche » ; c'est au même endroit que se trouvait, avant la construction du groupe scolaire actuel, l'école de filles. On y découvrit jadis, en creusant, outre des fondations solides en grès, un bénitier et un chapiteau d'époque Romane, provenant du Prieuré ; mais ces derniers objets n'ont pas été conservés.

En face du Couvent, à l'autre angle de rue, s'élevait la « Butte Saint-Claude » sur laquelle la piété de nos pères avait dressé une Croix portant, au pied du Christ, un chassis avec la statuette du Saint.

II. — Sa filiation de l'Abbaye de Jouarre, ses Prieures.

La charte mentionnée plus haut est adressée à Mathilde de Coucy ; celle-ci était abbesse de Jouarre et sœur d'Enguerrand de Coucy, évêque de Laon. Voulant obtenir la confirmation des autels et chapelle dont son monastère était en possession dans le diocèse de Noyon, — ainsi que l'exemption de tout personnat, — elle recourut à l'entremise de son frère, pour demander ensemble cette double faveur. Baudry la leur accorda gracieusement en l'an 1103.

Jouarre est un bourg du canton de la Ferté-sous-Jouarre, arrondissement de Meaux (Seine-et-Marne), situé sur le versant d'une colline baignée par le Petit-Morin. Une abbaye de Religieuses Bénédictines y fut fondée, vers l'an 630, par le Bienheureux Odon, frère de Saint-Ouen, sous le vocable de Notre-Dame. C'est de cette Abbaye, illustrée par le nom des Abbesses qui la gouvernèrent, que sont sorties : Sainte Bertile, première Abbesse de Notre-Dame de Soissons, et plus spécialement l'essaim de religieuses qui vinrent s'établir à Villa-Nova, mettant leur établissement primitif « sous *le vocable de Saint-Christ* ».

Les Prieures.

La Supérieure de Communauté se nommait Prieure — ou vulgairement — « Prieuse », la Première. Nous n'avons pas les noms de toutes les Prieures de Saint-Christ, mais seulement de quelques-unes.

Voici celles dont le souvenir a été conservé :

1° *Marguerite de Chiècecourt*, citée comme « Prieuse de Saint-Crist », en l'an 1300. Elle avait pour « compaingne » Jehanne de Flacy, et pour femme de service, la nommée « Pasquete ». Dans le même temps on rencontre le nom de « Suer Mahaut de Manessis ».

2° *Isabellis*, « Prieure de Nova-Villa », en 1357. Son nom figure le premier de la liste des membres du Chapitre convoqués pour l'élection de l'Abbesse de Jouarre, en remplacement d'Hélisende, décédée. L'Assemblée comprenait : la Prieure de Nova-Villa, (Saint-Christ), les Religieuses de l'Abbaye, et les « huit Chanoines de l'Eglise » qui, suivant une coutume immémoriale, avaient droit de vote.

Comme il y avait contestation sur certaines modalités concernant l'élection, on décida de recourir à un compromis et d'élire pour Abbesse une religieuse prise au sein du monastère. Ce fut la Sous-Prieure, Marguerite de nom, qui fut élue d'un commun accord. La restriction apportée semblerait faire croire qu'elle eut pour objet d'écarter la Prieure de Saint-Christ du fait qu'elle n'était pas de la Communauté. Cette exception n'ôte rien à son mérite personnel, elle en confirme même la valeur.

3° *Sœur Catherine la Blonde*, laquelle prit possession du Prieuré, le 24 septembre 1493.

4° *Hélène Fernicle*, Prieure de Saint-Christ, puis Abbesse de Notre-Dame de Briérlio, au diocèse de Troyes, en 1535.

5° *Louise de Longwy* (Longvy ou Longvïc), nommée « de plein droit, suivant l'antique usage », par Sœur Madeleine d'Orléans, Abbesse de Jouarre, sa tante. La provision est du 25 Octobre 1535 et la prise de possession du 29.

Louise de Longvy était fille de Jean de Longvy, sieur de Givry, sénéchal héréditaire de Bourgogne, et de Jeanne d'Orléans, sœur naturelle de François Ier. Elle fut élue Abbesse de Jouarre en 1543, et bénie par le Cardinal de Givry.

6° *Jeanne Chabot*, élue Abbesse du Paraclet, diocèse de Troyes, au moment de l'extinction du Prieuré, en 1571. On conserve d'elle une quittance ainsi conçue :

« Nous, Jehanne Chabot, par la permission divine, Abbesse du Paraclet, confessons avoir eu et reçeû de Guillaume Bardin, Procureur et Receveur de très-Excellente Princesse, dame Charlotte de Bourbon, Abbesse de Juerre, la somme de 200 livres tournois qui nous sont deûes par les dames Religieuses, Abbesse et Couvent dudit lieu, au jour et feste de Chandeleur dernier passé, pour la pension par nous retenue sur le Prioré de Saint-Christ en consentant la réunion d'iceluy à la Mense Abbatiale de la dite Abbaye. De laquelle somme de 200 livres tournois nous les quittons, ensemble de toutes les autres années de quoy ne leur aurions fourni de quittances. Fait... le cinquième jour de février MDLXXII. Jehanne Chabot.

C'est dame Charlotte de Bourbon, elle-même, l'auteur de l'extinction du Prieuré, qui avait donné ordre à Guillaume Bardin de payer à la dame Abbesse du Paraclet la somme qui lui était due.

Jeanne Chabot était fille de Philippe Chabot, seigneur de Brion, — famille alliée à celle de Rohan — et de Françoise de Longvy. Elle se laissa entraîner par le caractère spécieux des nouvelles doctrines et se fit calviniste, tout en conservant l'habit monastique et son titre d'Abbesse. On rapporte qu'elle fut chassée du monastère. La maison de Chabot était l'une des plus anciennes et des plus illustres du Poitou.

On s'appuie sur l'acte précité pour dire que c'est en qualité de Prieure de Saint-Christ que Jeanne Chabot consentit la réunion de son titre à la Mense Abbatiale du Paraclet; selon d'autres, c'est en qualité d'Abbesse du Paraclet.

7° *Dame Marie Anne Duval*, religieuse professe de l'Abbaye de Jouarre, pourvue du Prieuré de Saint-Christ, en 1749, aux fins d'être reçue partie intervenante en l'instance pendante au Conseil entre les dames, Abbesse et religieuses de Jouarre et le duc de Chaulnes.

On verra plus loin que son intervention fut déclarée non recevable, en 1750.

Par ce qui précède, nous voyons que l'Abbesse de Jouarre nommait *de plein droit* la Prieure de Saint-Christ et lui conférait son bénéfice.

III. — Les Biens et Charges du Prieuré.

1° Etat des Biens :

A. — Le Domaine.

Les terres du domaine étaient partagées en trois lots, situés :

Le 1er « entre Saint-Christ et Alemaing » (Ennemain) ; sa contenance était de xl buiers et sa valeur de xxiiii setiers, soit de blé, soit d'avoine, par an et par buier ;

Le 2ᵉ, « entre Saint-Christ et Miséri » (Misery) ; contenance : lxx buiers ; valeur : xxiiii setiers de blé ou d'avoine, par buier;

le 3ᵉ, « entre Davignon (l'Omignon) et Brie » ; contenance : xliii buiers ; rapport : viii setiers par buier.

Le Buier, bunier, la bovée ou bouvrée représentait, dans les environs, une superficie de trois à quatre journaux.

En 1774, « le domaine de Saint-Christ » était estimé contenir 555 ou même 590 journaux de terre labourable, mesure du Mège, (journal de 26 ares 68 centiares), soit environ 160 hectares, (eaux, moulin, viviers, non compris).

B. — La Dîmée.

A cause du Prieuré de Saint-Christ, l'abbaye de Jouarre levait la dîme sur les paroisses de Saint-Christ, chef-lieu du Prieuré, Belloy, Brie, Chaulnes, Fonchettes, Licourt et Marchélepot.

Valeur des dîmes :

1º *La dîme de Saint-Christ* valait en 1277, xlvi muids par an ; après l'échange de 1571, la maison de Chaulnes baillait à ferme les grosses et menues dîmes du lieu par mode d'adjudication. On cite huit baux passés entre les années 1575 et 1662.

Le 27 juin 1650, les grosses dîmes étaient l'objet d'un bail judiciaire passé par les officiers de Chaulnes, sur la requête du Procureur fiscal dudit lieu.

L'abbé de Cagny mentionne la vente, par le Curé d'Ennemain, au profit de l'Abbesse de Jouarre, en 1526, d'une dîme de 12 setiers de blé qui lui appartenait sur le terroir de Saint-Christ. On constate, par le même titre, qu'il y avait alors à Saint-Christ, des vignes considérables situées sur le versant de l'Omignon, au lieu dit : « Gaulguet la Reine ».

2º *La dîme de Belloy* valait en 1277, xxv muids par an ; en 1774, M. de Perigny, acquéreur de la Baronnie de Briost et de la Seigneurie de St-Christ, la revendait 18.000 livres.

3º *La dîme de Brie* appartenait, pour les deux tiers, à l'Abbaye de Jouarre, à cause du Prieuré de Saint-Christ, et pour un tiers, aux Religieux ou chanoines de Saint Barthélemy de Noyon. La part de la maison de Saint-Christ était de LX muids par an. Elle se levait sur des terres gagées (gaaignables) situées entre le Pont de Damignon (l'Omignon) et celui de Brutel (Mesnil-Bruntel) et rapportait, en blé et en avoine, pour une contenance de XLIII buniers, IIII sestiers ; et, pour une contenance de XX buniers, XVI sestiers, par an et par bunier.

Une partie cependant appartenait exclusivement à l'Eglise ou « Prieuré » de Saint-Christ, et devait être amenée en la Grange de la Meson dudit lieu ; elle était levée sur un ensemble de VII^{xx}VIII Jornaux, (148 j^x) 1/2 et IX quartiers de terres, sises au terroir de Brie, et désignées comme il suit « ou val deseur les Saus » Aalis Aillïe, III Jornex de terre qui fu Vuerri Florie ;

A la Croix de Guiencourt, III jornex de la terre Werri Flori et Guillaume Lefranc, dont li III Jornel sunt de la terre Werri Flori et l'autre de la terre Guillaume Lefranc ;

En la vallée de la terre qui fu Girart Huars, III j^x ;

De la terre Marie, la fame Robert More, II J^x 1/2 ; Du Val de Brie, de la terre Pierre de Clerc fontaine, Jornel 1/2 ;

En la Valée de Brie, VI J^x de la terre Werri flori et Drouart Ribaut, laquelle est maintenant à la Prieuse ;

De la terre Mainier de Clercfontaine, jornel 1/2 ;

De la terre le fil Werri flori et Guillaume le franc, III j^x ;

De la terre qui fu Robert de Clerefontaine, Jornel 1/2 ; « Dou Duel Sainte-Jule », III quartiers ; A la Voie de Saint-Christ, V J^x de la terre « la Prieuse » ;

De la terre Monseigneur Robert de Brie, II J^x 1/2 ; « A la Croiz au Gorgel », III Jorn. de la terre Guillaume Lefranc et ses parçonniers ; etc.

(Ensemble) : VII^{xx}VIII jornaux (148 J^x) et demi et IX quartiers.

Parmi les terres situées au terroir de Brie, il y en avait « esquelles la Prieure (avait) quarte jarbe (quatre gerbes sur cent), et toute la dîme ; c'était, entre autres : « à Bequin val » ; as essars dou douel Sainte-Jule, (défrichements du douaire Sainte-Jule).

Sur d'autres, elle avait la IXe garbe et toute la dîme. De plus, les gerbes devaient « être amenées en la grange de Saint-Crist ». C'était le cas de la terre Monseigneur Robert de Brie, laquelle (devait) IXe garbe à la Prieure, rendue à la Grange de Saint-Christ, avant que il mueue les Jarbes dou champ, (avant que les siennes ne fussent enlevées du champ). Il en était de même des terres situées en la Vallée « Sainte-Marie ».

Une partie de la dîme était payée à la Grange de Brie et était mise en commun. C'était le cas des terres sises à la Chaucie, au Mainil, (Mesnil-B.), etc. ; la Prieure prenait, sur le produit, IIII sestiers de blé Neellois (mesure de Nesle). L'ensemble des terres sujettes à la IXe Jarbe formait une contenance de IIII^{xx} et I Jorniex (81 J^x) et v quartiers.

En 1776, la dîme de Brie, susceptible d'augmentation, était estimée 300 livres.

4° *La dîme de Chaulnes et « apendances »* valait, en 1277, CC livres parisis par an ; en 1539, les grosses et menues dîmes étaient baillées à ferme par les Dames de Jouarre, au profit de Pierre et Jean Soyer, demeurant à Chaulnes, pour une durée de neuf années et moyennant 120 livres par an.

Relativement à la dîme de Chaulnes, on cite 1° le contrat de vente d'une rente de 52 setiers de blé et de 20 setiers d'avoine, mesure de Lihons, à prendre sur la « Grange de Chaule » qui appartenait aux dites Dames, passé entre Henri Egret et Gilles Hannor, lieutenant ès Loix, du 18 octobre 1431 ;

Il s'agit sans doute du fief Carion, consistant en 52 setiers de blé et 20 setiers d'avoine, à prendre en 43 pièces, sises aux terroirs de Chaulnes, Fonches, Hyencourt-le-Petit et Puzeaux, lequel fut l'objet, pour la moitié du fief, d'un contrat de vente entre Louis Hennon, S^r de La Haye, vendeur, et Louis Gérault, acquéreur, demeurant à Hallu. L'acte de « prestation, foy et hommage » par Louis Hennon, Sr de la Haye, de Péronne et sa dessaisine au profit de Louis Gérault, sont du 2 avril 1543 et du 29 juillet 1544 ; le dit Hennon possédait la moitié du dit fief à l'encontre de Louis Hochedé ;

2° L'acquisition, par Louis d'Ognies, Comte de Chaulnes, d'un fief tenu des Dames de Jouarre, consistant en une rente de 26 setiers de blé et 10 d'avoine, mesure de Chaulnes, — à prendre sur *la Grange dixmeresse* du dit lieu, — et d'un surcens de 8 sols et un chapon dû sur cinq quartiers de terre sis à Vermandovillers, par Louis Hochedé, bourgeois de Péronne. — Acte passé devant Morlière et Colle, notaires à Péronne, 18 septembre 1570 ;

3° Un bail à ferme des grosses dîmes de Chaulnes et de 23 journaux 1/2 de pré, passé entre la Comtesse de Chaulnes et Maître Roland de Villers, receveur de la dite Dame, pour une durée de trois ans, moyennant 120 livres d'argent, 306 setiers de blé et 90 setiers d'avoine, charges comprises, 6 mai 1619 ;

4° Un bail à ferme des mêmes grosses et menues dîmes, passé le 18 mai 1665 entre Charles d'Ailly, duc de Chaulnes et Roland Soyer, laboureur au même lieu, moyennant 260 setiers de blé, mesure de Lihons, charges comprises.

5° *La dîme de Fonchettes.*

6° *La dîme de Licourt* valait, en 1277, LII muids de blé par an ; elle était de quatre gerbes et pouvait rapporter XIII muids, à raison de III setiers au blé et de III rez à l'avoine, par arpent.

7° *La dîme de Marchélepot* valait, en 1277, XXXIX muids par an.

En 1515, elle était baillée à ferme par Madeleine d'Orléans, Abbesse de Jouarre, au profit de Pierre Parisy ; en 1598, elle était baillée de même par Louis d'Ognies, Comte de Chaulnes, au profit de Pierre de Latte, (Delattre) prêtre curé dudit Marchélepot, pour une durée de neuf ans ; le 9 juillet 1655, les grosses dîmes et tiers de menues des territoires de Licourt et de Marchélepot étaient baillés à ferme à raison de 215 livres, 80 setiers de blé et 80 d'avoine, mesure de Nesle, pour le gros du curé de Marchélepot.

A citer, au sujet des droits de dîmes et autres, une sentence des Requêtes du Palais du 14 juillet 1685, et un arrêt du Parlement du 6 mars 1687, rendus au profit de Messire Charles d'Ailly, duc de Chaulnes, contre Pierre Chaufourneaux, sieur de Ville-Dieu, Mᵉ Antoine Berthe, curé de Misery, Louis le Boulenger, sieur d'Acqueville et consorts, créanciers de Jean de Megrigny, Jean de Brobart et l'Abbaye de Jouarre, relativement à des droits de justice, de seigneurie, de chasse et de *dixme.*

Les dîmes réunies de Licourt, Marchélepot et Fonchettes furent vendues en 1774, par M. de Périgny, acquéreur d'une partie de la succession de Chaulnes, pour la somme de 70.000 livres.

Les dîmes de Saint-Christ, Brie, Marchélepot, Chaulnes, Licourt, Belloy et Fonchettes, avaient été inféodées à la Maison de Chaulnes, en 1571. On sait que les Papes ne cessèrent de réclamer contre l'inféodation des dîmes, par laquelle elles devenaient la propriété des Seigneurs qui les donnaient en fiefs.

En 1774, la Maison de Chaulnes prélevait tous les ans, sur les dîmes inféodées, 30 muids de blé et 30 muids d'avoine, à l'effet de payer et d'acquitter le gros des différentes cures qui y avaient droit ; c'était celles qui étaient à la nomination de l'Abbesse de Jouarre.

Par les exemples donnés, on constate que la dîme ecclésiastique, contrairement à l'étymologie du mot, n'était pas égale au dixième des revenus ; il apparaît même qu'elle lui était souvent inférieure de plus de moitié.

C. — Redevances de diverses sortes.

1° *Revenus du « Molin » et des « Bordiaus »; Charges; « Le vivier d'Omignon et la Chaucie » ; les minètes.*

En 1277, le « Molin » et les « Bordiaus » (clayettes ou fermetures de l'étang) rapportaient LX livres parisis et III^c (300) anguilles par an.

En outre, il existait un *droit de farinage* dont il était fait XVI parts : le Prieuré en avait neuf, les sept autres appartenaient aux « parsonniers » (ou participants). Quant aux cens dus au Moulin, ils s'élevaient à la somme de XIII livres parisis et III deniers obole. Les censitaires étaient au nombre de neuf. Voici leurs noms avec l'état de leurs redevances :

1° Girars Gubins,   XLIIII deniers ;
2° Œdes Ayones,   XX   »
3° Pierres Mites,   XXII   »
4° La Caulière,   XXII   »
5° Quoquins li Fieurres   XXVI   » obole.
6° Ysabiaus, sa suer,   XXVI   » »
7° Jehan li Peschierres, II   » et la 6e part d'une obole ;
8° Maroie Ferete,   III oboles et la 6e part d'une obole ;
9° Jehan li Prevos de Partain, VII » et la 8e part d'une obole ;
    Summe (ou total) XIIII livres par. III deniers obole.

Les charges du Moulin consistaient :

1° Dans une rente « de XII sestiers et un quartier de blé », à répartir comme il suit :

A Emmeline la Garine,   V q. de blé (mes. de Péronne).
A Maroie de Moiri,   V q. »   neellois (m. de Nesle).
A Ysabel Lostesse,   VII s. »   neellois »
                                1 boissel moins.
A Gauter de Miseri,   I s.   »   Pernois (Péronnais).
A Jehan le Prévost de Partain, I s. »
                              « franc molu et arastière » (à ras du setier).

2° Dans un cens de III livres I denier à payer chacun an « au seignor de Neele » à la Saint-Remi ; plus « XVI anguiles en un quaresme ».

Nous verrons plus loin que les moulin, ponts, chaussées, viviers de Saint-Christ et de l'Omignon furent cédés, en octobre 1293, par Alix, Abbesse de Jouarre, à Raoul de Clermont-Nesle, connétable de France.

En 1277, le *vivier d'Omignon* rapportait VII livres ; la *Chaucie* (chaussée) en rapportait autant.

Les « minètes » donnaient un revenu de XXXV livres. (Par « minètes » il faut sans doute entendre l'avoine de sauvement et tout ce qui se mesurait avec « la mine »).

2° *Cens dus à Saint-Christ, à la Saint-Remi* :

Le produit annuel des cens dus à Saint-Christ et payables à la Saint-Remi, était de XVIII livres III deniers obole. Parmi les censitaires figurent, avec le chiffre de leurs redevances : Oudars Manessiers, I den. « de la Terre de la voie de Li-Hons » ; Pierre de Curchi, IIII den. « de la Terre des Escaliers » ; Girars Gubins, III den. obole « de son vivier et de son Bordel », un sestier « de la terre qui sied à la voie d'Alemaigne » (Ennemain) ; Gautiers de Happleincourt (Applaincourt), II sestiers de la terre Doirpierre (Dompierre) ; Guermons de Liescourt (Licourt), I den. de V quartiers 1/2 « de la voie Martinel » ; Pierre Chinons, I den. de II jorniex de terre « à la voie de Capi » ; Pierre de Roies, VI den. de sa « Terre des Vignes », que Pierres li Prévos solait (avait coutume) tenir ; Reniers Oriaus, II sols et VI den. « seur son manoir et seur sa terre de Paradis » ; Maroie la file Jehan le Maieur de Baileux (Barleux), II den. de sa terre de Guiecort ; Raoul li Rois, I den. de la terre « au Val dou Bois » ; la file Hubert Moinet. II den. de V quartiers de terre deriers Liescourt et I jornel de lez Hapincort (Applaincourt), ès esvenchiaux desouz Marchel (Marchélepot) ; Pierres de Roie de Brioz, VI den. de la terre qui fu Monseigneur Pierre Despavencort (Epénancourt). C'est de Pierres de Roye que Raoul de Clermont-Nesle acquit, l'an 1293, la terre et Châtellenie de Briost.

3° *Rentes en chapons*.

Le produit des rentes en chapons, payables à Saint-Christ, le lendemain de Nouel (Noël), était de LXXII chapons et le 1/4 d'un, en deniers, de XVIII livres et IX deniers parisis obole ; et en blé, d'un demi sestier et II quartiers.

Au nombre des censitaires, on trouve, avec l'état de leurs redevances :

Dame Philippe, ii chapons et ii den. de ses manoirs ; li manoirs le Bègue, iii chap. etc ; Mahiu Poisson, demi-chapon et obole ; li enfant Musart, quartel de blé Pernois (Péronnais) ; Emmeline la Pescheresse, iiii chap., etc. de son manoir ; Huars Puisars, i chap. de i den. pour « le manoir derriers le Four » ; Martias Saves, de 1/4 de i chap. ; seur le manoir qui fu Monseigneur de Neele, i chap. et i den. ; Maroie la fame Symon le Rous, demi-chap , etc ; Bourgue la Quoquelle, ii chap. et ii den. tournois, « d'une place ou ele met son fiens », ii den. ; li sires de Neele, i chap. i den. « dou courtil la ou ses sauvoirs est » (jardin du réservoir au bout de l'étang) ; Mahiu dou Moustier, ii chap. etc.

Outre les rentes en chapons de Saint-Christ, il y avait encore celles de Bruntel (Mesnil-Bruntel), Licourt, Marchélepot, Pertain ; celles de Bruntel donnaient xxi chapons, iii livres, x deniers, etc.

En outre il était dû, sur la Grange de Brie, ii chapons ; la Prieure devait en requérir les ii pars et St-Bertremieu (St-Barthélemy) la tierce, et xvii deniers obole. — A mentionner : 1° Symons Barbiaus qui devait à la cour de Saint-Christ, i chapon à partager par tiers, comme il a été dit entre le Prieuré et St-Barthélemy ; 2° Sire Haud... de Herlie, qui devait i chapon « que Ogier Pepins laissa pour s'âme (son âme) à la Grange dont la meson de Saint-Crist a les ii pars et St-Bertremieu la tierce » etc.

4° Rentes dues par les « Masoiers », et par les « Maisons vilaines » de Chaulnes.

Les masoiers (masuiers ou masuriers) étaient des tenanciers qui habitaient une maison (de ferme) pour laquelle ils payaient une rente annuelle « à la Grange Notre-Dame de Saint-Christ ».

Le Cartulaire-censier de Jouarre désigne les maisons habitées par les masoiers sous le nom de « mes», du mot latin *mansio* qui signifie demeure. On comptait 13 mes et 4 demi-mes, en 1277, et 17 masoiers

Au nombre des « Masoiers » figurent avec l'état de leurs redevances en vin, blé, avoine, etc., Messires Robers li Cras, iiii sestiers de vin à la St Remi ; item, iii sestiers et demi de blé ; item, iiii sestiers et demi d'avoine ;

Giles Petous, ii sestiers de vin, i sestier de blé, i sestier d'avoine, iii oboles de pleine mine de aveine, à comble, emmi marz ; Li

« Mes » Baudouin de Laitre, 1 sestier de vin, une mine de blé, une mine d'aveine et 1 quartiers emmi-Marz ; li « Mes » Monseigneur Jehan de St-Omer, 1 sestier de vin, 1 sestier de blé, 1 sest. d'aveine et demi, s'est à comble, en mi marz ; li Mes damoiselle Ydoigne de Villers, II sest. de vin, etc ; li « demi-mes » Lundorm Lesmere, 1 sest. de vin, etc. ; li « demi-mes » Wuibert Boivin, 1 sest. de vin, etc. ; Symon Berniers, II sest. de vin, etc. ; « Les Masoiers qui [devaient] avoine en mi-marz [devaient] à la grant roie, II parisis, — et à la petite, II tornóis ».

Plus tard, on désigna les « Mes ou Mez » sous le nom de « *Manages* » ou « *Maisnages* » de Chaulnes.

Les Mès ou Maisnages de Chaulnes font partie des dénombrements de cette Terre, servis par « Climenche de Chaule », en 1373, et par Himbert de Boissy, en 1399.

Voici comment s'exprime Himbert de Boissy : Item, ay à cause de mon dit fief, en la dite ville de Chamle, *XV mes et demie*, (16 en 1373) que on dist les *Masnages de Chamle*, qui doivent chascun an, à trois termes en l'an. — St Remi, xxe (jour de Noël), et my-mai, à chascun terme, II sextiers de vin qui valent en somme IIII^{xx} et XIII (93) sestiers de vin à la mesure de Péronne, (96 en 1373) et si doivent chascune desdites « Mes » au jour St Remy — XII deniers de cens, — et au Noël, ung chappon, deux fouasses (pains cuits sous la cendre), VI deniers de cens, — et à my-mars, — chascune Mes, une corvée de chevaulx, qui est communément chascune corvée, prisée VIII sols, et à my-may, sur chascune Mes, XII deniers de cens ; et sur les ventes et échanges de terres dépendant desdites Mes, 2 setiers de vin et les échevins, 18 deniers ».

En 1373, les Mes devaient 100 sols parisis de cens, 7 muids de grain de terrage et 15 corvées de chevaux à la St Remi, au xxe jour de Noël et à mi-mai, sur chaque Hostise (maison de ferme) 2 deniers que on dist pour les waquiers », 240 chapons de cens, etc.

Bien que les Mes ou Masnages susdits soient dénombrés comme faisant partie du domaine de Chaulnes, cependant il faut noter que l'abbaye de Jouarre en conservait la Seigneurie directe, et que de plus, d'après un aveu de 1527, les Religieuses y percevaient encore, à cette date, et jusqu'en 1571, des droits de mutation (vest et devest).

Ce droit était de 6 setiers de vin ; le seigneur en prenait deux à titre de Haut-Justicier, le reste faisait retour aux Dames. En effet, les Mès faisaient partie d'un fief dénommé encore, en 1774, « le fief de Saint-Christ ».

En dehors de ce droit, il en existait un autre, qui était perçu au profit de l'Abbaye, « sur les maisons vilaines » (ou roturières) de Chaulnes. Ce droit était de 11 deniers de « wasque » et payable à la Saint-Remi.

(Le droit de wasque ou waquiers (vachers) semble concerner un droit de pâturage réservé aux bêtes à cornes).

D'après une observation faite à l'un des mémoires de M. de Perigny, après les acquisitions faites par lui en 1774, il se trouvait, dans l'étendue du duché de Chaulnes, 200 journaux environ de terre connus sous le nom de « fief villain ».

Ce fief était tenu de la seigneurie de Saint-Christ, et avait appartenu jadis à l'abbaye de Jouarre ; il était chargé d'une rente ou surcens annuel de 5 boisseaux de blé et de 5 boisseaux d'avoine — par journal pour la plus grande partie, — et pour le surplus, de 7 boisseaux de blé, et de 7 boisseaux d'avoine par journal, selon que la terre portait l'un ou l'autre.

De ce chef, M. de Perigny se fit, jusqu'à la mort de Madame de Giac (ancienne duchesse de Chaulnes), un revenu annuel de 1500 à 2000 livres.

5° *Rentes dues à la Saint-Remi* (1er Octobre).

Voici un extrait de la liste des « Mes » et des terres, qui devaient le cens à la Saint-Remi.

Li « mes » Robert Mart, XII den. 1 sestier de blé et 11 chapons à Noel ; le Bois de Chaule, V sols, etc. ; la Terre dou Pré, X den. ; li Mes le Prestre, VIII den., III quartiers de blé, 1 chapon 1/2 ; Colars li Borgne, une mine de blé, 1 chap. ; li Mes Monseigneur Robers le Cras, II sestier de blé, etc. ; Aubers de Helleville tient XXII buniers de terre en fief — si en y a XXVI buniers à terraige, — III à quarte garbe et XXIII à siste garbe (6 gerbes sur cent) ; Messires Robert de Halu, XXXII buniers de terre, si en a XXVI à siste garbe ; li prestres à Hiencourt, V quartiers à siste garbe, à Fonchettes ; Jacques de Halu, VI sols à la St Remi, sauf le plus, sauf le moins, de II jorniex de terre qui siet deseur le rios de Fonchètes ; li sires de Chaule, VI sestiers de blé, VI sest. d'avoine à la St Remi, et IIII sest. d'avoine en mi-mars. Les droits d'entrée et d'issue (ou de mutation) étaient de XII den. par.

6° *Actes divers relatifs à la gestion des mêmes Biens.*

On mentionne :

1° Un acte de vente par lequel le sire de Braussart (Beaussart) l'écuyer, dit Masillin de Rullecourt, cède, en 1386, à haute et puissante dame Jehenne de Clermont, comtesse de Boulogne et d'Auvergne, dame de Briost, un fief sis à Brie avec rentes et cens divers, plus un homme à cheval pour accompagner les censitaires de Saint-Christ à Joirre... le tout moyennant cx florins d'or francs, des cuings et forges du Roy ;

2° le *Vidimus* d'un cartulaire contenant les droits des dames Religieuses de Jouarre, à cause de leur Prieuré de Saint-Christ, daté du 3 novembre 1439 ;

3° un bail à ferme de tous les droits dépendant du Prieuré, passé par Madame la Prieure de Saint-Christ, au profit de Pierre Ploibault, demeurant au même lieu, le 27 janvier 1479 ;

4° un arpentage des terres appartenant aux dames de Jouarre, à cause de leur « cense et ferme de Saint Christ », du 27 et 28 avril 1509 ;

5° un bail à rente foncière relatif à une pièce de terre située à St Christ, passé au profit de Charles Carpentier, demeurant au même lieu, aux conditions énoncées, 13 août 1512 ;

6" un bail à rente foncière concernant une pièce de terre nommée « la Preuse » passé par les mêmes dames, au profit de Jean Cuffaire, 17 Août 1512 ;

7° deux baux à titre de surcens et de rente foncière, ayant pour objet plusieurs pièces de terre situées à St Christ, aux clauses indiquées, au profit de Jean Boquet, demeurant au même lieu, 1512 et 1516 ;

8° la saisie des meubles du « fermier de Saint Christ » pour non paiement de la somme de 20 livres, à laquelle le Prieuré avait été taxé en conséquence du don gratuit accordé au Roi par le Clergé, 7 septembre 1512 ;

9° deux baux concernant « la cense de la Seigneurie de St Christ », 1513 et 1518 ;

10° Un bail à titre de surcens et rente foncière relatif à une pièce de terre sise « au terroir d'Omignon », 9 février 1518 ;

11° en 1527, la confection d'un terrier ordonné par les dames de Jouarre, en vertu de Lettres de la Chancellerie du Palais, à Paris, à l'effet de connaitre leurs droits sur la terre et seigneurie de

St Christ, comme aussi ceux qu'elles pouvaient avoir « ès Seigneuries de Chaulnes, Belloy, Roye, Licourt, Marchélepot et autres ; audit terrier sont annexées les Lettres Patentes de François Ier, et la Commission par laquelle le Bailli de Péronne nomme les notaires appelés à y travailler ; 13 juillet 1527 ;

12° une Lettre par laquelle Henri II mande au Réformateur des Finances, à Paris, qu'il soit fait remise aux Religieuses de Jouarre, de 855 livres 16 sols, 5 deniers obole tournois, à quoi elles ont été cotisées par les 5 décimes, et ce « en considération des grandes pertes qu'elles ont ci-devant faites et font encore de présent, à cause des présentes guerres, du revenu des terres qu'elles ont assises en notre frontière de Picardie, de là et le long de la rivière de Somme ».

D. — Etat des Charges de la « Maison de Saint-Christ.

A la fin du xiiie siècle, aux termes du Cartulaire censier de Jouarre, la Maison de Saint-Christ devait :

1° « *Au Seigneur de Neelle* (Nesle) *cinq muids de blé* ».

La terre et seigneurie de Briost ayant été démembrée de celle de Nesle, par frérage, en 1321, c'est à Jehan, comte de Boulogne et d'Auvergne, et seigneur de Briost, que cette rente était servie en 1385, en reconnaissance du droit de garde ou d'Avouerie qu'il possédait sur les Granges, Maison, tout le Prioré de Saint Christ et autres maisons enclavées en la dite terre.

Les droits du seigneur de Briost avaient été l'objet d'un accord stipulé le 17 septembre 1336 entre la « demoiselle de Briot » (Ysabel de Flandre), et les Dames de Jouarre, et confirmé aux Assises de Péronne.

2° « *A celui qui eut les* « *donineux* » *de Péronne, IIII sestiers de blé pour les hommes de l'Eglise* ».

3° Item, *à la porte de Compigne* (Compiègne) xx *livres à la Saint-Martin*, et partant est l'Eglise (le Prieuré) et li sergant quite des Paages (droits de Péage) en la Terre le Roi de France » ;

4° Item et si doit la Meson, le gîste, l'Evesque de Noion, et l'Arcediacre, et la Procuratio le Légat » ;

A l'époque féodale, le droit de gîte était, pour les Evêques et les Archidiacres, en tournée, le droit de loger, avec toute leur suite, chez les Curés dont ils inspectaient les paroisses, ou dans les

Communautés dont ils faisaient la visite. — Le droit de gîte qui était dû aux Légats ou représentants du Saint-Siège était appelé « Procuration ou « Circata ».

5° Item, *au Couvent de Juerre (Jouarre) à la Saint-Martin (C anguilles* ;

6° Item, à Pâsques, III^{xx} (120) pastez de sisain trousons, (troussés) de III doie, et en plus XL petits et XL livres ;

7° Item, en mai, XV sols pour l'anniversaire de Grès ;

8° Item, à Pasques flories (Rameaux), LX livres de Tornois ;

9° Item, à la Saint Andrieu (St André), XL livres « as » (aux) chanoines, (de l'abbaye de Jouarre) ;

10° Item, ès-avanz de Noel, LX livres de Tornois ;

E. — Etat des mouvances de Jouarre a Saint-Christ.

1° *D'après le Cartulaire-censier de Jouarre.*

« Ce sunt cil que tiennent les fieuz (fiefs) de la Ecclise de Jorre à Saint Crist ». Etaient feudataires de l'église de Jouarre à Saint-Christ, en 1277 :

Messire Jehans de Liécort (Licourt) ; Guillaumes de Chisencort ; Pierres sire de Bries ; Messire l'abbé de la Cort de Chaules ; Droars li Hermites ; Aubert de Helleville (Herleville) ; Johans Briers ; Johans Grues ; Colars Quegnies ; Messires Jehan de Liecort.

2° *D'après l'acte de réception des fiefs par Agnès, Abbesse de Jouarre, en 1299*, acte dont voici le texte :

« L'an de grâce mil IIe IIII^{xx} XIX reçu suer Agnès, par la grâce de Dieu, Abbesse de l'église de Juerre, les fiez de Saint Crist en Vermendois, et des appendences mouvenz de la dite Eglise.

Guillaume de Chisencourt, escuiers, et hom-liges de l'Eglise, et en tient en fié, en pièces de terre, en tour IX^{xx} VI (186) jornieus de terre.

Item, en cens, quen li apporte à la Saint Remi, entour XLVI sols ; item, en cens que il envoie querre (chercher) par les Hòstieus (sorte de fermiers) XXVIII sols ; item, des minètes à Nouel, VII s. ; item, en mimarz, quand li martz (blés de mars) sont derrière les courtiuz (jardins) de Marcheel (Marchélepot) XIIII deniers. Item, X chapons et XII deniers ; item, le desgrey deu molin (droit de moudre son grain avant les autres), senz mosture et senz fermage (sans payer aucun droit);

item, l'ommage Roussel dou jardin, qui vaut entour xxx livres par an ; item, l'ommage Jehan de Marcheel qui vaut entour xii l. par an ; item, l'ommage mons Jehan Camelin, chapellain de Neelle, qui vaut entour iiii l. par an ; item, l'oumage Jehan le fil (fils) Hubert Privé, qui vaut entour c s. par an, et prent Guilliaume sur ce dit fiée, au blef, xxxii sestiers de blef et au marz, xxxii sestiers d'aveinne, et tuit cil (tous ces) hommages sont, de plain servise, fors (excepté) li Roussel dou jardin, qui est liges ; item, Guerris de Maisencourt (Mazancourt) et Genes de Maisencourt sont si homme de Cour et de plaid (obligés au service de Cour et de plaid), et prent Guilliaume sur le fié Guerri, xii sestiers de blef, au blef et au marz et autant d'aveinne, et cil Genez li doit ii sestiers et demi de blé, blé ou marz et aveinne.

Item, Ansiaus de Chisencourt est hom de plain servise de l'Esglise et en tient en fié et en homage xii jornieus de terre, outre (au-delà) Davignon (l'Omignon).

Item, Pierres de Celeu, ii jorneus 1/2 en 2 pièces ; item, iv quartiers de terre à la Voie de Lycourt ; item, desseur la fontaine de Ceumont (Quémont) ii jornieux ; item, à Fonchetes, x jornieus et vi s. de cens ; item, sur iii hostises (exploitations rurales tenues par des hostes) à Marcheel, iii sestiers de blé Neellois et ii sestiers vi deniers et ii chapons ; item, l'ommage Ansel Gadifer et en cil hommage, a entour xxx jornieus de terre tout en i champ, et le tient de plein servise ; item, l'ommage Jean des Portes, de Court et de plait, et vaut en tour xii s. par an.

Agnès de Chisencourt tient en fié de l'Esglise xli jornel de terre et sen tient la doienne dou mestre Jehan Greuet, c'est-à-dire que, elle doit recevoir les minètes doudit mestre qui montent lxv s. ii den., et doit livrer aux gens de la dite Esglise la dite summe d'argent, en taille ou escrit, qui les doit ; et cette dite summe, pour sa peinne x s. ix den. et l'Esglise a le remanant (reste), et ne doit autre servise de ce fié.

« La femme Monseigneur Aubert de Halleville (Herleville) tient à Chaule (Chaulnes) en fié de l'Esglise xxii buniers de terre, dont il y en a vi buniers de franche et iii buniers à quarte gerbe, et le remanenz est touz à siste gerbe (à 6 gerbes), et doivent amener la part de l'Esglise, en la « Grange de Chaule », a leur voiture avant que la leur ».

« Jehan li filz Monseigneur Robert de la Court tient en fié de l'Esglise, xxx buniers de terre à Chaule, en la manière et en la forme que la dite Dame, femme jadis Monseigneur Aubert de Halleville ».

« Item, Drouez li Hermites en tient aussins (aussi) xxxii buniers de terre, tous en celle forme et en celle manière ; Gilles Aycelin de Lihons a acheté les vi buniers de franche et est en l'oumage ».

« Colarz Caignes tient en fié de l'Esglise xx sestiers de blé et xx sest. d'aveinne, à la mesure de Lyons (Lihons) tout au rollet et en la Grange dismeresce de Chaule et en tient y Carion, de quoi l'Esglise li rent chascun an, xxxiii sest. de blé, tant comme elle est en la maison de l'Esglise, et se elle estais donnée à cense, il y aurait i cheval et chaceroit les dames, si comme il y appartient ».

Alixandres de Brie, tient en fié de l'Esglise, entour lxvi Jornieus et demi de terre et xv verges en plusieurs leus (lieux) ; item, entour x s. de cens, et ii chapons ; item, Agnès de Goucencourt (Goussencourt) tient en tour iii Journieus et xliii verges dou dis Alix (Alixandre) ; item, la fille à la Wasserresse en tient entour x buniers de mauvaise terre ; item, Hensart Simon de Brie entour xx Jornieus ; it., il y a ii den. de chascun Jornal des terres de l'Esglise qui sont entre la Chaussée quant en la fuet ; it., quant y a blé, il a l'estrain (paille) desseuz le tierz neu (le 3ᵘ nœud) ; item, il doit recevoir les minetes qui sont de son mestier, en la meson de Saint-Christ, qui montent entour xi l. iiii s., et si il ne les puet (peut) toutes avoir aus iii sieges que il font, il doit livrer les deffauz (ce qui manque) de ceux qui les doivent ».

Gilles Aycelin de Lyhons, en tient vi buniers de terre frans, qui furent Drouart Lermite de Chaule ; it., li dessusdiz Alixandres tient en fié 4 buniers de terre qu'il achata de Guillaume de Chisencourt, dou fié qu'il tenait de l'Esglise, et le fié Luce Pelerine d'Estrepeingrel, qui vaut environ xii l. par an ».

3° D'après les Archives de la Maison de Chaulnes :

Les Archives de la Maison de Chaulnes citent :

1° Gilles Egret, comme étant homme de fief tenu des Religieuses de Jouarre, au 31 octobre 1431.

2° La Saisine d'un fief de 16 Journaux tenu des Dames de Jouarre, accordée par le Bailli de la terre de Briost, représentant le Comte d'Auvergne, Seigneur dudit lieu, au profit de Jean Martin, écuyer, Sʳ de Masincourt, (Mazancourt) lequel l'avait acquis de Jean de la Haye agissant par procuration, au nom de Charles de la Haye, son frère, le 24 mai 1487.

3° 21 dénombrements et déclarations servis aux dites dames à cause de leur Prieuré, par différents particuliers, de l'an 1446 à 1565

4° Le dénombrement d'un fief sis à Chaulnes, consistant en 3 J^x 25 verges de terre labourable, près et bois en deux pièces, servi le 16 juin 1516 par Mathieu Foursy, demeurant à Amiens, lequel l'avait acquis de la succession de Jean, son frère.

5° Une liasse de 20 pièces contenant des contrats d'acquisition de quantité de fiefs et d'héritages mouvant et relevant de la Seigneurie de Saint-Christ, passés par des particuliers; des assignations et sentences de condamnation; ensemble des quittances de droits de quint et requint, lods et ventes et autres, allant de 1521 à 1566.

6° La Saisine au profit de Guillaume le Scellier, demeurant à Chaulnes, d'un fief sis audit lieu, tenu des dames de Jouarre, lequel lui avait été vendu par Matthieu Fourcy, pâtissier à Amiens, du 31 mai 1536.

7° Le contrat de vente de la moitié du fief « le Carion », relevant et mouvant de St-Christ, et consistant en 52 setiers de blé et 20 setiers d'avoine, à prendre en 43 pièces, sises aux terroirs de Chaulnes, Fonches, Hyencourt-le-Petit et Puzeaux, du 16 mai 1543.

Suit l'acte de prestation de foi et hommage présenté au Seigneur du lieu par Louis Hennon, s^r de la Haye, de Péronne, pour la moitié du « fief Carion » situé à l'encontre de Louis Hochedé, et sa dessaisine au profit de Louis Gérault, le 29 Juillet 1544 ; la dessaisine est du 2 avril 1543.

8° Le dénombrement de la moitié indivise du dit fief, servi aux dames de Jouarre par Louis Gérault, laboureur demeurant à Hallu, le 20 Août 1544.

9° Un contrat d'échange par lequel Messire Louis d'Ognies, seigneur de Chaulnes, cède à Guillaume Sellier, Procureur audit lieu, 2 J^x 8 verges de terre, sis au même terroir, et en reçoit en échange un J^{al} 1/2 et 8 verges, en bois et près, sis « ès Bois de Chaulnes, « lesquels étaient chargés envers es dames de Jouarre, de 8 boisseaux de blé et 8 boisseaux d'avoine. Dans le contrat, il est stipulé que les deux Journaux 8 verges de terre échangés porteront et acquitteront la dite charge, du 24 avril 1549

10° Un contrat d'échange par lequel le même Seigneur cède à Antoine des Portes et Barbe Desgardes, sa femme, 3 Journaux 17 verges de terre labourable contre 2 Journaux 17 verges de prés et Bois, situé « au Bois de Chaulnes », tenus en fief des dames de

Jouarre et chargés d'un setier de blé et d'un setier d'avoine. Il est convenu que les 3 Journaux 17 v. échangés prendront la charge susdite, 24 avril 1549.

11° Une quittance donnée par l'abbesse de Jouarre à Louis d'Ognies, Seigneur de Chaulnes, relative à des droits seigneuriaux qu'il devait au monastère par suite de l'acquisition qu'il avait faite de 7 Jx de prés et bois, de Noël Desjardin, Antoine Desporte et Guillaume Sellier, du 12 juin 1555 ;

12° Le dénombrement de deux fiefs nobles séant à Chaulnes, tenus des dites Dames, servi aux mêmes par Philippe de Brouilly, écuyer, sr de Chevrières, frère et héritier de feu Antoine de Brouilly, le 27 juillet 1561 ;

13° Le dénombrement de deux fiefs sis à Chaulnes, consistant en 4 Jx de terre en deux pièces, servi aux mêmes dames par Robert Follet, marchand à Lihons, lequel l'avait acquis par voie de retrait, de Marguerite Vinot, femme de Robert Quesnel, le 30 novembre 1563 ;

14° Le dénombrement d'un fief de 40 Jx de terre sis en deux pièces, à Sizencourt (Cizancourt) servi aux dames de Jouarre de qui il était tenu, par Jean Bauchart, laboureur demeurant à Henzecourt (?), lequel l'avait acquis de Pierre Dupuis, prévôt forain de la ville de Roye et de demoiselle Flaurence Le Goal, sa femme, le 3 septembre 1565 ;

15° Le dénombrement d'un fief de 40 Jx de terre et bois, situé de même à Cizancourt, servi aux mêmes dames, de qui il était tenu, par Claude Dupuis, sr de..., mari et bail de damoiselle Jeanne de Houssencourt, fille et héritière de feue Marie le Tanelier, le 9 novembre 1566 ;

16° Un acte de relief d'un fief sis à Chaulnes, tenu des dames de Jouarre, donné par le Bailli du comte de Chaulnes à Jean Vaillant, marchand bourgeois de Péronne, mari et bail de Anne Fouchet, fille et héritière en partie de feu Jean Haiselin, le 29 juillet 1569.

IV. — Son droit de franchise ou d'asile.

Le droit d'asile était un droit d'inviolabilité accordé à certains lieux, soit à cause de leur sainteté propre, soit à cause des personnes qui les habitaient.

Le Prieuré de Saint-Christ jouissait de ce privilège ; nous en avons la preuve dans la revendication dont il fut l'objet, en l'an 1300, de la part de l'Abbesse de Jouarre. — Le droit de franchise du Prieuré ayant été violé par les gens du Sire de Nesle, qui s'étaient introduits dans l'enceinte du Couvent, pour y arrêter trois coupables accusés d'avoir frappé et blessé un homme « jusques à péril de mort », l'Abbesse de Jouarre adressa une requête au Sire de Nesle, à l'effet d'en obtenir la ressaisine.

Voici en quels termes fut rédigée la requête :

L'an de grâce mil CCC, le samedi davant l'Ascension, ressaisi l'Esglise de Juerre, Thierris Plaquiers de Buci, bailliz au Seigneur de Neelle, pour ledit seigneur, et en son nom, comme bailli de Justice, d'une prise qui avait esté faite, de par ledit Seigneur de Neelle, *en la meson de Saint-Crist*, qui est de ladite esglise, la ou li diz sire, ne pooit ni ne devoit, de trois hommes liquel avoient battu et navré un homme, jusques a peril de mort. Li dit trois hommes, se misrent, en la maison de ladite esglise, à Saint-Crist, pour leurs cors garentir, comme en leu franc, (en lieu franc). Li dit homme furent prins, de par ledit Seigneur, à force, en empeschent ladite franchise, et en dessaisissent le leu. Ce fait, ladite esglise request. audit seigneur, que li leus, ou la prise avoit esté faite, contre réson, fust resaisiz, en disant que ladite meson, estant et est si frenche, et en saisine de cele franchise, que elle guarde, et a guardez, et garantiz, tous maufaiteurs, qui y venoient à garant, de quelque meffait que ilz fussent sujet, ou de larrecin, ou de touz autres meffaitz.

Item, que le sires de Neelles qui se est autrefois efforcie, a, pour audit lieu, en cas semblable, et en a esté ladite esglise, ressaisie, doudit Seigneur, ou de son commandement. Seur ce, le dit sires commenda à son Baillifz que il enquest diligemment de ceste chose, a la requeste de ladite esglise. L'enqueste faite, Thierris Plaquiers, bailly dudit Seigneur de Neelle à ce temps, dist par sentence deffinitive pour ledit seigneur, en son nom comme bailly, que ladite Esglise devoit estre ressaisie de ladite franchise, selon l'enqueste qu'il avait trouvée et commanda à Colars sergent doudit seigneur qui avait faite la prise dessus dite, qu'il ressaisit le Meson desus dite de la prise qu'il y avait faite. liquelx Colarz fist la ressaisine en la manière dessus est dit, dou Commandement doudit Baillif en l'an et au jour dessus dit.

A cette ressaisine faire, furent présents :

Demoiselle Marguerite de Chiécecourt, à ce temps Prieuse de Saint-Crist ;

Damoiselle Jehanne de Flacy, sa compaingne ;

Vincent de St Faron, à ce temps Doyen de Juerre et Estienne de Dyenville, clercs, qui reçurent la ressaisine, comme procureurs pour l'Esglise ;

Suer Mahaut de Manessis ;

Guillaumes de Chisencourt, escuier ;

Boitiaux, sergent de Neelle ;

Pierron Paret, sergent ;

Le Seigneur de Nelle ;

Climenz, li clerz du baillif dessus dit ;

Mahy Doujardin ;

Roussel Doujardin ;

Guerart de la cour ;

Jehan de Manessis, escuier ;

Mahy Belet de Chisencourt, eschevin ;

Jehan Donte, Oudarz ;

Grégoire d'Atis ;

Jehan li Frans de Neelle ;

Pierres Pilates de Mesencourt ;

Pierre Pilaveinne de...

Jehan de Peschières, prevoz de Saint-Crist, à ce temps ;

Jeufroyz Age ;

Jeuffroyz Carons ;

Jehannins Carons ;

Richarz Cordepéchié ;

Jehannins des Cortis ;

Jehan Wignet ;

Jeuffrins li fils Gruet le Normant ;

Isabiaus la Poqueté ;

Hélissenz la fille Gauchier le Boçu et Pasquete, qui, a ce temps servoit la Prieuse de Saint-Crist.

Un fait de même nature se reproduisit en 1335, mais l'acte qui le relate est en très mauvais état et en partie effacé. Il y est question de l'arrestation d'un nommé Jean Hennequin, de Brie, par Robin, Sergent du Château de Briost, faite entre « la Maison de la Prieuse et le Moustier ». La dame de Briost avait nom « demoiselle Isabiaus de Flandre ; le bailli de ladite « *damoiselle de Braoz* » s'appelait Robert Mourez.

D'après la Loi de l'Empereur Théodose le Jeune, du 23 mai 431, confirmée par les Rois Francs et divers Conciles, étaient considérés comme lieux d'asile : non seulement l'intérieur des Temples ou Eglises, mais encore les maisons, galeries, cour, jardins et bancs en dépendant.

« Dans les temps barbares où l'offensé se faisait lui-même justice, où souvent une vengeance terrible et prompte suivait un tort assez léger, où la force était la loi de tous et les sentiments d'humanité affaiblis, et même éteints dans le cœur du plus grand nombre, il était bien que l'Eglise pût accueillir et mettre en sûreté chez elle le malheureux qui venait lui demander refuge, afin de donner à la colère le temps de se calmer, ou de soustraire le faible et le pauvre à l'oppression de l'homme puissant. Les Asiles qu'elle tenait constamment ouverts étaient moins souvent alors des remparts pour l'impunité, que des abris contre la persécution ». Guérard, cité par l'abbé Hénocque ; Histoire de St Riquier, T. II, p. 31.

Le droit d'asile s'est maintenu pendant tout le Moyen-Age. Mais Louis XII et François Ier l'abolirent, sauf pour la Maison du roi et du Grand Prieur de Malte, qui gardèrent ce privilège jusqu'en 1789.

L'Eglise le maintient toujours, et sa violation, par ceux qui n'y sont point contraints par les lois de leur pays, fait encourir l'excommunication.

V. — Le droit d'Avouerie des Seigneurs de Nesle et de Briost.

« A une époque où la force décidait de tout », remarque un précurseur de l'abbé Decagny, Etienne Witasse, ancien curé d'Ennemain, « un Seigneur qui était faible avait besoin de s'étayer d'un plus fort. Par la loi du fief, le Seigneur dominant était bien tenu de défendre le fief servant, mais lui-même était quelquefois faible, quelquefois trop éloigné pour apporter secours et quelquefois si grand qu'il dédaignait de marcher pour un homme de peu de considération qui devenait alors la proie du voisin ».

Les faibles eurent donc recours à une sorte d'adoption par laquelle ils se déclaraient sujets volontaires d'une Seigneurie puissante du voisinage qui les prenait sous sa protection, moyennant une redevance. Ce fut le cas des dames Religieuses de Jouarre qui se virent obligées, dès le XIIe siècle, de mettre leur Prieuré de Saint-Christ sous la sauvegarde des puissants Seigneurs de Nesle.

Ce contrat, toujours révocable en principe, fut appelé « Avouerie ».

En temps de guerre, le Château de l'Avoué devenait la Maison de refuge du Protégé et de ses vassaux.

Les dames pouvaient être « avouées » (advocatissæ).

L'avouerie conférait à l'avoué des droits honorifiques et utiles, considérés comme prix de sa protection.

Ce prix s'appelait, comme l'avouerie même, droit de garde, de sauvement, avaulle. vingtaingt, vidamée, tutelle, etc. C'était, soit une redevance en grain payable par ménage, par charrue, etc., soit une redevance en argent payable par ménage ou par tête d'habitants, soit même une portion du domaine, ou un droit de goût ou du caprice du Protecteur.

L'avoué avait l'administration de la Justice, de la police et des finances de l'Eglise, et, de plus, une part au produit des amendes prononcées par la Justice du Protégé.

Pour la recette des redevances, il avait le droit de tenir les « plaids » à certains jours marqués, sur la terre du Protégé.

Par suite du démembrement de la terre de Nesle par frérage, en 1321, le droit de garde du Prieuré de Saint-Christ étant passé entre les mains des Seigneurs de Briost, ceux-ci reçurent des dames de Jouarre, pour l'exercice de ce droit, les cinq muids de blé qu'elles payaient jusque-là au Seigneur de Nesle, et tinrent les *plaids généraux* deux fois l'an, au « XXe de Noël et le Lundi après Pasques Closes », en la Maison du Prieuré.

A ces assises, les officiers de Madame de Jouarre siégeaient avec ceux de Briost, mais ces derniers avaient le rôle principal.

Etaient tenus d'y assister, sous peine d'une amende de II sols IV deniers, d'un rappel aux plaids ordinaires du Seigneur, et à défaut, d'une contrainte par corps, tous ceux qui avaient des héritages de songnies, de sauvement, de garde, etc.

Les Avoueries qui n'étaient pas fondées en titre furent bien supprimées en 1315, mais, comme elles fortifiaient le parti de l'avoué et lui procuraient des ressources, ce fut en vain, et bientôt même elles devinrent héréditaires et furent mentionnées dans les dénombrements des Seigneurs, comme des parties inhérentes à leurs fiefs.

On le voit par le dénombrement que Jean, Comte de Boulogne et d'Auvergne, fit de sa terre de Briost en 1385.

Ce n'est que vers la fin du xive siècle que les Eglises et les Communautés Religieuses commencèrent à s'affranchir de la tutelle des avoués, à mesure que la couronne reprenait ses droits.

CHAPITRE II

Extinction du Prieuré.

I. — Echange de la terre et Seigneurie de Saint-Christ, contre la terre et Seigneurie de Verdilly, au profit de la Maison de Chaulnes, en 1571 ;
II. — Procédure relative à cet échange entre les dames, Abbesses et Religieuses de Jouarre et les ducs de Chaulnes.

I. — Echange de la Seigneurie de Saint-Christ contre celle de Verdilly.

L'extinction du Prieuré de Saint-Christ est due à l'infidélité d'une Abbesse de Jouarre qui, pour s'évader et embrasser le Calvinisme, conçut le funeste projet d'aliéner cette maison cinq fois séculaire, afin de se ménager les ressources nécessaires.

Charlotte de Bourbon est son nom. Elle était fille de Louis II, duc de Montpensier, et de Jacqueline de Longvic.

Plusieurs auteurs ont avancé que sa mère, grande protectrice des Calvinistes, lui avait donné, dès sa plus tendre jeunesse, les premières impressions de l'hérésie ; c'est possible, mais les Mémoires de l'Abbaye portent qu'elle fut amenée toute jeune dans ce monastère, et qu'elle y fut élevée dans le dessein de lui faire embrasser la vie religieuse.

Toutefois les Mémoires ajoutent qu'elle n'avait pas encore fait ses vœux en 1559, lorsque sa tante, Madame de Givry, résigna son titre d'Abbesse en sa faveur.

Ce n'est qu'au moment d'entrer en charge qu'elle fit connaître sa pensée, en protestant par acte notarié qu'elle n'agissait que par contrainte ; c'était son droit. Mais d'un autre côté, observe Dom

Duplessis, on ne peut que déplorer l'extrême aveuglement qui lui fit préférer à la Foi ancienne la religion de Calvin.

Il est certain qu'elle méditait son évasion depuis longtemps.

Elle commença donc par supprimer le titre du Prieuré Conventuel de Saint-Christ, en le réunissant à la mense Abbatiale, et en incorporant les religieuses qui en faisaient partie, à l'Abbaye du Paraclet, au diocèse de Troyes, ce faisant, sous le prétexte d'un échange de la Terre de Saint-Christ contre celle de Verdilly.

Charlotte de Bourbon avait mis dans ses intérêts le Comte de Chaulnes, lequel jouissait alors d'un grand crédit dans notre Province et jetait, sans nul doute, un œil de convoitise sur le beau domaine de Saint-Christ. C'était de ce côté, en effet, que la Princesse rêvait de sortir hors des terres de France, en franchissant la ligne de la Somme.

Déjà, le 26 août 1568, le Seigneur de Chaulnes avait offert aux dames de Jouarre, pour les Prieuré, Terre et Seigneurie de St-Christ et dépendances, la somme de 1666 livres 7 sols 8 deniers, sur l'Hôtel-de-ville de Paris, au principal de 20.000 livres, même de payer la dite somme de 20.000 livres pour l'employer en acquisition de fonds. Cette offre, toutefois, ne paraît pas avoir été agréée alors, mais par suite d'une entente secrète, semble-t-il, avec l'Abbesse, nous voyons le Comte de Chaulnes s'occuper d'obtenir, dès le 14 janvier 1571, la déclaration des revenus de la terre de Verdilly, demander le 8 février une consultation à l'effet de connaître ce qu'il avait à faire pour parvenir à en faire l'acquisition, par échange, et enfin réaliser cet échange, par contrat du 30 mars, dans lequel il offre à Mᵉ Jean Danquechem, procureur du Roi aux Eaux et Forêts de France et à damoiselle Nicolle, comtesse, sa femme, la somme de 1200 livres de rente à prendre en deux parties de rente sur la ville.

Le comte de Chaulnes fut mis en possession de la terre de Verdilly, par devant le Lieutenant-général de Château-Thierry, le 6 avril 1571 ; l'acte de foi et hommage pour le fief dit « de la maison de Verdilly » fut servi au duc d'Alençon, comme duc de Château-Thierry, à la même date.

Le 12 avril 1571, Charlotte écrivait au comte de Chaulnes, pour lui mander « qu'elle serait bien aise de sçavoir en quel estat est l'information qu'il fait faire et si elle est bien avancée ». Il s'agit sans doute de l'information faite pour l'aliénation du Prieuré et terre de Saint-Christ » dont copie fut collationnée par devant le Sr Legras du Luart, Conseiller doyen du Conseil, le 13 avril de la même année. Le procès-verbal de la valeur et du revenu de la terre de Saint-Christ, dressé par Me Nicolas Jean, prestre commis par les Vicaires Généraux de l'Evesque de Noyon, contenant l'enquête et les dépositions de témoins y entendus, est en effet du 13 Avril 1571 ; l'information relative à la terre de Verdilly est du 27 avril.

Le contrat d'échange de la terre et seigneurie de Saint-Christ contre celle de Verdilly eut lieu le 1er juin 1571. Il fut passé par devant Jean Chouart et ses confrères, notaires royaux.

En vertu dudit contrat, les dames Abbesse et Religieuses de Jouarre déclarent céder, à titre d'échange sans soulte, au Comte de Chaulnes, la terre et Seigneurie assise audit *Saint-Christ, Licourt, Marchélepot, Brie, Belloy et autres villages contigus*, et tout ce qui est compris au dedans des dits villages et lieux circonvoisins, avec leurs circonstances et dépendances, soit en la *Comté de Chaulnes, Baronnie de Briost*, et ses environs, et générallement tout ce qui en despend, sans aucune chose réservée, *fors seullement* et en ce non compris les représentations et *Nominations des quatre cures de Chaulnes, St-Christ, Marchelpot, et Licourt*, à la charge aussy que les dites Dames, Abbesse et Religieuses, seront tenues de dire et faire dire en leur dite Abbaye le *Service divin accoutumé* d'estre dit en leur dite *Terre et Seigneurie de St-Christ* et ses appartenances ; et en contre-échange, le dit Comte de Chaulnes donne aux dites Dames et Religieuses et promet garantir la dite terre et Seigneurie de Verdilly, appartenances et dépendances, mouvante en foy et hommage du Seigneur duc d'Alençon, à cause du duché de Chasteau-Thierry. ainsy que le dit Seigneur de Chaulnes l'a acquise du Sr Danquechen, et les dites Dames, Abbesse et Religieuses donnent pouvoir de faire homologuer le dit contract, à Rome et ailleurs où besoing sera, le 1er Juin 1571 ».

En plus de la terre échangée, le Comte de Chaulnes s'engage à payer à l'Abbesse et aux religieuses de Jouarre, la somme de 5.600 livres ; il leur remet un à compte de 4000 livres le jour même du contrat, dont quittance de l'Abbesse.

Le 29 Janvier 1572, jour de la fête de Sainte Jule, patronne de Saint-Christ, le Seigneur de Chaulnes donne à l'Abbesse un nouvel à compte de 600 livres, dont quittance de sa main.

Au même temps, il remettait aux dames de Jouarre l'inventaire des titres et papiers concernant la terre de Verdilly, ses appartenances et dépendances.

Le contrat signé, les Religieuses s'empressent d'adresser au Pape régnant une requête motivée, à l'effet d'en obtenir la confirmation. Le Pape Pie V y répond par une Bulle du 27 Juin 1571, dans laquelle il donne commission au sieur Evêque de Paris de s'informer *de la véracité* de la dite requête et d'homologuer le dit contrat, « *s'il se trouve utile* et convenable à l'abbaye de Jouarre ». La Bulle rappelle, en outre, celle du Pape Jules II qui détermine les règles à suivre par les Commissaires Apostoliques dans l'examen des aliénations ecclésiastiques.

Le 1er février 1572, Louise de Bourbon, sœur de Charlotte et Abbesse de Faremoutier, ayant pris le gouvernement du monastère de Jouarre, sur les instances et par suite des démarches de sa famille éplorée, sollicite une nouvelle Bulle du Pape Grégoire XIII, mais le Souverain Pontife se contente de renouveler la commission confiée déjà à l'Evêque de Paris.

La sentence se fit attendre, elle est du 20 Janvier 1575.

Dans cette sentence, l'Evêque de Paris, messire Pierre de Gondy, agissant en qualité de Commissaire Apostolique, déclare confirmer et approuver l'échange de la seigneurie de Saint-Christ contre celle de Verdilly, du 1er Juin 1571, mais à charge, par le seigneur de Chaulnes, de payer les droits d'amortissement et indemnités et de laisser à la pleine disposition de l'Evêque de Noyon, l'Eglise de Saint-Christ, dont il ne restait qu'une partie intacte, la moindre, avec cinq pieds de distance autour, vu le caractère sacré et inaliénable de l'édifice ; la sentence d'homologation est du 26 Janvier.

Charlotte de Bourbon se réfugia d'abord à Heidelberg, sur les terres de Frédéric III, électeur Palatin, en Janvier 1572 ; c'est là qu'elle fit, avec les quelques religieuses qui la suivirent dans son égarement, abjuration de la foi catholique et profession ouverte de Calvinisme.

Le duc de Montpensier, son père, écrivit à l'Electeur pour lui redemander sa fille, mais ce Prince s'en défendit toujours ; il signifia même au roi qu'il ne pouvait la rendre qu'à condition que sa Majesté se ferait garant qu'elle aurait pleine et entière liberté de conscience de professer hautement la religion qu'elle avait embrassée. — Le duc de Montpensier aima mieux qu'elle ne revint jamais en France que de la revoir à cette condition.

Elle demeura donc pendant quelque temps au Palatinat. De là elle passa à Brielle où elle épousa Guillaume de Nassau, prince d'Orange, qui était veuf pour lors de sa seconde femme, Anne de Saxe.

Elle lui donna six filles :

1° Louise Julienne de Nassau, mariée à Frédéric IV de Nassau, Prince Palatin et Electeur de l'Empire, morte en 1644 ;

2° Elizabeth, seconde femme de Henri de la Tour, morte en 1642 ;

3° Catherine Belgique, mariée au Comte de Hainaut ;

4° Charlotte Brabantine, mariée à Claude de la Trémoille, duc de Thouars ;

5° Charlotte Flandrine de Nassau, Abbesse de Sainte-Croix de Poitiers, morte en odeur de sainteté en 1640. Cette Princesse avait été mise toute jeune dans l'Abbaye du Paraclet, et confiée aux soins de Jeanne de Chabot, l'Abbesse dont nous avons parlé ; mais sa tante, Jeanne de Bourbon, Abbesse de Sainte-Croix de Poitiers et sœur des deux Abbesses de Jouarre et de Faremoutier, l'enleva du Paraclet à l'âge de neuf ans et prit soin de former son cœur à la vertu et son esprit dans les principes de la Religion Catholique ; ayant été nommée à l'Abbaye de Jouarre pour succéder à ses deux sœurs, elle se démit, en faveur de sa nièce, de son titre d'Abbesse de Sainte-Croix.

6° Emilie, mariée à Frédéric Casimir, Comte Palatin du Rhin.

Charlotte de Bourbon mourut à Anvers, le 6 mai 1582, de la frayeur qu'elle éprouva de voir le Prince, son mari, blessé. Elle fut inhumée dans l'Eglise Cathédrale de cette ville. Le duc de Montpensier, son père, avait ratifié son mariage, à la prière du Roi de Navarre, par une déclaration particulière donnée en 1581.

Guillaume de Nassau épousa, en 4° noces, Louise de Coligny, fille de Gaspard, Amiral de France et de Charlotte de Laval, et fut tué à Delf, le 10 juillet 1584.

On lira avec intérêt la lette suivante que Louis de Bourbon, duc de Montpensier, écrivit à sa fille Louise de Bourbon, Abbesse de Faremoutier, sœur de Charlotte, dans les circonstances que l'on sait :

« Ma fille, ce n'est pas sans grande raison que vous n'avez voulu être la première à me donner l'avertissement de la grande faulte que votre sœur de Jouerre a faite contre Dieu, son salut, et l'honneur d'elle et de ceux à qui elle appartient et doibt obéissance. Car je n'eusse peû recepvoir de plus mauvaises et déplaisantes nouvelles que celle-là. Et vous puis asseûrer que ne s'en présenta jamais qui m'aient plus attristé et apporté tant de fâcherie et d'ennuis, comme j'en porte maintenant à cette occasion. Et ce qui me tourmente le plus est la crainte que j'ay qu'elle ait pris cette liberté pour habandonner la religion catholique, et par ce moyen perdre l'honneur et l'âme tout ensemble, qui faict que sur toutes choses je désire qu'un chacun s'emploie pour scavoir où elle s'est retirée, afin de trouver moyen de luy faire quelque bon admonestement. De ma part, j'ai envoyé devers le Roy, les Reynes, Messieurs ses frères et tous nos parents et amis, pour les supplier de me secourir et aider de leurs moiens, puissance et autorité en cest affaire ; et mesme à ce que vostre dicte seur puisse estre trouvée en quelque part qu'elle soit, dedans ou dehors ce Royaulme, et ramenée vive ou morte, afin que l'injure et déshonneur qui m'a esté faict par elle et ceulx qui l'ont induicte, conseillée et favorisée à commettre cette faulte, soit réparée avec une pugnition et chastiment si exemplaire, que la mémoire en demeure perpétuelle à l'avenir : aiant commandé au gentilhomme que j'ay envoyé à la Cour, après qu'il aura les Lettres et dépesches de leurs Majestés nécessaires, d'aller faire la dicte recherche avec toutes les aultres diligences requises pour parvenir à mon intention, et de passer par là où vous serez tant pour scavoir de vous si vous aurez appris quelque chose du chemin que a tenue vostre dicte sœur, et du lieu où elle s'est retirée, que affin de vous communicquer de toute sa charge ; vous priant de luy ayder de toute l'instruction et addresse que vous pourrez. Au reste, je loue merveilleusement le soing que vous avez eu de vous rendre dans l'Abbaye dudict Jouerre pour pourveoir aux affaires d'ycelle, et empescher qu'il ne s'y fasse davantave de débausche que ce qui s'y est fait. A quoy je vous prie, ma fille, vous emploier et tenir la main aultant qu'il vous sera possible. J'ai aussi commandé au dict Gentilhomme d'obtenir du Roy la dicte Abbaye en vostre nom, si désjà il n'avait été faict, suivant la requeste que M. André m'a mandé en avoir envoié faire a Monsieur le Cardinal de Bourbon, qui n'est à aultre fin, sinon que pour conserver la dicte Abbaye et la rétablir en sa première refformation, et pour ce que le dict Gentilhomme vous informera entièrement de son instruction et charge et de l'estat en quoy il m'a laissé. Je ne vous feray plus long discours ; et pour fin de lettre, me recommanderay à vos bonnes prières et à celles de toutes vos Religieuses, dont je vous promets que j'ay bien besoing en l'affliction où je suis, suppliant Nostre Seigneur, vous donner, ma fille, l'accomplissement de vos bons désirs ».

D'Ayqueperse, le 11 de Mars MDLXXII.

Ma fille, il me semble que la faulte que a faicte vostre seur, quand ce ne seroit sinon qu'elle pourra estre cause de l'avancement de ma mort, vous doibt bien servir d'exemple, et faire penser au déshonneur qu'elle a faict à elle et à toute sa lignée ; et croire aussi que la bonne obéissance que vous me rendez, et le debvoir que je voy que vous faicte en vostre état, me donnera toujours occasion de vous aimer, et faire pour vous ce que voulant bien vous faire paroistre, je mande à M. André qu'il ait à vous paier dorénavant la *pension que je donnais à vostre dicte Seur*, outre celle que j'ai *accoutumé de vous donner*.

Voustre bon père le plus affligé du monde,
Loys de BOURBON.

Louis de Bourbon, IIe du nom, duc de Montpensier, Pair de France, souverain de Dombes, Prince de la Roche-sur-Yon, etc. avait épousé Jacqueline de Longwic, Comtesse de Bar-sur-Seine, qui lui donna six enfants :

1) François, duc de Montpensier, marié à Renée d'Anjou ;

2) Françoise de Bourbon, mariée en 1558, à Henri Robert de la Mark, duc de Bouillon, Prince de Sedan ;

3) Anne de Bourbon, mariée en 1561, à François de Clèves, IIe du nom, duc de Nevers, morte sans postérité ;

4) Jeanne de Bourbon, Abbesse de Ste-Croix de Poitiers en 1570, *puis de Jouarre*, en 1573, morte en 1624, à l'âge de 82 ans ;

5) Charlotte de Bourbon, l'Abbesse fugitive de Jouarre dont il a été parlé ;

6) Louise de Bourbon, religieuse de Fontevrault, puis abbesse de Faremoutier et *de Jouarre*, en 1572 ;

Louis II de Bourbon se distingua dans la guerre de François Ier contre Charles-Quint, et fut récompensé par l'érection du comté de Montpensier en duché-pairie, en 1538. — Sous Henri II, il prit part au siège de Boulogne, 1550, à la bataille de Renty, 1554 et fut fait prisonnier à Saint-Quentin, 1557. — Pendant la guerre de religion, il fut pourvu des gouvernements d'Anjou, de Touraine et du Maine et réduisit, sous l'obéissance du Roi, les villes d'Angers, Saumur,

Tours, St-Jean-d'Angely, la Rochelle, etc. — En 1569, il obtenait le gouvernement de Bretagne ; on lui attribue la plus grande part des victoires de Jarnac et de Maucontour ; il aida à la conclusion de la paix de Poitiers, en 1577, et mourut en 1582 ; il fut enterré dans la chapelle de son château de Champigny

Comme documents se référant aux échanges susdits, je dois mentionner :

1° Un registre informe contenant le Procès-Verbal dressé à la requête du Procureur d'Office du Comté de Chaulnes, à l'encontre des vassaux et tenanciers de la terre et seigneurie de Saint-Christ, les ajournant pour faire aparoir de rechef ; le récépissé des dénombrements des fiefs réunis à la terre de St-Christ, celle-ci étant désormais enclavée dans le Comté de Chaulnes, daté du 1er Août 1571 ; la lettre par laquelle le Comte de Chaulnes constitue ses procureurs généraux et spéciaux dans la personne de : Jean Caignies, son Bailli, et Eustache de la Mare, son Maître d'Hôtel ;

2° une Procuration donnée par dame Louise de Bourbon, Abbesse et les dames Religieuses de Jouarre, au nommé Le Sueur, afin de demander au duc d'Alençon, seigneur de Château-Thierry, main-levée de la saisie faite de la terre de Verdilly, par les officiers de Château-Thierry, exhiber le contrat d'échange et offrir pour « homme mourant et vivant » le nommé René Morsant, 20 Octobre 1572 ;

3° la main-levée de la dite saisie accordée par le duc d'Alençon, contenant la remise des fruits qui lui étaient dus pour droits et devoirs non acquittés, à charge de rendre la foy et hommage dans les trois mois et de fournir « homme vivant et mourant », du 27 octobre 1572 ;

4° la main-levée de la saisie féodale de la terre de Verdilly, avec la présentation « d'homme vivant et mourant », pour Madame l'Abbesse et les religieuses de Jouarre, du 6 9bre 1572 ;

5° l'acte de foy et hommage rendu au duc d'Alençon, par ledit Morsan, présenté pour « homme vivant et mourant » et main-levée des saisies, le 21 Xbre 1572 ;

6° l'acte par lequel il est donné ordre au receveur de Château-Thierry de laisser jouir les dames de Jouarre de la remise à elle faite par l'acte du 27 Octobre, 23 Xbre 1572 ;

7° l'acte par lequel les dites dames dénoncent au Comte de Chaulnes la saisie de la terre de Verdilly, afin qu'il ait à la faire cesser et à leur procurer une jouissance paisible, sous peine de protestation de leur part pour les dépens, dommages et intérêts, 24 Xbre 1572 ;

8° l'accord fait sur le différend soulevé entre les dames de Jouarre et le Comte de Chaulnes, pour raison de leur légation des échanges de Saint-Christ et Verdilly, 14 février 1574 ;

9° l'assignation signifiée aux dames de Jouarre, à la requête du Sr de Machault et de dame Marie d'Anquechen, sa femme, pour déclarer la terre de Verdilly affectée et hypothéquée à la garantie des 1200 livres de rente, garantie accordée au Sr d'Anquechen, par le Comte de Chaulnes ; au bas est annexée la dénonciation faite au dit Comte par les dames de Jouarre, 10 Mai et 2 Juillet 1588 ;

10° le Brevet par lequel le Roi fait don aux Religieuses de Jouarre des droits dus à sa Majesté par la mort dudit de Morsant, 2 février 1591 ;

11° un bail de la terre de Verdilly passé par les dames de Jouarre le 30 décembre 1591, moyennant 29 livres par an ;

12° l'aliénation de la seigneurie de Verdilly, avec les bois et terres en dépendant, y compris la grange Guigniac, faite au profit de Guy Carré, chevalier, seigneur de Montgeron, Me des Requêtes, le 13 Juillet 1598 ;

13° l'abbé de Cagny mentionne, à la date du 21 mars 1572, un acte d'échange passé entre les seigneurs de Coucy et de Chaulnes, énonçant une rente de 12.000 livres sur la Ville de Paris, pour la terre de Saint-Christ.

II. — Procédure relative à l'échange de la terre de Saint-Christ contre celle de Verdilly.

Cette procédure dura près de 60 ans. Elle comprend une série d'actes préliminaires tels que : 1° la déclaration faite le 5 février 1703, au greffe du sous-intendant de Soissons, par laquelle Anne Marguerite de Rohan, Abbesse, les Dames et Religieuses de l'Abbaye royale de Notre-Dame de Jouarre, prétendent rentrer en possession et jouissance de la terre et Seigneurie de Saint-Christ aliénée par l'échange du 1er juin 1571 ; 2° la requête adressée par les mêmes Dames, Abbesse et Religieuses, au Conseil, le 8 mars 1703, à l'effet d'obtenir que le défendeur ci-après nommé « soit condamné à se désister et départir, au profit de la dite Abbaye de Jouarre, de la possession et jouissance du Prieuré, terre et Seigneurie de Saint-Christ, dixmes et autres biens et droits en dépendant, aliénés ou usurpés, sous prétexte d'échange, par le contrat du 1er juin 1571, pour être et demeurer réunis à perpétuité au domaine de la dite Abbaye ; avec restitution des fruits, — à compter du jour de l'indue détention, aux offres que font les demanderesses, — de lui rendre, si faire se doit, la terre et Seigneurie de Verdilly, les frais et loyaux coûts, impenses et améliorations, si aucuns y a, et qu'il soit condamné aux dommages et intérêts, et dépens, sans préjudice d'autres droits et actions ».

Le défendeur était Messire Charles Honoré d'Albert, duc de Luynes, de Chevreuse et de Chaulnes, pair de France, chevalier des ordres du Roy.

Les dites Dames de Rohan, Abbesse et Religieuses, ayant obtenu en Chancellerie, le 12 décembre 1708, des Lettres de rescision, autant que besoin en était, contre le dit contrat d'échange et actes approbatifs, présentent au Conseil, le 17 décembre suivant, une requête à l'effet de les faire entériner, ce faisant, afin que les parties soient remises en tel et semblable état où elles étaient avant le dit contrat d'aliénation, et que, sans avoir égard au dit contrat qui sera déclaré nul, les fins et conclusions par elles prises contre le duc de Chevreuse, leur soient adjugées — et qu'il soit condamné aux dommages et intérêts, ainsi qu'aux dépens.

Le Conseil, après avoir ouï les avocats des deux parties, Evrard et Janelle, ordonne qu'elles devront « reproduire dans huitaine ce que bon leur semblera » ; arrêt du 17 Janvier 1709.

3° la requête des mêmes dames touchant Verdilly : Comme la terre et Seigneurie de Verdilly avait été aliénée, en 1598, les dames de Jouarre usent de leur droit de retrait pour en réclamer la possession et jouissance, moyennant le remboursement du sort principal, etc. A cette fin, elles adressent une requête au Conseil, le 1er septembre 1708, à l'effet d'obtenir que Mre Guy Carré, chevalier, seigneur de Montgeron, conseiller du Roy en ses Conseils, maître des Requêtes ordinaires de son Hostel, intendant de justice, police et finances en la Généralité de Limoges, soit condamné à se désister et départir, au profit des demanderesses, de la possession et jouissance de la terre et Seigneurie de Verdilly, appartenances et dépendances, avec la Grange Guignant (ou Guignac), comme le tout est mentionné dans le contrat d'aliénation du 13 juillet 1590, pour être et demeurer réunie à perpétuité au domaine de la dite Abbaye, ou être rendue au lieu de la terre et Seigneurie de Saint-Christ contre laquelle elle a été échangée, aux offres faites par les demanderesses de rembourser le sort principal de la dite aliénation, les frais et loyaux coûts, etc., en la manière accoutumée.

Le 4 décembre, le Conseil ayant rendu un arrêt favorable aux dames de Jouarre, celles-ci transigèrent, le 28 décembre, avec le Sr de Montgeron, à qui elles s'engagèrent à rembourser la somme de 20.000 livres ; quittances des 29 décembre 1708, 15 et 26 février 1709, etc.

Par suite de l'arrêt du 17 Janvier 1709, il y eut production et additions de productions de part et d'autre.

D'une part, le duc de Chevreuse étant mort, Messire Louis Auguste d'Albert d'Ailly, duc de Chaulnes, pair de France, vidame d'Amiens, baron de Picquigny, etc., second fils de feu Messire Charles Honoré d'Albert, duc de Chevreuse, pair de France, et en cette qualité appelé à la substitution pour recueillir tous les biens de la succession de feu Messire Charles d'Ailly, duc de Chaulnes, pair de de France, en conséquence de la clause insérée dans le contrat de mariage dudit Sr de Chevreuse, — ayant repris en cette qualité, par acte reçu au greffe du Conseil le 4 avril 1715, au lieu du dit Sr duc de Chevreuse, défendeur, — présente audit Conseil, le 9 septembre 1716, une requête, dans laquelle faisant valoir que, la terre et Seigneurie de Saint-Christ et dépendances, ayant été unie anciennement au Comté de Chaulnes, et celui-ci érigé depuis en duché-pairie, il y a conséquemment impossibilité de remettre cette terre aux dames de Jouarre, il *demande* que, dans le Jugement de l'instance, les dites Dames soient déclarées *non-recevables* dans leurs prétentions, et que subsidiairement, elles soient déboutées de leur demande de désistement et condamnées aux dépens.

D'autre part, les *dames de Jouarre*, par requête présentée au Conseil le 28 février 1718, *demandent* que, en leur adjugeant les fins et conclusions prises, et entérinant les Lettres de rescision obtenues précédemment par elles, le Sr duc de Chaulnes soit condamné, aux qualités qu'il procède, *à se désister* et départir à leur profit, de la terre et Seigneurie de Saint-Christ, dixmes, droits et domaines en dépendant, — aux offres qu'elles lui font de lui rendre la terre de Verdilly, quitte et déchargée de toutes dettes et hypothèque, s'il en existe depuis le contrat d'échange ; — ensemble à la restitution des fruits de la ditte terre de Saint-Christ perçus depuis son « *indue détention* », déduction faite des fruits de la terre de Verdilly, suivant estimation faite par experts nommés d'office, etc..., « **si mieux** *n'aime* le dit S^r duc de Chaulnes payer aux demanderesses la somme de 2.600 livres de rente par an, au principal de 52.000 livres, tant pour supplément de prix de la dite terre et Seigneurie de Saint-Christ, que pour l'indemnité des amortissements portés par la sentence de l'Evêque de Paris, le 26 Janvier 1575, plus les arrérages de la dite rente, à compter du jour déterminé pour la restitution des fruits, *jusqu'au remboursement* de la dite somme principale de 52.000 livres, que le duc de Chaulnes pourra faire quand bon lui semblera ; le duché de Chaulnes et, par privilège, la terre et Seigneurie de Saint-Christ étant et demeurant affectés et hypothéqués au paiement de la dite Rente ; que, en cas d'option faite par le duc de Chaulnes, dans le délai à déterminer par le Conseil, de payer ladite rente de 2.600 livres au principal de 52.000 livres, plus les arrérages, etc., elles consentent que le dit S^r duc de Chaulnes, ses successeurs et ayant cause soient et demeurent propriétaires de la terre de Saint-Christ, etc., à condition qu'elles seront et demeureront de même propriétaires de la terre et seigneurie de Verdilly, et demandent que le dit Sr de Chaulnes soit condamné à tous les dépens.

B. *L'Arrêt du 30 Mars 1718.*

C'est alors qu'intervient, *l'arrêt du 30 Mars 1718*, conçu en ces termes : « Il sera dit que le Conseil faisant droit sur le tout, du consentement des parties, n'ayant aucunement égard aux Lettres de rescision obtenues par les dames de Jouarre le 12 décembre 1708, ni à la requête d'entérinement d'icelles, du 12 du même mois, a remis et remet les parties, en tel semblable état qu'elles étaient auparavant le dit contrat d'échange du 1er Juin 1571 et actes approbatifs ; ce faisant, *a condamné et condamne* ledit Louis Auguste d'Albert d'Ailly, duc de Chaulnes, *de se désister et departir*, au profit des dames de Jouarre, de la terre et Seigneurie de Saint-Christ et dépendances », etc..., sauf par elles de rendre la terre et Seigneurie de Verdilly, etc... a condamné et condamne le dit duc de Chaulnes « à restituer les fruits de la dite terre de St-Christ, à compter du 17 décembre 1708, jour de la signification des Lettres de rescision, déduction faite, etc. », **si mieux** *n'aime toutefois* le dit duc de Chaulnes, *du consentement des dites Abbesse* et Religieuses de Jouarre, suivant leur requête du 28 février dernier, payer aux dites dames la somme de 2.600 livres de rente annuelle, au principal de 52.000 livres, tant pour supplément de prix de la dite Terre et S^{grie} de St Christ que pour indemniser la dite Abbaye des amortissements et affranchissements portés par la sentence de l'Evêque de Paris, le 26 janvier 1575 ; ... comme aussi payer les arrérages des dits 2.600 livres de rente, à compter du 17 déc. 1708, *jusqu'au remboursement de la dite somme* principale de 52.000 livres, que le duc de Chaulnes pourra faire *quand bon luy semblera* ; lors duquel remboursement les dites Abbesse et Religieuses de Jouarre seront tenus d'en faire employ, en présence du Procureur général du Roy et du duc de Chaulnes ... *en fonds d'héritages, ou rentes* au profit de la dite Abbaye de Jouarre ... de même nature et qualité que la dite terre et S^{grie} de St Christ, et sans que le duc de Chaulnes et ses successeurs et ayant cause soient tenus des droits d'amortissements et indemnité, etc.; au payement de laquelle rente de 2.600 livres par an le dit duché de Chaulnes et autres biens, ... du duc seront et demeureront affectés et hypothéqués et spécialement et par privilège, la dite Terre et S^{grie} de St-Christ..; pour quoy le duc de Chaulnes sera tenu *d'opter* dans un mois, à compter du jour de la signification dudit arrêt... et à faute de ce faire... il demeurera déchu de la dite option... et le présent arrêt sera exécuté purement et simplement ; en *cas d'option* ledit duc de Chaulnes sera tenu de payer aux Dames de Jouarre la dite rente de 2.600 livres à compter du 17 déc. 1708, *jusqu'au remboursement* de la dite somme principale de 52.000 livres, etc ; quoy faisant, le duc de Chaulnes et ses successeurs, etc... demeureront propriétaires incommutables de la Terre et S^{grie} de St-Christ... et les dames de Jouarre, propriétaires de celle de Verdilly... lesquelles seront en outre, en cas d'option, déchargées du remboursement des frais... supportés pour amélioration de la terre de S^tChrist, etc .., a condamné et condamne le duc de Chaulnes à la moitié des dépens, l'autre moitié compensée...

 Fait au Conseil, le 30 Mars 1718,
   De Vertamont Devize.

C. *Les offres réelles du duc de Chaulnes et l'Arrêt de 1750.*

En vertu de la clause insérée dans le précédent arrêt, autorisant le duc de Chaulnes, — pour se libérer du paiement de la rente annuelle de 2600 livres qu'il devait à l'Abbaye de Jouarre, — à rembourser, quand bon lui semblera, à la dite Abbaye, la somme de 52.000 livres en principal, à charge pour les dames de Jouarre d'en faire l'emploi sus-énoncé, *Michel Ferdinand d'Albert d'Ailly*, duc de Chaulnes, Pair de France, Vidame d'Amiens, Capitaine-lieutenant des Chevau-légers de la Garde du Roy, Lieutenant-général de ses armées, héritier par bénéfice d'inventaire de Mre Louis Auguste d'Albert d'Ailly, duc de Chaulnes, Pair et Maréchal de France, **demande**, par requête adressée au Conseil, le 10 mars 1740, et exploit d'assignation donné le 12 du même mois, que l'arrêt du Conseil du 30 Mars 1718, et l'acte d'option passé au greffe, en conformité de cet arrêt, soient exécutés suivant leur forme et teneur, et conséquemment que les offres réelles faites par le demandeur, de la somme de 52.476 livres 13 sols 4 deniers soient déclarées bonnes et valables, et que les dames demanderesses ci-après nommées, soient tenues d'en faire emploi en fonds d'héritages ou rentes, au profit de la dite Abbaye, aux termes et conditions portées dans l'arrêt du 30 Mars 1718, etc.., et condamnées aux dépens, etc.

Dame Anne Catherine de Montmorin de Saint-Hérem était alors Abbesse.

Le 18 Juin 1749, les dites dames et Religieuses de Jouarre requièrent qu'il plaise au Conseil entériner les Lettres obtenues en Chancellerie en forme de requête civile, le 7 Juin précédent, contre la *seconde disposition* de l'arrêt du 30 Mars 1718, relative au *chef d'option* référée au duc de Chaulnes, — et au *consentement prétendu prêté* par les Abbesse et Religieuses de Jouarre à la dite option, — ce faisant, demandent au Conseil de remettre les parties dans l'état où elles étaient avant ledit arrêt, débouter le duc de Chaulnes de sa demande en validité d'offres, et le condamner aux dépens ;

Le 21 Juin, le duc de Chaulnes requiert de son côté, que sans s'arrêter à la demande en entérinement des Lettres en forme de requête civile — contenant restitution — surprises en la Chancellerie du Palais par les dames de Jouarre..., « les *offres réelles* faites par le demandeur, par exploit du 6 mars dernier et déposées ès-mains de Sauvaige, notaire, *soient déclarées bonnes et valables* », qu'il soit ordonné que les dites dames seront tenues d'en faire emploi, comme il a été dit, etc. ;

Le 21 Janvier 1750, les demanderesses obtiennent de nouvelles Lettres en forme de requête civile, requérant que, dans le cas où le Conseil ferait quelque difficulté à remettre les parties en l'état où elles étaient avant ledit Arrêt, sous prétexte que la première disposition n'est point attaquée, et que la seconde y est liée par l'effet du prétendu consentement des parties,... il lui plaise remettre les parties en tel et semblable état qu'elles étaient avant le dit Arrêt, dans *toutes ses dispositions*, sauf à elles de faire juger leur droit et prétention sur la terre de Saint-Christ, etc.

De plus, le 29 suivant, dame Marie-Anne Duval, religieuse professe de l'Abbaye de Jouarre, pourvue du Prieuré de Saint-Christ pour la circonstance, demande, par requête présentée par elle au Conseil, à être *reçue partie intervenante* en l'instance pendante au Conseil, entre les dames de Jouarre et le duc de Chaulnes, et en cette qualité, reçue tierce opposante à l'exécution de l'arrêt du 30 Mars 1718, ce faisant, qu'il plaise au Conseil « la maintenir et garder dans la possession et jouissance dudit Prieuré de Saint-Christ, fruits, profits, revenus et émoluments en dépendant » et condamner le duc de Chaulnes, à se désister et départir de tout le domaine et dépendances du Prieuré, dont il est en possession en vertu du *prétendu contrat d'échange* de 1571,... item, à rendre et restituer les fruits qu'il a indûment perçus, suivant estimation, etc... et en cas de contestation, aux dépens.

Le Conseil,

Après avoir ouï, Simon, avocat du duc de Chaulnes, assisté de son procureur ; Duvandier, avocat des dames de Jouarre, assisté de Dartinville, leur procureur ; Layet Bardelin, avocat de la dame Duval, assisté de Cardon, son procureur,

« Sans s'arrêter à l'intervention ni à la tierce opposition de la partie de Layet qu'il déclare non-recevable, déclare les parties de Duvandier non-recevables dans leurs demandes en entérinement des Lettres de requête civile,

Ce faisant,

déclare bonnes et valables les offres de la partie de Simon, en conséquence ordonne,

« Qu'employ sera fait de la dite somme de cinquante deux mille livres, conformément à l'arrêt du Conseil du 30 Mars 1718, décharge la dite partie de Simon, du cours et continuation de la rente de la dite somme offerte à compter du jour du dépôt ; condamne les parties de Duvandier et de Layet aux amendes et dépens, chacun pour soi, envers la partie de Simon, dépens compensés entre la partie de Duvandier et de Layet.

Fait au Conseil, à Paris, le 31 Janvier 1750.

Cet arrêt était la consécration irrémédiable, mais fâcheuse, d'un contrat qui, aux yeux des dames de Jouarre, péchait par sa base : l'inhabilité reconnue des contractants eux-mêmes, malgré l'apparat d'actes approbatifs intéressés ou donnés sur des renseignements fautifs.

Le Prieuré de Saint-Christ avait cessé d'exister, sans aucun espoir de renaître.

La Maison de Chaulnes s'était considérablement enrichie, mais c'était pour tomber à son tour, malgré la vertu et la célébrité de plusieurs de ses membres, deux siècles plus tard, et disparaître dans les angoissantes péripéties d'une longue et pénible liquidation.

CHAPITRE III

Les Abbesses de Jouarre

I. — Liste chronologique des Abbesses.
II. — Leur droit de présentation et de collation.
III. — Leur rang aux Assemblées synodales de Noyon.
IV. — Armorial de l'Abbaye.

L'Abbaye de Jouarre était le monastère le plus riche du diocèse de Meaux. Elle possédait un revenu de 40.000 livres. Le service religieux était assuré par 13 chapelains, un diacre et un sous-diacre attachés à la maison.

L'Abbaye avait érigé trois églises à Jouarre : celle de Notre-Dame, qui resta l'Eglise abbatiale ; celle de Saint-Pierre, qui est devenue l'Eglise paroissiale, et une troisième, plus petite, dédiée à Saint-Paul, ermite, qui devait servir de lieu de sépulture aux premières Abbesses.

L'Eglise abbatiale a été détruite lors de la Révolution ; il n'en reste que la partie inférieure de la Tour. La Chapelle Saint-Paul subsiste encore ; c'est l'un des monuments les plus intéressants du diocèse de Meaux. On y remarque des tombeaux de l'époque Mérovingienne et des colonnes de marbre qui ont probablement appartenu à quelque monument romain.

La plupart des bâtiments du Monastère existait encore en 1837. C'est alors qu'une colonie bénédictine du Saint-Cœur de Marie en prit possession, sous l'épiscopat de Mgr Gallard, pour y ouvrir un pensionnat de jeunes filles, qui est tombé depuis.

L'ancienne Abbaye possédait un grand nombre de précieuses reliques, heureusement sauvées en 1789, qui ont été déposées depuis, dans l'Eglise paroissiale. La châsse qui contient celles de Sainte Jule, la glorieuse patronne de Saint-Christ, est un chef-d'œuvre d'orfévrerie du commencement du XIIIᵉ siècle. On la doit à la piété de l'abbesse Eustochia, 2ᵉ du nom, morte en 1220.

On sait que l'Abbaye de Jouarre eut de grands démêlés avec Bossuet, évêque de Meaux, pour une question de juridiction que le Prélat revendiquait sur le Monastère, le Clergé et le bourg de Jouarre, malgré une transaction de 1225, qui fut déclarée abusive par arrêt du Parlement, en 1690.

Je reproduit la liste chronologique des Abbesses de Jouarre, la croyant utile pour la bonne intelligence de l'Histoire du Prieuré, principalement du XIIᵉ au XVIIIᵉ siècle.

I. — Liste chronologique des Abbesses de Jouarre.

1º *Sainte Thelchilde*, morte vers l'an 660. On suppose avec assez de vraisemblance qu'elle fut tirée de l'Abbaye de Faremoutier, pour être mise à la tête du monastère de Jouarre.

2º *Sainte Aguilberte* ; on la croit sœur de Saint Ebrigisile, évêque de Meaux. — La série des Abbesses qui suivent est assez confuse. On mentionne principalement Sainte Balde et Sainte Mode, que l'on croit avoir été les tantes de Sainte Aguilberte.

3º *Hermandrude*, 847, sœur ou proche parente de Wenilon, archevêque de Sens. C'est à elle et à Wenilon que l'abbaye de Jouarre doit de posséder le corps de Saint Potentien.

4º *Ermingarde*, connue par l'Histoire des miracles de Saint Aile, abbé de Rebais, vers 1001.

5º *Mathilde de Coucy* ; D. Duplessis déclare n'avoir pas trouvé son nom dans les Archives de l'Abbaye ni dans la « Gallia Christiana ». Nous le voyons cité dans une charte de Baudry, évêque de Noyon ; Mathilde de Coucy, fille d'Albéric II de Coucy et sœur d'Enguerrand, évêque de Laon, était Abbesse de Jouarre en 1103. — Elle était sans doute encore Abbesse lorsque les ossements de Sainte Jule furent transférés de la ville de Troyes à l'Abbaye de Jouarre, en 1111.

6º *Praxède*, dont le nom figure sur un titre du Cartulaire de Soissons, vers l'an 1151.

7º *Adélide*, Abbesse en 1175, date de la translation du corps de Sainte Pélagie, pénitente, dans son Abbaye, par Mathieu, évêque de Troyes ; elle vivait encore en 1180.

8° *Witace* (*en latin, Eustochia*), que l'on croit être la sœur de la précédente ; son nom est mentionné sur des titres des années 1183 et 1196.

9° *Agnès Ire du nom*, dont le nom figure sur des titres de 1204 et 1206.

10° *Eustochie II*, dont la mort doit être rapportée à la fin de 1219 ou au commencement de 1220 ; une inscription gravée sur la châsse de Sainte Jule nous apprend que c'est à la piété de cette Abbesse que l'on doit ce chef-d'œuvre d'orfévrerie religieuse.

11° *Hersende*, mentionnée sur des titres des années 1220, 1228 et 1240.

12° *Aveline ou Asceline*, dont le nom est cité en 1244 et 1249.

13° *Isabelle Ire du nom*.

14° *Isabelle II*, 1260 et 1261.

15° *Marguerite Ire de la Croix*, 1265.

16° *Alix Ire*, 1276-1293 ; c'est en sa qualité d'Abbesse qu'elle céda « les moulin, ponts, chaussées et pêcheries » que son Abbaye possédait à Saint-Christ, à Raoul de Clermont-Nesle, connétable de France, en 1293.

17° *Alix de Ville-Scavoir*, 1298.

18° *Agnès de Cerilly*, élue et confirmée en 1298, morte en 1303. En 1299, elle recevait le dénombrement des « fiez de Saint-Crist en Vermendois et des appendances mouvenz de la dite Eglise de Juerre », dont elle était Abbesse.

19° *Agnès III de Gloise*, 1306.

20° *Hélisende de Noiers*, Abbesse en 1315, morte en 1347.

21° *Hélisende*, morte avant 1357.

22° *Marguerite II de Saint-Martin*, élue en 1357, en vertu d'un compromis. Isabellis, Prieure de Saint-Christ, prit part à son élection.

23° *Jeanne I de Fréloi*, 1361.

24° *Jeanne II de Noiers*, nièce d'Hélisende de Noiers et fille de Gaucher de Noiers et de Marguerite de Picquigny, 1365.

25° *Marguerite III de la Rivière*, 1386-1418, auparavant Abbesse de Montivilliers.

26° *Henriette I de Mello*, 1425-1426.

27° *Jeanne III de Melun*, sœur de Louis de Melun, archevêque de Sens ; on lui donne aussi pour frère Louis de Melun, Gouverneur de Coulommiers 1440-1459.

28° *Jeanne IV d'Ailly*, seconde fille de Raoul d'Ailly, Vidame d'Amiens et de Jacqueline de Béthune. Elle était religieuse à Pont-Sainte-Maxence, lorsqu'on lui porta l'acte de son élection le 22 janvier 1462 ; morte en 1492.

29° *Antoinette du Moutier*, 1493-1514.

30° *Madeleine d'Orléans*, 1515-1543, transférée de l'Abbaye de Faremoutier à celle de Jouarre, en 1515 ; elle fit un séjour à Fontevrault, afin d'en introduire la réforme dans son monastère ; le 8 octobre 1515, elle avait baillé à ferme les dîmes de Marchélepot au profit de Pierre Parisy ; elle mourut en 1543.

31° *Louise I de Longvic de Givry*, 1543-1559, nièce de la précédente, fille de Jean de Longvic, sieur de Givry, sénéchal héréditaire de Bourgogne, et de Jeanne d'Orléans, sœur naturelle de François Ier. Elle fut bénie en 1545 par le Cardinal de Givry, et mourut en 1559, après avoir résigné son titre d'Abbesse en faveur de Charlotte de Bourbon, sa nièce. On lui doit la construction de la salle capitulaire du couvent qui est d'une grande beauté.

Louise de Longvic avait été Prieure de Saint-Christ en 1535.

32° *Charlotte de Bourbon-Montpensier*, 1559-1572 ; elle n'avait pas encore fait profession lorsque Madame de Givry résigna l'Abbaye en sa faveur ; elle est l'auteur principale de l'échange de la Terre de Saint-Christ contre celle de Verdilly fait au profit du duc de Chaulnes, en 1571.

33° *Louise II de Bourbon*, sœur de la précédente ; elle était Abbesse de Faremoutier lorsqu'elle obtint encore l'Abbaye de Jouarre, en 1572. Elle mourut en 1586.

34° *Jeanne V de Bourbon*, sœur aînée des deux précédentes ; elle était Abbesse de Sainte-Croix de Poitiers lorsqu'elle fut nommée à l'Abbaye de Jouarre par Bulles du 22 avril 1586 ; morte en mars 1624 ; l'Evêque de Saint-Flour présida ses obsèques.

35° *Jeanne VI de Lorraine*, fille de Henri de Lorraine, duc de Guise, et de Catherine de Clèves, veuve d'Antoine de Croy. Elle était Prieure de Prouille, de l'Ordre de Fontevrault, lorsqu'elle fut nommée coadjutrice de Jouarre, le 11 août 1611. — Elle succéda à Jeanne de Bourbon et fut bénie le 28 avril 1624 par Philippe de Cospéan, évêque de Nantes ; morte le 8 octobre 1638.

36° *Marie Marguerite de la Trémoille*, d'abord élevée dans l'Abbaye des Clairets, puis à Jouarre. Elle prit ensuite l'habit de religieuse dans la même Abbaye des Clairets et fit profession en 1620. Le Roi la nomma à l'Abbaye du Lys, qu'elle réforma. Elle passa à celle de Jouarre, par Bulles du 24 décembre 1638, et mourut, le 25 avril 1655.

37° *Henriette II de Lorraine*, nièce de Jeanne de Lorraine. Elevée dans l'Abbaye de Jouarre jusqu'à la mort de sa tante, elle fut ensuite religieuse et Professe de Montmartre, puis Abbesse du Pont aux Dames. Elle passa à l'Abbaye de Jouarre par Bulles du 29 mai 1655, mais elle s'en démit, en 1692, en faveur de la suivante, et mourut à Paris, dans l'Abbaye de Port Royal, le 25 janvier 1694.

38° *Anne-Marguerite de Rohan-Soubise*, fille de François de Rohan, Prince de Soubise et d'Anne Chabot de Rohan ; elle était religieuse au Prieuré de Chasse-Midi, lorsque le Roi la nomma Abbesse de Jouarre, le 25 décembre 1691, sur la démission d'Henriette de Lorraine-Chevreuse, sa cousine-germaine ; elle obtint ses Bulles le 23 janvier 1692, fut bénie le 11 décembre 1707 et mourut le 21 juin 1721 ;

C'est à sa requête que furent obtenues, le 8 décembre 1708, les Lettres de rescision, concernant l'échange de la terre et Seigneurie de Saint-Christ contre celle de Verdilly, et que fut rendu l'arrêt de 1718 référant au duc de Chaulnes la faculté d'option dont il a été parlé.

39° *Charlotte-Armande de Rohan-Soubise*, nièce de la précédente. Ses Bulles sont du mois de Juillet 1721. Elle avait fait profession à l'Abbaye de Jouarre le 24 septembre 1715 ; elle se démit en 1729, en faveur de la suivante.

40° *Anne Thérèse de Rohan-Montbazon*, fille de Charles de Rohan, Prince de Guémené, duc de Montbazon, et de Charlotte Elisabeth de Cochefilet. Elle était abbesse de Preaux, au diocèse de Lisieux, lorsque, sur la démission de la précédente, le roi la nomma, au mois de novembre 1729, à l'Abbaye de Jouarre ; deux de ses sœurs étaient religieuses avec elle ; elle mourut en 1741.

41° *Anne Catherine de Montmorin de Saint-Herem*, d'une famille originaire de Montmorin (Puy de Dôme). C'est la tante du Comte Montmorin de Saint-Hérem, ministre de Louis XVI, victime des massacres de septembre.

Le 7 juin 1749, elle demanda, par Lettres en forme de requête civile, l'annulation de la disposition de l'arrêt de 1718, concernant le droit d'option référé au duc de Chaulnes. On a vu que le procès relatif à l'échange de 1571 se termina à l'avantage de cette Maison.

Madame de Montmorin mourut, en 1792, à l'âge de 92 ans, avec une grande réputation de vertu. Elle venait de quitter, par ordre, le monastère qu'elle avait gouverné pendant 53 ans.

Par ce dernier détail, ont voit que « l'Abbesse de Jouarre » d'Ernest Renan n'a aucun fondement historique. C'est une œuvre d'imagination.

II. — Leur droit de présentation et de collation.

L'Abbaye était desservie par un certain nombre de Clercs séculiers qui prirent, dès le commencement du xii⁰ siècle, le titre de Chanoines, puis plus tard, celui de Chapelains. — Les « treize grands Chapelains » étaient à la collation pleine et entière de l'Abbesse, ainsi que les deux Bénéficiers chargés de faire l'office de diacre et de sous-diacre à la messe solennelle du jour. — En outre, l'Abbesse conférait les cinq chapelles de l'Eglise Abbatiale, soit celles de St-Jean-Baptiste, de Sainte-Croix, de Sainte-Anne, les deux de Prime ou de la Matinée, etc...

Enfin, elle présentait aux Cures de Jouarre, de Signy, etc. dans le diocèse de Meaux, puis à différentes Cures des diocèses de Chartres, Soissons et Noyon.

Dans le diocèse de Noyon en particulier, l'Abbesse présentait aux Cures de :

1⁰ Nova-Villa cum Capellâ, (Saint-Christ et sa chapelle) ;
2⁰ Marcel (Marchélepot) ;
3⁰ Cenlula, (Chaulnes) ;
4⁰ Brescort (Licourt) ;
Et depuis la fin du xvi⁰ siècle, à la Cure de Briost.

III. — Leur rang aux Assemblées Synodales du diocèse de Noyon.

A cause de leur droit de nomination aux Cures ci-dessus énoncées du diocèse de Noyon, l'Abbesse de Jouarre était tenue d'assister au Synode diocésain qui avait lieu chaque année, dans la Cathédrale du diocèse, le mardi après la Saint-Remi d'Octobre, sous la présidence de l'Evêque.

Voici, avec leur place respective, les membres qui en faisaient partie de droit :

1º Le Chapitre de Noyon en Corps ;
2º l'Archidiacre ;
3º le Chancelier de Noyon ;
4º les Abbés : de St-Eloi de Noyon, d'Homblières ; de St-Barthélemy, de Noyon ; de St-Quentin-en-l'Isle ; de St-Prix ; du Mont Saint-Quentin, etc. ;
5º les Abbesses de Saint-Jean au Bois ; de Sainte-Marie de Soissons ; de Notre-Dame de Fervaques, de Biache ; de Jouarre, etc.
6º les Prieurs et Prévots ;
7º les Doyen et Chapitre de St-Quentin ;
8º les Prévôt et Chapitre de Ste-Pecinne ;
9º le Chapitre de Péronne ;
10º les Doyen et Chapitre de Nesle ;
11º les Frères de l'Hôpital du Temple, plus tard le Commandeur d'Eterpigny ;
12º Le Grand Hospitalier de St-Jean de Noyon ;
13º les Prévôt et Curés de la ville et des faubourgs de Noyon ;
14º les Curés des villes et faubourgs de St-Quentin, Ham, Péronne, Nesle, etc.
15º les Curés des paroisses rurales.

On voit que les Abbesses tenaient un rang des plus honorables au sein de cette Assemblée, à cause des intérêts qu'elles représentaient et des privilèges que leur conférait leur dignité.

Toutefois, à l'égard de l'Abbesse de Jouarre, il existait un compromis passé en 1218, entre la dite Abbesse et le Chapitre de Jouarre et Etienne, évêque de Noyon, notifié par Symon, Prévôt Général de Brétigny, et les Chanoines de Soissons, en vertu duquel elle devait, à son défaut, envoyer un délégué pour la remplacer ou s'excuser par lettre, ce qui laisse entendre que, de fait, l'Abbesse se dispensait volontiers de s'y rendre.

IV. — Armorial de l'Abbaye.

L'Abbaye de Jouarre portait :

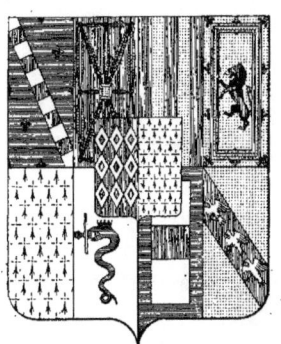

parti de 3 traits, coupé d'un qui font 8 quartiers, au 1ᵉʳ d'azur à 3 fleurs de lis d'or et une bande componnée d'argent et de gueules brochant ; au 2 de gueules, des chaînes d'or posées en croix, en sautoir et en orle ; au 3 de gueules à 2 pals d'or ; au 4 d'or à un lion de gueules enfermé dans un double trescheur fleurdelisé de même ; au 5 d'hermines ; au 6 d'argent, à une guivre d'azur halissant de gueules ; au 7, d'argent à une fasce de gueules et une bordure d'azur ; au 8 d'or à une bande de gueules chargée de 3 alérions d'argent Et sur le tout de gueules à 9 macles d'or accolées 3, 3 et 3, parti d'hermines.

II. — *LA PAROISSE*

CHAPITRE PREMIER

Erection de la Paroisse

A. — Donation de l'Autel de Villa-Nova (Saint-Christ) à l'Abbaye de Jouarre, vers l'an 1073.
B. — Sainte-Jule de Troyes, titulaire de l'Eglise et patronne de la paroisse.
C. — Attribution de la paroisse de Saint-Christ au diocèse de Noyon et au doyenné de Curchy.

A. — Donation de l'Autel de Villa-Nova à l'Abbaye de Jouarre.

La « donation de l'Autel » de Villa-Nova à l'Abbaye de Jouarre date de 1073 environ. Nous ne possédons pas l'acte par lequel Radbod II, évêque de Noyon, fit cette concession, mais bien celui par lequel Baudry, son successeur, la confirma au profit de la dite Abbaye et lui accorda l'exemption du « personnat » pour les autels déjà mentionnés, et en particulier pour celui de Saint-Christ ; c'est la Charte de 1103, déjà citée. Ce précieux document nous fait connaître en outre que la faveur dont il s'agit fut accordée par l'évêque à l'abbesse de Jouarre, du consentement de l'archidiacre Gérard, du doyen Leudon, et d'autres clercs du Conseil, à charge, à l'égard des autels ainsi placés sous sa dépendance, de célébrer son anniversaire à perpétuité, de payer les droits synodaux comme auparavant et de tenir les prêtres nommés par elle dans l'obligation de se présenter à lui ou à l'archidiacre pour en recevoir leur « visa », et encore à condition, pour les dits prêtres, de rendre compte de leur administration à l'autorité diocésaine, sous laquelle ils étaient maintenus.

L'acte fut passé à Noyon, l'an de l'Incarnation 1103, sous le règne de Philippe, la 5ᵉ année de l'Episcopat de Baudry. Il est signé : Baudry, évêque ; Lambert, archidiacre ; Roscelin, doyen ; Rorigon, prévôt ; Pierre, chantre ; Landri, sous-chantre ; Leudon, doyen ; Hugues, chancelier ; Hugues, Nicolas, Désiré, Robert, chanoines.

A la fin du xıᵉ siècle, par « donation de l'Autel », on entendait l'acte par lequel l'évêque conférait à un particulier ou à un corps ecclésiastique (chapitre, monastère d'hommes ou de filles), le droit de patronage. Ce droit, on le sait, impliquait celui de « nommer » ou de « présenter » à la Cure symbolisée par l'Autel (droit de présentation), et celui de percevoir la dîme dans l'étendue de la paroisse assignée.

De même, le droit de personnat désignait une sorte de droit de mutation que l'évêque percevait, sur chaque « Autel » ou « Cure », selon ce qui se pratiquait à l'égard des fiefs temporels, au changement de titulaire. Cette coutume venait d'être anathématisée par le Concile de Clermont, tenu en 1095.

B. — Sainte Jule de Troyes, patronne de la paroisse.

Sainte Jule, en latin Julia, en vieux français Julle, naquit à Troyes, vers l'an 242. Ses parents connaissaient la vraie foi et avaient dû recevoir la doctrine chrétienne de la bouche des premiers apôtres de la cité Troyenne, Saint Potentien et Saint Serotin. Elle leur fut ravie, vers sa dix-huitième année, par un chef de Barbares nommé Claude ou Claudien, — Claudius en latin, — personnage dont l'existence se passait à guerroyer et à faire d'audacieuses razzias dans les pays soumis à la domination Romaine, à la tête d'une bande d'aventuriers.

La réserve et la modestie de la jeune captive l'intriguèrent tout d'abord, mais bientôt subjugué lui-même par le charme de son innocence et l'éclat de sa vertu, il n'éprouva plus pour elle que des sentiments d'admiration qu'il traduisit par de multiples égards, sentiments qui ne firent que s'accroître lorsqu'il connut son secret dessein de n'appartenir qu'à Dieu. La pieuse Vierge lui en témoigna toute sa reconnaissance en priant de tout cœur pour le succès de ses entreprises et surtout pour la conversion de celui qu'elle pouvait considérer désormais comme son protecteur.

Elle vivait, fidèle à ses devoirs de chrétienne et à sa chaste et virile résolution, au milieu d'un groupe de compagnes et de serviteurs qu'elle catéchisait et édifiait par sa sagesse et ses pieux exemples, lorsque, dans un songe extraordinaire, elle se sentit instamment pressée de retourner au lieu de son berceau pour y terminer sa carrière. Elle en informe son maître et le supplie de la laisser aller. Mais Claude ne se contente pas de lui donner la liberté, il veut cette fois se mettre, en quelque sorte, à sa suite, et l'accompagner lui-même jusqu'à Troyes, entouré d'un nombreux cortège.

A Troyes, la persécution sévissait avec fureur. La confiante et intrépide Vierge s'empresse de visiter les chrétiens dans leurs prisons, et de les encourager à souffrir pour l'amour du Christ.

L'Empereur Aurélien, qui visitait les Gaules, apprend les agissements de Jule et la fait arrêter. On lui applique le supplice du feu, mais Jule reste invincible dans sa foi. Après les promesses et les menaces habituelles, elle est condamnée à avoir la tête tranchée à la porte de la ville.

Témoin de sa fidélité et de sa constance, Claude se déclare disciple, lui aussi, de Celui qu'adorait son ancienne captive. Il est saisi sur le champ et décapité avec ses deux filles et un groupe de chrétiens. C'était vers l'an 275.

La tempête apaisée, le corps de Jule est déposé dans un cercueil en pierre et offert à la vénération des fidèles. Son culte se perpétua à travers les siècles jusqu'en 1111, époque à laquelle se fit la translation de ses restes vénérés dans l'église abbatiale de Notre-Dame de Jouarre, au diocèse de Meaux.

C'est précisément l'époque où l'abbaye de ce nom venait d'inaugurer la fondation du Prieuré de Saint-Christ et d'obtenir confirmation de la Cure ou de l'Autel du lieu. Cette circonstance suffit à nous expliquer comment, de l'Abbaye de Jouarre, le culte de la Vierge Troyenne s'introduisit dans le diocèse de Noyon. Sa fête s'y célébrait le 21 Juillet, jour anniversaire de son martyre, mais à Saint-Christ, l'église, dont elle est titulaire, en fait toujours la fête le 29 Janvier, jour de la Translation de ses reliques. La fête du village a lieu le dimanche qui suit le 21 Juillet.

Dans le Missel de Noyon, la Collecte, la Secrète et la Postcommunion de la messe de Sainte Jule étaient propres ; voici l'Oraison :

« O Dieu, vous à qui la Bienheureuse Jule, vierge et martyre, a offert le sacrifice complet d'elle-même, accordez-nous la grâce de marcher sur ses traces, et de ne chercher à plaire qu'à vous seul, pendant la vie et à la mort. Par les mérites de N. S. Jésus-Christ. Ainsi soit-il.

Grâce aux démarches de M. l'abbé Séret, l'église de Saint-Christ a l'avantage de posséder, depuis le 27 juillet 1866, une relique extraite des ossements de la Sainte, « ex ossibus Sanctæ Juliæ, virginis et martyris ». L'authentique porte le sceau de Mgr Allou, évêque de Meaux. La relique a été déposée dans une petite châsse en bois doré, offerte pour cet objet, en 1870, par une pieuse fille du pays, Bathilde Duchemin, née Duchemin-Darloy, morte alors en prédestinée, atteinte de la petite vérole.

Le culte de Sainte-Jule s'est perpétué dans la ville de Troyes. Notre Sainte avait sa chapelle dans l'ancienne église Saint-Martin, qui fut démolie en 1590, à l'époque de la Ligue ; mais l'église ayant été reconstruite, une nouvelle chapelle y fut érigée en son honneur.

Sur la verrière, qui date de 1606, on déchiffre la légende suivante :

1° « Sainte-Jule, de Troyes native, des Barbares est menée captive » ;

2° « à épouse Claude la demande, mais Jule repousse son offrande » ;

3° « l'Empereur converti fait faire un Oratoire, où la Sainte faisait prière méritoire » ;

4° « en Oratoire, priant pour l'Empereur, il retournait de la guerre vainqueur » ;

5° « par une vision, à Troyes s'en retourne, où Claude la suivit, négligeant sa couronne » ;

6° « exerçant charité, en tourments on l'a mise, pour lui faire quitter son Dieu et son Eglise ».

Cette verrière fut offerte, paraît-il, par les membres d'une association, connue sous le nom de « Confrérie de Sainte-Jule », dont le but était d'assurer, au décès de chacun de ses membres, moyennant une cotisation annuelle de 5 sols, un service solennel pour le repos de son âme.

Sur la paroisse St-Martin-ès-Vignes existait également une petite chapelle dédiée à la Sainte, dont le Chapelain, (le curé habituellement), portait le titre de « Chapelain de Sainte-Jule ». Cette chapelle servait de lieu de pèlerinage. A quelques pas de là, à l'endroit même où la martyre répandit son sang, se trouvait une source appelée le « Puits Sainte Jule », dont l'eau avait la renommée de guérir de la fièvre. L'arcade qui la recouvrait, en forme de voûte, portait au frontispice l'image de la Vierge Troyenne. Aujourd'hui, la chapelle a disparu, et le « puits Sainte-Jule » se trouve enfermé dans une propriété privée.

De son côté, l'Abbaye de Jouarre conservait les restes vénérés de notre Patronne dans une châsse qui passe pour un chef-d'œuvre d'orfèvrerie du xiiie siècle. On la voit aujourd'hui dans l'église Saint-Pierre de Jouarre.

Voici la description qu'en ont donnée Bourguelot, ancien élève de l'école des Chartes, et Dauvergne, peintre d'histoire, etc., dans une brochure intitulée, « Pèlerinage à Jouarre » :

« La châsse de Sainte Julie, de même forme à peu près que la précédente, (celle de Saint Potentien), est ornée de pierreries. On voit, par les inscriptions en émail qui existent encore, que primitivement les douze arcades étaient ornées de figures des Saints Simon et Jude, Jean, Jacques, Paul, Pierre, Barthélemy, Philippe, Matthieu, Thomas et Jacques (le Mineur). — Une autre inscription placée sur le cadre de l'un des tableaux qui occupent les toits : « Eustochia abbatissa secunda offert capsam istam Sanctæ Juliæ Virgini », nous apprend que la châsse fut offerte par l'abbesse Eustochia, deuxième du nom, à Sainte Julie, vierge. — Cette Abbesse mourut vers 1220. La châsse de Saint Potentien, à laquelle ressemble celle de Sainte Jule, forme « un petit édifice oblong à quatre pans rectangulaires, surmonté d'un toit à double égout. Les grands côtés sont ornés de six arcatures, soutenues par des colonnettes en argent ; aux deux extrémités se trouve une arcade trilobée plus grande que les autres. Les toits ont chacun trois tableaux ».

« Malheureusement, les deux châsses ont été considérablement endommagées ; on a enlevé les statuettes et les métaux précieux, les tableaux émaillés qui les décoraient ; il ne reste plus, en quelque sorte, que les carcasses de ces vieux monuments ».

Saint-Pierre possède aussi la châsse de Saint Claudien.

En dehors de ces précieux souvenirs qui se rattachent au culte de la patronne de Saint-Christ, Jouarre montre encore dans la direction de Vanry, hameau dépendant de son territoire, une grande *Croix* plantée au bord d'un chemin rocailleux et rapide, laquelle est dédiée à Sainte Jule, ainsi qu'une petite source qui en est proche, et dont l'eau jouissait jadis de propriétés curatives des maladies de la peau, et notamment des dartres du visage.

C. — Attribution de la paroisse au diocèse de Noyon et au doyenné de Curchy.

Depuis son origine jusqu'à l'époque de sa suppression en 1790 (loi du 12 juillet), ou plus exactement jusqu'à l'époque de son annexion au diocèse d'Amiens, après le Concordat de 1801, la paroisse de Saint-Christ faisait partie du diocèse de Noyon, formé lui-même de l'antique « diocèse de Vermandois ».

Dans la division du diocèse en neuf « doyennés de chrétienté », qui eut lieu en 1166, Saint-Christ fut attribué au doyenné de Curchy.

Le diocèse ayant été démembré en vertu du Concordat de 1801, les paroisses de l'ancien doyenné de Curchy furent affectées au diocèse d'Amiens ; c'est alors que, par suite de l'organisation des succursales du département de la Somme, en 1803, par Mgr Jean Chrysostôme Villaret, « évêque d'Amiens, Beauvais et Noyon », la succursale de Saint-Christ fut comprise dans la Justice de paix et le doyenné de Nesle, avec Briost et Cizancourt comme annexes.

Le rite de Noyon cependant, surtout en ce qui concerne le chant, resta en vigueur, dans nos localités, jusqu'à l'introduction de la liturgie Romaine, vers 1850.

Cliché A. Vayssière à Athies

EGLISE de SAINT-CHRIST

CHAPITRE II

Organisation de la Paroisse

A. — L'Eglise paroissiale ; description.
B. — Les Curés de la Paroisse. — Le Presbytère.
C. — Le temporel de l'Eglise et de la cure ; les marguilliers.
D. — Le Cimetière paroissial.

A. — L'Eglise paroissiale ; description.

1° *La nef et le bas du clocher ;*
2° *Le Chœur, les Chapelles et les Fonts Baptismaux ;*
3° *Le Sanctuaire ;*
4° *La Tour du clocher, les cloches, la sonnerie ;*
5° *La Sacristie.*

L'Eglise actuelle est, pour le fonds, celle de l'ancienne Villa Nova ; toutefois les modifications importantes dont elle a été l'objet dans le cours des siècles, ont fini par faire disparaître sa physionomie primitive.

Comme vestiges du xie siècle, il reste : 1° le *pignon de l'Abside*, caractérisé par une « petite fenêtre ovale » dite « Oculus », murée vers 1870, à l'occasion de la pose du retable de l'autel ; 2° les *piliers et les arcades* du milieu du transept, qui supportaient jadis le clocher central ; et 3° les *Anciens Fonts Baptismaux* », dont l'énorme cuve en grès est, suivant la remarque de M. Duhamel-Decéjean, à peu près unique à l'heure présente. A part ces débris vénérables, l'Eglise n'offre plus dans son ensemble que des reconstructions qui datent des xve, xvie et xviiie siècles. Une pierre incrustée au-dessus de la porte latérale de la nef, aujourd'hui fermée, porte le millésime de 1776. Cette date marque, suivant une quittance délivrée le 1er mai par Louis Leturgier, maître maçon à Caix, la reconstruction d'un pan de mur de l'Eglise, ainsi que l'ouverture de deux portes latérales et de deux croisées. — Un agrandissement de toutes les fenêtres de l'Eglise avait eu lieu précédemment, d'après un compte présenté à la Fabrique par Toussaint Baillet, maître maçon à Doingt, en Juillet 1753 ; on en comptait alors neuf, dont cinq mises à neuf, non compris celles des chapelles, (note Matoulet, vitrier, 1753) ; Antoine Bonnard fournit les briques qui servirent à façonner les cintres. D'autres travaux importants furent exécutés vers la même époque à la toiture, au clocher, aux chapelles et au chœur, comme on le verra plus loin.

Le sanctuaire, le chœur et la nef ont été reconstruits sur un plan uniforme ; ils mesurent ensemble, en y comprenant le bas du clocher, 25 mètres de long, 6 mètres de largeur à peine, sur 7 de hauteur. Il y a là malheureusement un défaut de proportion qui fait que l'intérieur de l'édifice manque d'ampleur. Des lambris en bois de chêne en garnissent le pourtour ; on les doit, semble-t-il, à l'initiative de l'abbé Séret qui les fit poser au début de son ministère. La voûte et les murs ont été restaurés en 1903, par les soins de l'abbé Devillepoix, et grâce au concours pécuniaire de la commune qui dépensa, pour cet objet, la somme de 3.900 francs. L'abbé Devillepoix a le mérite d'avoir fait choix, pour ce travail important, de plâtriers habiles, du nom de Leblanc père et fils, qui surent donner au revêtement intérieur de l'Eglise le caractère architectural qui lui manquait, et rompre, par des nervures ménagées avec goût, une trop grande uniformité de lignes. Les poutres qui soutenaient l'ancienne voûte et la toiture avaient été remplacées, dès 1869-70, par des cordons en fer d'aspect fort léger.

Primitivement la voûte était en planches avec tirants et poinçons, mais elle n'existait plus déjà au xviiie siècle.

Un compte de 1760 indique que des travaux de plafonnage et de blanchiment furent exécutés aux murs et au plafond de l'Eglise par Jean Boudoux, menuisier et peintre à Chaulnes.

Un travail du même genre eut lieu, en 1776, aux murs de la nef ; il est attribué à Pierre Barré, d'Ennemain. Le chœur fut restauré, vers le même temps, par les soins du gros décimateur, le duc de Chaulnes.

En 1830, l'Eglise et le presbytère étaient dans un état de délabrement complet ; le devis des travaux à exécuter, dressé en 1825 par Nozo, architecte à Péronne, s'élève à la somme de 7.700 francs. En 1831, il n'y avait encore rien de fait ; ce n'est qu'en 1832, pour l'arrivée de l'abbé Guillain, que les travaux les plus urgents furent commencés. (Nous verrons que la paroisse fut desservie par les curés voisins de 1823 à 1832). Cette négligence et ce délai sont dus au défaut de ressources et au désaccord qui partageait les habitants, les uns proposant, pour se créer les ressources nécessaires, l'aliénation d'un marais communal de 6 journaux, sis au vivier, les autres s'y opposant. (L'enquête de commodo et de incommodo avait été conduite par M. Vinchon, propriétaire et maire d'Ennemain).

Afin d'éviter toute dissension, une Assemblée, composée du Conseil municipal et des plus hauts imposés, décida qu'il ne serait pas procédé à la vente du marais en question lequel « servait de pâturage commun », mais seulement de deux autres portions de terre situées : l'une, au chemin d'Ennemain, à la sortie du village ; l'autre, à la Croix Saint-Claude. Finalement, il fut pourvu aux travaux les plus urgents à l'aide de secours alloués sur le budget départemental et celui des affaires du culte, et à l'aide d'impositions.

Parmi les gens de métier qui figurent au cours de ces restaurations importantes, on signale :

1° Comme maçons : maître François Fouquet, de Doingt, en 1753 ; maître François Baillet et Toussaint Baillet, de Doingt également, même époque ; la chaux et le sable provenaient de Falvy ; la chaux, livrée alors par la veuve Goyel, se payait 35 sols les 5 setiers. Il était remis 11 sols à Jean Mortelier pour l'avoir été chercher « à la hotte ».

2° Comme charpentiers : Adrien Bayard, de Chaulnes ; on lui doit la charpente du clocher, et sa reconstruction, vers 1750 ; Antoine Darloy, en 1765 ;

3° Comme couvreurs : Antoine Colombier, de Cressy, couvreur en tuiles et en ardoises, en 1749 ; Charles Colombier, 1772 ; Pierre Basset, en 1759 ;

4° Comme menuisiers : Bellement, en 1761 ; Simon Besse, de Falvy, à qui l'on doit une partie de l'ancien mobilier de l'Eglise, entre autres : un pupître pour missel, les deux pupîtres du lutrin, quatre bancs assemblés pour asseoir les enfants devant le lutrin, et les bancs de l'Eglise, de 1773 à 1776 ;

On rencontre encore les noms de Jean Gadifer, charron, qui fournit la charpente des cloches, en 1761 ; de Louis Cardon, maréchal, qui fournissait les ferrures ; ainsi que de plusieurs voituriers comme Augustin Lequeux, 1753 ; Pierre Baloche, 1775 ; Louis Croizille, 1775 ; etc.

1° *La nef et le bas du Clocher.*

La nef n'offre rien de remarquable. Les bancs qui la garnissent ainsi que ceux du chœur datent de 1833 (compte d'Ennuyer, menuisier à Athies) ; la chaîre qu'on y voyait à la hauteur des premiers bancs de femmes a été placée assez malencontreusement sous l'une des arcades du transept. Au milieu des nombreuses et modernes statues qui ornent l'Eglise, on remarque, sur une console fixée à la paroi de droite, la *châsse de Sainte-Jule.*

Le bas du clocher est garni par une tribune érigée par l'abbé Allart, vers 1870 ; au-dessous, à droite de l'entrée, sont les « *Nouveaux Fonts Baptismaux* », puis, la porte d'entrée de la tourelle du clocher ; au-dessus de la dite porte est une plaque en marbre blanc, destinée à remémorer les travaux exécutés en 1903 ; on y lit :

D. O. M. (Au Dieu bon et grand)
« En l'an de grâce 1903,
Cette Eglise fut restaurée par les soins du Conseil municipal ;
les vitraux renouvelés par la générosité de dévoués bienfaiteurs,
et le pieux concours des habitants ;
Etant : M. A. Bachellé, maire,
M. l'abbé de Villepoix, curé,
M. Leblanc, entrepreneur ».

En face de cette plaque s'en trouve une autre, en marbre noir, placée à la demande de François Ledoux, marbrier à Paris, en souvenir de l'abbé Belval, ancien curé de la paroisse, dont il avait été l'élève. L'inscription est ainsi conçue :

« D. O. M. »
« Memini vivorum nec possum oblivisci mortuorum ». (Au Dieu très bon et très grand. Je me souviens des vivants, mais je ne puis oublier les morts).
« En face de la porte de cette Eglise repose le corps de Sire Belval, curé de cette paroisse, mort en juillet 1823 ».

2° Le chœur, les chapelles et les Fonts Baptismaux.

Le chœur est surélevé de deux marches : il comprend le transept dont le prolongement forme les deux chapelles latérales et donne au monument l'aspect d'une Croix latine. — Jusqu'en 1870, le *Lutrin* en occupait le milieu ; c'était un meuble en bois sculpté d'un certain mérite, et ancien. — Il avait l'inconvénient de masquer l'autel mais par contre, il servait à grouper autour des premier et second chantres, (nos chapiers des grands jours, soutenus par un puissant ophicléide), un chœur nombreux de jeunes gens, dont la présence et la voix donnaient à nos cérémonies religieuses le plus vif et le plus réconfortant éclat. On ne peut que regretter sa hâtive disparition.

Les deux chapelles du transept sont dédiées : l'une « à *Saint-Christ* » ou « *au Saint-Christ* », c'est la chapelle du nord ; l'autre à la « *Sainte-Vierge* ».

La chapelle de « Saint-Christ » est l'ancienne chapelle du Prieuré, que les archives locales nous disent avoir été transférée près de l'église paroissiale par le curé Bourgois, en 1749. Comme l'ancienne, cette chapelle était devenue un lieu de pélerinage ; on y vénérait une antique statue de « *l'Ecce Homo* », qui vraisemblablement provenait de la chapelle du Couvent. Mais un autel de la Vierge lui ayant été substitué, dit l'abbé de Cagny, vers 1844, la Chapelle de Saint-Christ devint de fait celle de la Sainte-Vierge, et vice-versa ; la statue de « Saint-Christ » fut placée dans la chapelle d'en face, au-dessus des anciens Fonts Baptismaux, où elle demeura jusque vers la fin du dernier siècle, exposée à la vénération publique. Les pèlerins commencèrent à se faire de plus en plus rares. On avait jadis la pieuse habitude de faire toucher à « l'Ecce Homo » les linges et vêtements des enfants atteints de certaines maladies infantiles.

La statue du Saint-Christ a été remplacée il y a quelques années par un « Ecce Homo » de facture moderne, qu'on vénère dans la même chapelle, au-dessus de l'ancien « *maître-autel* ».

La Chapelle de la Sainte-Vierge n'est mentionnée qu'une seule fois, dans les archives, c'est à l'occasion d'une inhumation qui y fut faite, en 1754.

Il est question de travaux exécutés à la Chapelle dite de « Saint-Pierre » en 1750 et 1751, mais aucun document ne permet d'identifier son emplacement. La Chapelle dite « *du Rosaire* » en 1759, devait être l'ancienne chapelle de la Vierge, chapelle du midi.

C'est dans cette chapelle, à droite de l'entrée de la sacristie, et en face d'une porte latérale qui demeura longtemps fermée que se trouvaient, de temps immémorial, les anciens « *Fonts Baptismaux*. Ceux-ci se composaient : 1° d'une grande cuve baptismale en grès de 0,93^{cm} sur 0,86 de surface et 0,25 d'épaisseur ; 2° d'une base en pierre, dont le tore se rattachait par une feuille aux angles du piédestal. Par suite de circonstances fâcheuses, ces fonts, témoin séculaire de la régénération spirituelle d'une longue série d'ancêtres, ont été déplacés, transportés un instant au milieu du transept, puis finalement jetés dans un coin du cimetière où ils sont à l'abandon.

Les « *nouveaux Fonts Baptismaux* » ont été érigés à l'entrée principale de l'église vers 1870 ; ils se composent d'une petite cuve ronde, ornée de quatre têtes d'anges et d'un pédicule accompagné d'un autre ange en forme de cariatide (aujourd'hui remplacé par un tronçon de colonne). C'est évidemment une raison liturgique qui a donné lieu à l'érection de ces nouveaux fonts à l'entrée de l'église ; seulement, l'abbé Allart avait eu le bon goût de ne pas déplacer les anciens.

3° *Le Sanctuaire.*

On accède au Sanctuaire par une marche. La balustrade est de forme demi-circulaire et en fer ; elle a remplacé la balustrade en bois sculpté que l'on voit en avant de la tribune.

Le maître-autel, don de François Ledoux, est en marbre noir veiné de blanc et incrusté de plaques en marbre rouge. Il a été posé, en 1869-70, par les soins de l'abbé Allart en même temps que le retable en chêne sculpté qui l'encadre et garnit tout le chevet de l'église. Le retable laissait à jour les deux fenêtres du fond — qui, à l'époque, n'étaient pas murées, — et encadrait admirablement le tableau qui figurait au-dessus du maître-autel. Par lui-même, celui-ci est plutôt d'un aspect sombre et quelque peu sépulcral.

C'est encore à M. François Ledoux, semble-t-il, que l'on doit le tableau de « la dernière Cène » dont je viens de parler. Cette toile de valeur, attribuée au peintre Jouvenet, a fait place, lors de la dernière restauration de l'église en 1903, à une « *Piéta* » jadis acquise par l'entremise de M. l'abbé Leulier.

La Piéta se compose d'une Vierge endolorie portant sur les genoux le corps inanimé de son divin Fils tout couvert de meurtrissures ; une croix voilée de blanc se dresse dans le fond.

C'est en vue de ce groupe d'une grande sentimentalité, que l'abbé de Villepoix fit construire, en arrière de l'autel, la tourelle demi-circulaire qu'on y voit et du sommet de laquelle se projette une douce et blanche lumière qui en fait ressortir la douloureuse et attendrissante physionomie.

4° *La Tour du clocher, les cloches, la sonnerie.*

Le clocher central a été remplacé par une énorme tour carrée construite, non plus sur la croisée du transept, mais sur la façade de l'église, à laquelle elle sert de portail. Cette tour, bâtie apparemment de l'an 1480 à 1500, se compose d'un soubassement en grès et de trois étages superposés en belles pierres de taille provenant principalement des carrières de Falvy. Elle est flanquée aux angles de puissants contreforts qui s'élèvent jusqu'à la naissance du toit, et au côté sud, d'une tourelle qui renferme l'escalier tournant en pierre conduisant à la tribune et au clocher.

Le *portail* est en plein cintre. Il est orné d'une rangée de moulures qui lui sert d'encadrement. Au-dessus se dessine un arc terminé de chaque côté par un trait horizontal. Cet arc est surmonté d'une corniche cintrée qui renferme une statuette de la Sainte Vierge.

Au premier étage, on remarque une fenêtre dont l'arc supérieur primitif est en forme d'ogive ; les abat-sons du troisième étage nous indiquent le compartiment des cloches ; le deuxième étage laisse paraître une sorte de meurtrière à chaque face. Le toit, quadrangulaire et écrasé, termine désavantageusement la tour puissante qui le supporte ; sa reconstruction date de 1750 environ. On dut, dans la circonstance, relever la tour de quelques assises de pierres qui proviennent du Passillon (compte d'Antoine Josse, tireur de pierres à Villers Carbonnel, 1753), et modifier en même temps la fenêtre du premier étage.

Il est probable que le clocher primitif avait été détruit par un incendie, ou sous le coup d'une violente bourrasque. La charpente des cloches fut également rétablie vers la même époque.

L'église de Saint-Christ se trouve dressée sur le bord escarpé du vaste plateau, au sous-sol crayeux et siliceux, qui aboutit, en amont de l'Omignon, au confluent de cette rivière avec la Somme ; son imposante tour domine ainsi la plaine fertile qu'elle termine, la plaine d'eau qui s'étend devant elle au long et au large, depuis la Chaussée jusqu'à Brie et la belle vallée de l'Omignon qui semble lui offrir l'hommage de ses eaux limpides et de sa verdoyante et ombreuse parure.

D'après une tradition locale rappelée par l'abbé de Cagny, ce serait une corporation de maîtres maçons venus d'Angleterre ou d'Irlande qui aurait construit les clochers de Saint-Christ, Marchélepot, Licourt, Pertain, Morchain, Omiécourt, etc., ainsi que la chapelle de Notre-Dame des Joies. Inspirés par le noble sentiment de la foi, ces artisans se consacraient de préférence à la construction des édifices religieux, et se contentaient d'un modique salaire pour leur travail. Toutefois ils étaient sensibles, paraît-il, au bon accueil qui leur était fait, et ce serait en reconnaissance des bons traitements reçus à Marchélepot, qu'ils auraient élevé la haute et élégante tour qu'on y admire, et par contre, négligé l'achèvement de celle de Saint-Christ. Cette dernière assertion n'est cependant qu'une simple légende, puisque de fait, d'après ce que j'ai dit, la reconstruction du clocher date du milieu du xviiie siècle.

La Canonnade de 1636. — Le clocher de Saint-Christ a un titre de célébrité qu'il convient de relever, c'est celui d'avoir éprouvé le feu de la canonnade et de la fusillade ennemie. C'était au mois d'août 1636, pendant la guerre de Trente ans. L'armée de Jean de Wœrth ayant subi un échec devant Péronne et le Château de Cléry, une bande d'Espagnols s'en détacha et vint fondre sur le village de Brie qui fut réduit en cendres. Animés par la vengeance et le désespoir, les paysans se jetèrent sur eux, armés de faulx et de fourches, les forçant à se replier sur Saint-Christ. Prévenus à temps, les gens du pays se mirent en état de défense et se retranchèrent dans la Tour du Clocher, d'où ils purent infliger à la troupe ennemie des pertes sérieuses, et l'empêcher de forcer le passage. C'est au cours de cette fameuse alerte que les Espagnols auraient dirigé contre la Tour la canonnade dont on aperçoit encore les traces. Louis Quentin, qui rapporte le fait, ajoute que les habitants de Saint-Christ auxquels s'étaient joints ceux des pays voisins poursuivirent les aventuriers avec une « rare intrépidité », et leur tuèrent un bon nombre d'hommes.

Les Cloches

A. *Les anciennes Cloches*. — Le 11 Août 1793, la municipalité de Saint-Christ ayant reçu notification de l'Arrêté du Conseil général de la Somme, daté du 30 Juillet, en vertu duquel toutes les Cloches de l'Eglise devaient être descendues, à l'exception d'une seule au choix, et remises dans les huit jours au Directoire du district de Péronne, « pour être converties en canon et servir à la défense de la République », Guilbert, maire, Rivière, officier, et Baudoin, secrétaire général, déclarèrent « se soumettre en tout au désir de la Loy ». Les Cloches furent donc descendues, à l'exception d'une seule.

En effet, une quittance datée du xi frimaire an II (1er déc. 1793) porte que Joseph Cardon, maréchal à Saint-Christ, a payé au citoyen Pierre Guilbert, maire de la commune, la somme de 70 livres 16 sols, pour fourniture à lui faite de 236 livres de fer, provenant des Cloches, des Croix du Cimetière et du Clocher, moyennant 6 sous la livre.

D'autre part, le ix fructidor an III (26 août 1795), le Juge de paix d'Athies venait reconnaître que le cuir du battant de cloche, (les brayers), avait été coupé à l'aide d'un tranchant et le faisait déposer avec « le battant » à la maison commune.

Il appert ainsi que sur les trois cloches que possédait l'église avant 1793, il en restait une en 1795. Nous savons qu'elle entra plus tard dans la fonte des nouvelles cloches.

B. *Les Cloches actuelles*. — Nos cloches sortent des ateliers de Caron et Baille, fondeurs, l'un à Bayonvillers, l'autre à Roisel. On distingue : la grosse cloche, la moyenne et la petite cloche.

Chacune d'elles porte, gravés sur la panse et les saussures, la date de son baptême, son nom, les noms de ses parrains et marraines, ceux des donateurs et des fondeurs ; c'est ainsi que nous lisons :

1º *Sur la grosse Cloche :*

« L'an 1833, je suis nommée Josèphe par M. Joseph Désiré Cassel, maire des communes de Saint-Christ-Briost, avec Mme Virginie Quentin, femme de Charles Gauchin, adjoint ; M. Joseph Florentin

Guillain, curé de la paroisse avec Mlle Alphonsine Cassel, de Saint-Christ ».

(Plus bas) « César Barbarre, Louis Wargnies.

(Fondeurs) : « Caron-Baille ».

2° *Sur la moyenne* (cloche du milieu) :

« L'an 1833, je suis nommée Marie, par M. Charles Gauchin, adjoint des deux communes, avec Mlle Félicité de la Feuillez ; — M. Grégoire Delaporte, à Péronne, avec Mme Marguerite Maubert ».

« Baille, fondeur à Bayonvillers »,
« Caron, de Roisel, fondeur ».

3° *Sur la petite Cloche :*

« L'an 1833, je suis nommée Julie, par M. François Legras, propriétaire à St-Christ, avec Mme Sophie Judrin, femme de M. Cassel, maire ; et M. François Ledoux, demeurant à Paris, avec Mme Caroline Lefebvre, femme Delaporte ».

« Caron-Baille ».

Comme sonorité, les cloches de Saint-Christ n'ont rien de remarquable, mais l'oreille des habitants est toujours sensible au son qui a bercé leur enfance, et le peuple resté toujours admirateur d'une sonnerie bien ordonnée et cadencée.

La Sonnerie. — Règlements relatifs à la Sonnerie dans l'ancien diocèse de Noyon, d'après le Synode de 1673.

1° « Les cloches étant les trompettes sacrées, qui appellent les fidèles au service de Dieu, ne seront sonnées qu'avec respect et modestie par le clerc, les serviteurs des marguilliers de la paroisse ou autres personnes qu'ils auront commises, entre les mains desquelles les clefs du clocher seront laissées ; et pour empêcher que les dites cloches ne soient trop ou mal sonnées, et même cassées, nous défendons à tous autres de s'ingérer dans la sonnerie ».

2° « La messe de paroisse sera sonnée à l'heure marquée cy-devant, par trois coups différents, les dimanches et fêtes, s'il n'y a quelque usage contraire pour un moindre nombre, et après le dernier coup, les cloches seront tintées, pour le faire remarquer et distinguer d'avec les autres. Et cet ordre sera pareillement observé pour les Vêpres, sans qu'il se fasse aucune sonnerie à la fin de l'Office, sinon pour un appel nécessaire ». (La Messe paroissiale était chantée, à

9 heures depuis la Toussaint jusqu'à Pâques, et à 8 heures depuis Pâques jusqu'à la Toussaint ; les Vêpres étaient toujours chantées à 2 heures de l'après-midi. — Même Synode).

3° « Quand quelque paroissien sera mort, on sonnera pour les grandes personnes par une seule volée de deux cloches ou par trois lesses, si c'est la coutume ; et pour les enfants décédez avant l'usage de raison, trois coups de cloches seront seulement tintéz, sans qu'il soit autrement sonné pour les défunts jusques au temps du convoy. Quand l'heure dudit convoy approchera, les appeaux seront sonnéz avec une distance convenable ; et lorsque les ecclésiastiques sortiront de l'église pour lever le corps, lesdites cloches seront sonnez à volée, jusqu'à ce que le corps soit mis devant le Crucifix, et alors la sonnerie cessera ; et si après la station, les Vigiles sont chantées, on commencera la sonnerie jusqu'à la fin du 3ᵉ Psalme de Vêpres, et ne sera recommencée que lorsque le corps sera levé pour être porté en terre, et ensuite continuée jusqu'à la fin de l'enterrement ». De même pour les autres Vigiles de fondation ou de dévotion.

4° « A l'égard des Messes pour les défunts, soit ensuite des enterrements ou autrement, on sonnera préalablement les appeaux en la manière accoutumée et au commencement des recommandations pour les morts, vulgairement appelés « Commandaces », on sonnera jusqu'au 3ᵉ Psalme desdites Commandaces, seulement. Quand il ne se dira pas de Commandaces, on sonnera depuis le commencement de la messe jusques au *Kyrie eleison* et non plus avant ; et s'il se dit plus d'une messe, on recommencera de sonner à la Postcommunion de chacune, et on cessera au *Kyrie eleison* de la suivante ».

5° « La veille des services qui se feront pour les défunts, on sonnera seulement une lesse, sçavoir : l'été à huit heures du soir, et l'hiver, à cinq, et le matin une autre lesse, pour avertir le peuple de prier Dieu pour lesdits défunts, et de se rendre aux services qui se célébreront pour eux ; mais au bout-de-l'an, lesdites lesses ne seront sonnées ni le soir ni le matin, ou ne le seront que durant peu de temps ».

6° « Quand la procession de la paroisse doit sortir des villes ou villages pour porter ou enterrer quelques corps, on ne sonnera que jusques à ce qu'elle en sorte, et que lorsqu'elle y rentrera ; ce qui sera pareillement observé quand on ira lever quelques corps hors desdites villes ou villages. »

7° « La veille de la fête ou *Commémoration des Morts*, on ne sonnera que jusques à 8 heures du soir et au *Jour des Morts*, on ne sonnera pas avant les coups de Matines, dans les lieux où elles se disent ; et dans ceux où on ne les chante pas, on ne sonnera point avant quatre heures du matin ; et l'église sera fermée durant la nuit, pour empêcher les profanations de la maison de Dieu, qui ne peut être trop religieusement conservée ».

8º « Les Curez auront soin d'établir quelque distinction en la sonnerie, soit pour les basses messes et les hautes, soit pour l'administration des Sacrements de Baptême, du Viatique et de l'Extrême-Onction, afin que les Fidèles étant informez de l'espèce des fonctions y puissent assister, s'ils en ont la dévotion ».

9º « Nous défendons à tous curez et vicaires de laisser faire, sans notre permission, dans leurs paroisses, aucune fonte de cloches, qui ne sert que trop souvent d'occasion et de prétexte à la dissipation des biens de l'église, de faire travailler les dimanches et fêtes à la fonte desdites cloches et de les bénir ou faire bénir qu'en vertu de pouvoirs que nous en aurons donnés ».

« Ils retrancheront les abus qui se commettent en la sonnerie sous prétexte de détourner les tempêtes de l'air, de fendre les nues, de calmer les orages ; ne souffriront pas les excès des carillons qui se font le soir et le matin aux veilles des jours de fêtes et confréries, et empêcheront tous airs profanes sur les cloches, qui ont été principalement bénites pour faire retentir les louanges de Dieu ».

La Législation actuelle reconnaît encore aux cloches leur destination *éminemment religieuse* ; elle a stipulé cependant que les Préfets et les maires avaient le droit d'en requérir la sonnerie dans certains cas déterminés. — Loi du 5 avril 1884, etc.

Le service de la sonnerie vers le milieu du siècle dernier.

Le service de la sonnerie avait pour objet :

1º D'annoncer la messe et les vêpres, les Dimanches et les jours de fête, et les cérémonies religieuses

Pour la messe, on sonnait le 1er coup, avec la grosse cloche, à 9 h. ; le 2e coup, avec les deux petites cloches, aux dimanches ordinaires, et avec les deux grosses cloches, aux jours de fête ; le 3e coup était sonné, avec les trois cloches, à 10 h. ou 10 h. 1/2,

Pour les vêpres, le 1er coup était sonné à une heure, le dernier coup à 2 h. ou 2 h. 1/2.

A l'élévation, on tintait la grosse cloche aux dimanches ordinaires, les trois cloches, aux solennités ,

La veille et le jour des fêtes, au matin, on sonnait une ou plusieurs lesses ; on carillonnait la veille et le jour des grandes solennités.

2° *Sonnerie des Baptêmes*. — On sonnait les trois cloches, à raison de 20 sous par lesse ; pour les Baptêmes de marque, on carillonnait.

3° *Sonnerie des mariages*. — Les trois cloches étaient sonnées, avant et après la messe, suivant les cas.

4° *Sonnerie des enterrements et décès*. — La 1re classe comportait la sonnerie des trois cloches ; on sonnait trois lesses chaque fois, matin et soir.

La seconde classe comportait la sonnerie des deux grosses cloches.

Aux autres classes, on sonnait les deux petites cloches, (3e classe), ou la grosse cloche seule (4e classe), puis la moyenne, etc...

Avant de commencer une lesse, on tintait successivement chaque cloche, cinq coups pour les hommes, quatre coups pour les femmes, et trois pour les enfants ; on sonnait pour la levée du corps au départ et au retour, pendant le Dies iræ, et pour la conduite au cimetière.

5° *La Sacristie*.

La sacristie a son entrée dans la chapelle latérale du midi, contre laquelle elle est adossée. On devrait y accéder de plein pied, mais le niveau du sol se trouve élevé de quelques marches au-dessus de celui de la chapelle. Les dimensions sont plutôt étroites, son mobilier fort ordinaire. La porte qui lui servait d'entrée (du dehors) a été fermée en 1753, (Compte Baillet, maçon).

Etat du Mobilier de l'Eglise en 1794.

Nous pouvons nous rendre compte de la nature et de la composition du mobilier de l'Eglise en 1794, d'après l'état estimatif qui en fut dressé, le 2 Vendémiaire an III, (23 7bre 1794), par Jean Louis Victor Polleux, cultivateur, agent national de la commune d'Athies, chef-lieu de canton, en vertu d'une commission à lui donnée pour cette fin, le 3 messidor, et ce en présence de deux membres de la municipalité du lieu. Je crois intéressant d'en donner le texte, tel qu'il existe aux archives départementales de la Somme :

« *Etat estimatif des effets mobiliers de l'Eglise de St-Christ* »

« 1 hotel (autel) avec le marche-pied et le lambris à côté et boiseries,
un fauteuil ; . . . . estimés : 50 livres
Deux petits hotel (autels) avec le marchepied ; . . . . est. : 30 »
Un lutrin avec le marche-pied, cinq banquets ; . . . . est. : 15 »
20 bancs dans cœure (chœur) avec le chapel ; . . . . est. : 100 »
30 bancs dans nœufre (nef) ; . . . . est. : 20 »
Une chaire, un confessionnal ; . . . . est. : 20 »
Les boiseries de fons (fonts baptismaux) et celle de cloche ; est. : 15 »

Arrêté par moi, commissaire dénommé ci-dessus, en présence du citoyen Cardon, officier provisoire et du citoyen Boury, agent national, le dit jour et an ci-dessus ».

Signé : BOURY, agent,
CARDON.

L'état estimatif qui précède n'était qu'une formalité préparatoire à l'acte de vente du même mobilier qui eut lieu le 23 frimaire an III (13 Xbre 1794) par l'entremise de Louis Médard Milet, Juge de paix du canton d'Athies, commis par le directoire de Péronne à l'effet d'opérer la vente des boiseries, bancs et autres effets mobiliers des Eglises du canton d'Athies. Je reproduis le tableau d'adjudication tel qu'il figure aux mêmes archives :

OBJETS VENDUS	NOMS DES ADJUDICATAIRES	PRIX
Autel avec tableau	Cavel.	14 livres
Tabernacle	François Cardon	3 »
Marche-pied de l'autel	Charles Cavel.	6 » 10 d.
Plancher du sanctuaire et Table de Communion	François Cardon	9 »
Fauteuil	Louis Ledoux.	6 »
Morceau de lambris du sanctuaire (côté Epître)	Cavel.	8 »
Contre-partie de lambris du sanctuaire (côté Evangile)	Philippe Bassilier	5 »
Morceau de lambris	J.-B. Vasseur.	4 »
Dans la Sacristie, 1 Armoire	Germain Daussin	21 »
Petite Armoire	Matthieu Rocquier.	10 »

Le chandelier en bois et porte-chapes.	Ch. Cavel	3 »	
Morceau de lambris	L^is Ledoux	4 »	
Plusieurs petits chandeliers et lutrin.	Fr. Cardon	3 »	10 d.
Une lanterne et petit brancard	Ch. Cavel	1 »	10 d
Un petit reposoir.	Marie-Anne-Julle Mortelier.	1 »	
L'autel de la Sainte Vierge	Ch. Cavel	26 »	
Balustrade des fons (fonts baptismaux) et couvercle.	Pierre Deprès	16 »	
1 banc	Ch. Cavel.	16 »	
2 bancs	J. P. Degenne.	16 »	
2 petits bancs	L^is Legras.	1 »	10 d.
1 banc	Alexandre Boulanger.	3 »	
1 —	Debroye.	2 »	
1 —	Veuve Picart.	2 »	
1 — et 1 petit lambris	Jérôme Cardon	6 »	10 d.
2 bancs	Jean-L^is Bonnard.	7 »	
1 confessionnal.	Veuve Picart.	15 »	
L'Autel de la Sainte Vierge ?	Ch. Cavel	22 »	
1 petit banc	Jean-L^is Grebert	0 »	10 d.
1 lambris.	M. A. Jule Mortelier.	4 »	10 d.
2 bancs	A. Boulanger.	2 »	
2 —	L^is Rivière	2 »	10 d.
2 —	Alexis Marotin	1 »	10 d.
2 —	Matthieu Rocquier.	1 »	10 d.
2 —	Franç. Cardon.	1 »	10 d.
Lutrin.	Ch. Cavel	15 »	
3 bancs	Debroye.	6 »	
2 —	Pierre Duflot.	4 »	
2 —	Louis Legras.	3 »	
2 —	Franç. Rivière.	2 »	
2 —	Franç. Bonnart.	3 »	
1 lambris avec 1 croix	P^re Deprez	11 »	
2 bancs	Ch. Rivière.	2 »	
2 —	L^is Grébert.	2 »	
2 —	J. P. Degenne.	2 »	10 d.
2 —	Joseph Pingeot	2 »	
2 —	Jérôme Cardon	2 »	
2 —	Joseph Cardon.	2 »	
2 —	Julie Begouin.	3 »	
2 —	Alex Boulanger	6 »	10 d.

1 banc	Marguerite Rigaux.	1 »	10 d.
2 bancs	J. B. Vasseur.	2 »	10 d.
Chaire dite de Vérité	Ch. Cavel	15 »	
	Somme.	333 livres	

Signé : CARDON.

RIVIÈRE, officier.

Ces détails ont l'avantage de nous faire connaître « approximativement » l'état de l'ancien mobilier de l'Eglise ; je dis « approximativement », car on remarquera qu'il n'est fait aucune mention ni des vases sacrés, ni des ornements, ni du linge, dont l'Eglise était certainement pourvue ; ils nous permettent encore de constater que la plupart des objets alors mis en vente, en violation d'un droit certain de propriété, furent rendus plus tard à leur destination, tels les autels, le lutrin, le confessionnal, les bancs, etc... ce qui est tout à l'honneur de notre population.

C'est sans doute en vue de soustraire certains objets religieux à la rapacité révolutionnaire, ou par esprit d'imitation, que nous voyons se commettre dans l'Eglise ci-devant consacrée au culte, le 13 frimaire an III (3 Xbre 1794), un vol signalé aux archives municipales, comprenant : 1° le *Chapaux* du ci-devant appelé tabernacle, (apparemment la « Gloire » ;) 2° quatre tableaux qui étaient placés dans le chœur ; puis, 3° dans la sacristie, dont on avait crocheté la petite armoire, deux bassins en étain et environ cinq sols ; deux petites boîtes en bois, et deux Processionnaux.

D'autres effets mobiliers figurent encore dans les comptes antérieurs ; ce sont, par exemple, en 1744 :

1° Une « *châsse de Saint-Claude* », dont la dorure exécutée « par le sieur Lévéques, à Nelle », coûta 40 livres ; 2° un *dôme* « pour mettre sur le Tabernacle, et une porte audit tabernacle fournis, au prix de 18 livres, par Alexis Douillet, sculpteur à Nesle ; 3° un « *étuy* » servant à la chasse Saint-Claude, payé 6 livres à Jean Houpin, menuisier à Licourt ; 4° des *ornements* livrés par le sieur Thomas Legrand, marchand à Misery, (note de 60 livres) ; 5° deux *bonnets* carrés achetés pour les chantres à Mr Guillot, marchand à Noyon, au prix de cent sols ; 6° un petit *bassin d'étain* pour servir au Lavabo, acheté 38 sols, chez la Vve Quetelet, à Péronne ; etc...

En 1749-53-71 :

1º *l'Antiphonaire*, le *Graduel*, tous *les papiers* de l'Église, (savoir : « les comptes, les Registres de baptême, l'arpentage des terres et autres ») donnés à relier à Augustin Machoire, de Maurepas, dont quittance de 48 livres ; 2º un « *Missel romain* », acheté 28 livres, au sieur Ponsardin, libraire à Péronne (1753) ; 3º trois *Processionnaux*, dont un doré sur tranches ; un Missel des morts, un missel laïque en marocain, le tout selon le nouveau Bréviaire, acquis chez le Sr Laisné, libraire, au prix de 28 livres 10 sols (1771) ; un *Missel doré* sur tranches, un Graduel et petit manuel, payés 74 livres à M. Dehaussy, promoteur du diocèse.

En 1772, Louis Godefroy, marchand forain, livrait une pièce d'indienne au prix de 24 livres, pour faire les rideaux « destinés à couvrir le tableau du grand autel », puis cinq aunes 1/4 de toile, pour confectionner des purificatoires, prix : 9 livres 16 sols ; trois aunes 5/8 de toile pour amicts, prix : 9 livres ; une aune de batiste pour corporaux, au prix de trois livres 4 sols ; etc...

D'autres comptes font mention de vieux ornements, de chandeliers de cuivre, de bonnets carrés avec leurs houppes, d'une custode d'argent contenant un vaisseau pour l'Huile des Infirmes, d'une valeur de 40 livres 6 s. ; de devant d'autel noir, de robe d'enfant de chœur, etc. ; d'une « lanterne à six pans pour servir lorsqu'on porte le viatique aux malades » ; etc., tous objets qui ne furent pas inventoriés.

L'Eglise de Saint-Christ paraît donc avoir possédé avant la Révolution de 89, un mobilier plutôt abondant et soigné.

Objets d'art. — Outre la « dernière Cène », tableau dont il a été fait mention plus haut, et qui est attribué au pinceau de François Jouvenet, l'Eglise possède encore une « descente de Croix » remarquable, non pas par sa toile, mais par son cadre, qui est admirablement ciselé.

Les deux tableaux sont appendus : le premier, dans la chapelle du nord, le second, dans celle du midi (côté de la sacristie) ;

A signaler aussi à l'attention des archéologues et de ceux qui ont le culte du souvenir, une « statue de Sainte-Jule », qui se trouve dans la sacristie.

INHUMATIONS FAITES DANS L'INTÉRIEUR DE L'EGLISE ET DES CHAPELLES.

(A noter que le premier Registre paroissial date de 1676.)

Personnes inhumées :

1° en 1678, Jean Catel, fils de Pierre Ponthus Catel, laboureur, et de Marie Leclerc, « inhumé dans l'église en présence de son père et de Jean Gobet, curé de Falvy » ;

2° 1682, Jean Jacques Devaulx, fils de Vincent Devaulx, lieutenant au duché de Chaulnes, inhumé dans l'église ;

3° Marie Anne Delanchy, fille de Jean Jacques Delanchy, laboureur, et d'Anne Picart, inhumée dans l'église ;

4° Même année, mention du décès et de l'inhumation dans l'église St Géry de Brie, de Mychel Patté ;

5° 1687, une fille de Jean Jacques Delanchy, laboureur, et de Marie Madeleine Vathieu. inhumée dans l'église ;

6° 1688, Catherine Poitevin, femme de Louis Guilbert, laboureur, inhumée dans l'église ;

7° 1689, Noël Grébert, laboureur, « marguillier en charge », inhumé dans l'église ;

8° 1690, Claude Delanchy, fils de Jean Jacques Delanchy, et de Marie Madeleine Vathieu, inhumé dans l'église ;

9° François Fère, fils de Pierre Fère « pêcheur », et d'Adrienne Morevette, inhumé dans l'église ;

10° Florent Berthémin, laboureur, époux de Charlotte Robaille, inhumé dans l'église ;

11° Jean Nicolas Gossard, fils de François Gossard, « clerc séculier », inhumé dans l'église ;

12° 1691, Jacques Antoine Gérard, « inhumé dans l'église » ;

13° 1692, Marie Madeleine Catel, fille de Pierre Ponthus Catel et de Marie Leclerc « ensevelie dans l'église » ;

14° Catherine Devaulx, fille de Vincent Devaulx et d'Anne Herbécourt, inhumée dans l'église en présence de vénérable et discrète personne, maître Adrien Devaulx, curé de Puzeaux, et de Godefroy, curé de Briost » ;

15° 1693, Denys Fille, âgé d'environ 14 ans, natif de la paroisse de St Jacques l'Hospital, rue St Denys à Paris, fils de Denys Fille et de Louise Marie, marchands de bas audit lieu et paroisse St Jacques, ainsi que l'enfant l'a déclaré pendant sa maladie. inhumé dans l'église de St Christ, en présence du s^r Devaulx, sa femme et plusieurs autres ;

16° Françoise, fille de Laurent Desains, maître apoticaire, demeurant à Péronne, et de Françoise Guerrier, sa femme, ensevelie dans l'église, en présence de Louis Monory et de Guillaine Becasse, sa nourrice ;

17° Honorable femme Marie Paris, femme de H^{ble} homme Jean Colache, fermier des eaux dudit St Christ et de Falvy, ensevelie dans l'église, lui présent et plusieurs « autres » ;

18° Jean Jacques Colache, inh... dans l'église ;

19° 1695, Françoise et Marie Anne Colache, enfants de la même famille, inh... dans l'église ;

20° 1697, Marie Le Clerc, veuve de défunt Pontus Catel, inhumée dans l'église, en présence de Pierre, Henry, Jean et Marguerite Catel, ses enfants ;

21° 1701, Jean Collache, époux Frison, enterré dans l'église ;

22° 1702, Maître Pierre Guesdon, curé de la paroisse Sainte-Julle de Saint-Christ, décédé le 18 décembre 1702, à l'âge de 36 ans, enterré « dans l'église de ladite paroisse par le doyen rural de Curchy, en présence de : Le Franq, curé de Sizancourt, Devaux, curé de Puzeau, Hacquart, curé de Briot, et du curé d'Epénancourt » ;

23° 1704, Maître Vincent Devaulx, « procureur fiscal de la justice de Chaulnes à St Christ, mort dans un véritable regret d'avoir offensé Dieu, et regretté de tout le monde, inhumé dans l'église en présence de Vincent Devaulx, son fils » ;

24° 1709, Louis de la Pinardière, brigadier et buraliste, de la brigade de St-Christ, mort à l'âge de 47 ans, enterré dans l'Eglise en présence de ses gardes et de Jean de Lannoy sous-brigadier ;

25° 1711, le 18 mai : Maître Nicolas Huguet, curé de la paroisse, « atteint de grandes fièvres malignes, de deux fois 24 heures, et de léthargie » et « extrémisé par Delaporte, curé d'Ennemain », mort « au grand regret de tous ses confrères et de tous ses paroissiens, des villages circonvoisins, qui ont pleuré la perte d'un si digne prêtre, le consolateur de tout le monde » enterré dans l'église par Jacques de la Patiérer, curé de Bevins, en présence de :

Antoine Poullain, curé de Cizancourt ;

Claude Hacquart, curé de Briot ;

Antoine Delaporte, curé d'Ennemain ;

Adrien Devaulx, curé de Puzeaux ;

Lalaux, curé de Falvy ;

Aubry, curé de Misery ;

26° 1714, Marie Madeleine Demay, femme de Jacques Watelet, laboureur, enterrée dans l'église, en présence de Pierre Demay, son frère ;

27° 1749. Honorable homme Pierre de Bonnaire, contrôleur au Bureau de la paroisse, veuf en premières noces de damoiselle Marie Françoise Lepreux », décédé à l'âge de 76 ans, et inhumé dans la « *Chapelle de Saint-Christ* » en présence de :

Mademoiselle Antoinette de Bonnaire, sa fille ;

Charles André Jules Blondeau, receveur des domaines du Roy, à Péronne ;

Léon Lempereur Dorchy, receveur au bureau de St Christ ;

Jacques Mignart, capitaine général dans les fermes du roy ;

28° 1751, le corps de défunte Honorable femme Anne Ursule Devaulx, épouse de Jean Picart, syndic, cabaretier, laboureur et fermier des eaux et moulin de cette paroisse, décédée à l'âge de 63 ans, inhumée « dans la *Chapelle de Saint-Christ* » en présence du dit Picart ; de Vincent et Jean Louis Daniel Picart ses deux fils ;

« Cette honorable femme fut toujours l'édification de cette paroisse par sa piété peu commune et sa vie exemplaire ; elle fut le soutien des pauvres et la consolation des affligés et regrettée universellement de tout le pays » ;

Assistent à l'inhumation :

Pierre Devaulx, prêtre chapelain de l'église royale et collégiale de St Fursy de Péronne, son neveu ;

Maître Vincent Daniel Devaulx, prêtre curé de Chaulnes, aussi son neveu ;

Acte signé : Bourgois, curé ;

29° 1754, le corps du s^r François Bourgois, en son vivant marchand, demeurant en la ville de Nielle (Nesle), veuf de deffunte Marie Gobin, de peu résident à St Christ chez M. le Curé, son fils, décédé à l'âge de 80 ans, après avoir reçu les sacrements de l'église, inhumé dans « *la Chapelle de la Sainte-Vierge* », en l'église de cette paroisse, par nous, curé de Cizancourt, en présence de mon dit s^r curé de Saint-Christ, doyen rural de Curchy ;

De Maurice Bourgois, son fils, marchand audit Nielle (Nesle) ;

Des curés de Misery, Morchain, Villers-Carbonnel et Eterpigny ;

Acte signé : Caron, curé de Cizancourt.

30° 1757, Jean Picart, « laboureur, cabaretier, et fermier en partie des eaux et moulin de Saint-Christ, décédé à l'âge de 70 ans, et inhumé dans « *la nouvelle Chapelle* » (Chapelle de St Christ), en présence de : Jean Louis Daniel Picart, de Marie Anne Catherine Picart, et Marie Madeleine Josèphe Picart, ses « fils et filles ».

31° 1771, le 8 avril, le corps de maître Charles François Bourgois, prêtre curé de cette paroisse depuis 44 ans environ, doyen rural du doyenné de Curchy, décédé à l'âge de 71 ans, muni des sacrements de l'église, inhumé dans le chœur de cette église entre le lutrin et le sanctuaire par moi, curé de Villers-Carbonnel, à ce commis par maître Robert Castel, prêtre curé de la paroisse de Misery, vice-gérant du doyenné, qui avait reçu lui-même de M. Hangard, doyen de la cathédrale, vicaire général et official du diocèse de Noyon, commission de faire cette cérémonie, qu'il n'a pu venir présider pour cause d'incommodité ;

En présence de :

Maurice Bourgois, fabricant de bas au métier, son frère ;

Théodore Coquelle, mulquinier (tisseur en batiste), son beau-frère, à cause de Marie-Louise Bourgois, son épouse ;

Paul Gontier, chirurgien, aussi son beau-frère, à cause de Louise Françoise Bourgois, son épouse, tous trois bourgeois de la ville de Nesle ;

Etaient présents :

Maître Charles Hadengue, ancien curé de Croix-les-Matigny ;

Maître Jean Caudron, ancien curé de Vaux, résident au château d'Happlaincourt ;

M^{tre} Jean Caron, curé de Cizancourt, et plusieurs autres messieurs curés voisins, qui ont signé ;

Houssart, curé d'Ennemain ;

Demilly, curé de Villers-Carbonnel ;

Le Bret, curé de Mesnil-Bruntel ;

Darcourt, curé de Briot.

B. — Les Curés de la Paroisse ; — Le Presbytère.

Il nous est impossible évidemment de reconstituer la longue suite de prêtres qui, depuis l'introduction de la religion chrétienne dans le Vermandois, jusqu'à la seconde moitié du xviie siècle, ont évangélisé nos paroisses, y semant la « parole de Dieu », c'est-à-dire les principes de haute civilisation morale dont nos aïeux vécurent et dont notre société ne cesse de ressentir encore, consciemment ou inconsciemment, la salutaire et puissante impulsion, mais nous nous faisons un devoir impérieux de rendre hommage au patient et fécond labeur de ces humbles et ardents pionniers de la meilleure des causes, qui ont fait surgir de notre sol tant et d'aussi éclatants exemples de vertu religieuse, sociale et domestique

Liste des curés, dont les noms sont parvenus jusqu'à nous :

1º *Les Curés de Saint-Christ* :

1º En 1576, *Sire Christophe Cornet*, « prestre curé de Saint-Crist », dont le nom figure dans un accord passé entre Julien Cottin d'une part et Jean Bourgois, son tuteur et curateur, et consorts d'autre part, en 1592. Dans cet accord, il est rappelé que « dès à xv et xvi ans envyron, ledit Bourgois aurait été elleu tuteur et curateur avec *Sir Christophe Cornet*, prebtre, curé de Saint-Crist » ; et que ceux-ci auraient, en cette qualité, « fait dresser l'inventaire et opérer la vente des tiers meubles délaissés en le sol mortuaire de deffunt Jehan Cottin et de deffunte Perringne Rebus, ses feus père et mère, lequel inventaire aurait été perdu et profané par les gens de guerre ». Le présent accord étant de 1592, Christophe Cornet était curé de Saint-Christ, vers 1576 ;

2º En 1655, *Maître Jean Lefebvre*, curé de Sainte-Julle de Saint-Christ, dont le nom est mentionné avec celui de Me Laurent Thibaut, prêtre curé de Saint-Vast de Misery, et ceux de Jérôme Baude, Lieutenant, et Eloy Lestang, marguillier au même lieu, Guillaume Robail, marguillier de Saint-Christ, Antoine et Matthieu Rimette, Matthieu Léger, Benoist Flamen, et Claude Bonnard, habitants de la paroisse, dans un contrat passé le 20 7bre 1655, devant Vitte et Lescart, notaires royaux à Péronne, en vertu duquel les comparants, agissant en leur nom, et au nom de leurs églises respectives, cèdent au sieur René Neveu, seigneur de Longavesnes, Lieutenant de la Compagnie du maître de Camp du régiment d'infanterie de Mgr le Maréchal d'Hocquincourt, fils de Guislain Neveu, conseiller du Roy, contrôleur provincial des guerres, d'autre part, six-vingt-quatorze Journaux, (134 J^x), trois quartiers de terre labourable, situés en plusieurs champs et pièces, au terroir de Falvy et environs, moyennant la somme de 2160 livres de deniers principaux payables, savoir : la moitié, à la fabrique de Saint Christ, et l'autre moitié à la fabrique de Misery, de laquelle somme ledit sieur Neveu promet de payer les intérêts à chacune des dites fabriques, au denier dix-huit, jusqu'à ce qu'elles aient trouvé des immeubles bons à acheter de même valeur ; auquel temps, le dit sieur Neveu (ou Nepveu), sera tenu de payer et rembourser la dite somme ; etc...

Ces terres avaient été acquises, en 1620, par Maître Isaac Stevenart, en son vivant prêtre curé de Berny, de noble Homme Guislain Neveu, et cédées par testament écrit de sa main le 1er novembre 1636, en présence et du consentement de ses héritiers, aux *Eglises de Saint-Christ et de Misery*, aux *charges énoncées* dans l'acte de fondation. Ayant été mises ensuite en demeure, soit de les remettre entre les mains de personnes aptes à les *vendre* et *aliéner*, afin que les droits des seigneurs de qui elles étaient tenues en censive ne fussent pas diminués, conformément à la coutume de Péronne, art. 75, soit de les retenir et de payer en ce cas les « *droits d'indemnité* » dûs aux seigneurs, les dites églises transigèrent avec le s^r Neveu, par acte passé le 30 Janvier 1642, par devant Bédu et Vitte, notaires royaux à Péronne, et s'obligèrent à lui payer, à titre de droits d'indemnité, pour la quantité de 110 journaux de terres tenues de lui, la somme de 660 livres tournois et à lui fournir et bailler « homme vivant et mourant » ; mais, ne pouvant tenir leurs engagements ni envers le dit Neveu, ni envers les autres seigneurs pour le restant des terres tenues d'eux, par suite des guerres et pour la raison que le revenu de ces terres, alors affermées au nommé Simon Rimette de Falvy, moyennant 120 livres par an, ne pouvait suffire qu'à l'acquit des charges, les dites fabriques durent se résoudre à « vider leurs mains » des dites terres et à les vendre, ce qui donna lieu au contrat ci-dessus énoncé et signé, entre autres par Nicolas Huguet, en sa qualité de curé de la paroisse de Saint-Christ.

3° En 1676, *Maître Claude Pourcel* « curé de Saint-Christ ». C'est de son temps (1676) que date le premier de nos registres paroissiaux. A cette même époque la cure de Briost était vacante, et nous l'y voyons exercer le ministère, en qualité de « desserviteur ou desservant » par intérim. Son dernier acte est de 1682 ; mais nous ne saurions affirmer qu'il termina sa carrière à Saint-Christ, les quatre années qui suivent manquant au registre.

On lui doit la fondation d'un Obit solennel à perpétuité « pour le repos de son âme ».

4° En 1687, *Jean-Baptiste Chappus*, « curé de la paroisse Sainte-Julle de Saint-Christ ». En 1691, il ajoute à son titre celui de « docteur en droit canon et civil ». Pendant une absence qu'il fait en 1689, il est remplacé par Godefroy, curé de Briot ; pendant une autre absence de 1691 à 1693, il est remplacé successivement par Maillard, curé de Brie, qui signe en qualité de « desserviteur de la paroisse de Saint-Crys » ; par Jean Lebrethon, curé de « Sizencourt », puis par le curé de « Bryot » ; en 1696, on trouve la signature de « Bosquin, curé de Cizencourt ». Le dernier acte de Chappus est de 1697. L'intérim est assuré par A. Delaporte, curé d'Ennemain, et par le curé de Brie.

5° En 1698, *Maître Pierre Guesdon*, « curé de la paroisse Sainte-Julle de Saint-Christ », mort le 18 décembre 1702, à l'âge de 36 ans. Nous avons vu que son corps fut inhumé dans l'Eglise.

6° De 1703 à 1711, *Maître Nicolas Huguet* « prêtre, curé de Saint-Christ », dont le nom figure avec ceux de Mᵉ Nicolas Aubry, prêtre-curé de Saint-Vast de Misery, François Godefroy, marguillier en charge de la paroisse de Sᵗ Christ, Simon Legrand, marg. en charge de Misery, dans une transaction qui eut lieu entre les mêmes, agissant en leur nom et comme procureurs des anciens marguilliers et principaux habitants des dites paroisses, d'une part, et Louis Aimable Carpentier, « escuyer, conseiller du Roy, commissaire à la conduite et police de la compagnie Ecossaise des gardes du corps du Roy, commandée par Mgr le duc de Noailles, résidant ordinairement à Paris, rue du Four, paroisse Saint-Eustache, et de présent à Péronne », agissant « tant en son nom que comme procureur spécial de Eustache Lᶦˢ Carpentier, conseiller du roy, trésorier de France en la généralité de Paris, y demeurant, son frère, d'autre part ; la dame Uranie Desjardin, veuve de René Neveu et sa légataire universelle ayant légué, à ces derniers par son testament passé au Châtelet de Paris, le 20 juillet précédent, les 134 journaux de terre labourable sis à Falvy, dont il a été fait mention plus haut, aux charges énoncées dans le même acte.

Dans cette transaction, dont le but était d'éviter les frais de la levée et expédition de la sentence des Requêtes du Palais rendue le 18 mars précédent, les premiers comparants ratifient le contrat d'aliénation de 1655 passé au profit du sieur René Neveu, acquiescent à la sentence qui confirme la dite aliénation, les déboutant des lettres de rescision obtenues précédemment, et les condamnant à en payer les « épices » et frais d'expédition ; de son côté le sieur Carpentier promet, en conformité du dit contrat d'aliénation, de payer aux fabriques de Saint-Christ et de Misery, la somme de 2160 livres de deniers principaux, quand elles auront trouvé des immeubles bons et suffisants, de même valeur, « *et jusqu'à ce* », l'intérêt à compter du jour de la demande faite en délivrance du dit legs, contre les héritiers de la dame Neveu, soit : 120 livres à partager entre les dites Eglises, à raison de 60 livres pour chacune d'elles. De plus, pour la sûreté de la dite somme, ensemble des intérêts échus et à échoir, il est stipulé que les dits 134 journaux 3 quartiers de terre demeureront « viscéralement » affectés et hypothéqués ainsi qu'ils sont, etc.

Ces terres passèrent plus tard entre les mains de Monsieur Tattegrain, Procureur du Roy à Péronne, qui en acquitta les charges, *apparemment jusqu'à la Révolution*.

Maître Huguet mourut en 1711. Nous avons vu que son « corps » fut inhumé dans l'Eglise.

L'intérimat fut assuré par Mascré, « prêtre desserviteur », et par le P. Bonaventure, capucin ;

7° De 1713 à 1726, (*Jean*) *Lebrethon* ; une délibération datée du 22 juin 1721, et prise à l'issue de la messe paroissiale porte que « pouvoir est donné à Louis François Debroy, marguillier, de faire assigner ceux qui doivent à l'Eglise et au s^r curé, des obits, pourcens, chapons, et autres rentes ».

L'acte porte les signatures de : *Lebrethon, curé*, Blondelle, Pierre Baloche, Jean Bigo, François Pingeot, Devaulx, François Godefroy, Gérard Noël ;

On lui doit un rapport circonstancié sur l'efficacité des eaux minérales de Saint-Christ, qui a été publié dans le « Mercure de France, (Juillet 1724), et reproduit dans plusieurs Dictionnaires.

8° De 1727 à 1771, *Maître Charles François Bourgois* ; « prêtre curé de la paroisse de Sainte-Julle de Saint-Christ ». On lui attribue le transfert, en 1749, de la chapelle du Prieuré, ou « *Chapelle de Saint-Christ* », auprès de l'Eglise paroissiale. Cette chapelle avait été conservée, après l'extinction du Prieuré et du Couvent des Bénédictines, en 1571, à la piété et au souvenir des fidèles.

Le curé de Saint-Christ avait été élu « doyen rural du doyenné de Curchy » vers 1752 ; on sait qu'à cette époque le doyen rural d'une chrétienté n'habitait pas nécessairement le chef-lieu du « doyenné de chrétienté ». Il portait encore cette qualité en 1771, date de sa mort.

Ce vénérable prêtre, qui exerça le ministère dans la paroisse de Saint-Christ pendant l'espace de 44 ans, était d'un esprit fort large et d'une grande piété. Il signale avec soin la présence des prêtres, originaires ou non du pays, qui assistent ou officient aux diverses cérémonies qui ont lieu dans son Eglise à l'occasion de baptêmes, de mariages et d'inhumations. A plusieurs reprises, il se fait un devoir de mentionner, pour l'édification de son peuple, la sienne propre, et la nôtre, les exemples de haute vertu données, pendant leur existence, par plusieurs de ceux dont il relate le décès. J'ai indiqué plus haut les importantes restaurations qui furent exécutées de son temps à l'Eglise et au clocher. L'Evêché de Noyon l'avait en grande vénération, et se fit représenter officiellement à ses obsèques. Nous avons vu que le corps du défunt fut inhumé dans le « chœur de l'Eglise ».

Les « intérimaires » furent : Laurent Duflot, qui signa en qualité de « desserviteur » ou « desservant » ; le P. Vincent, capucin, lequel reçut 3 livres pour une messe dite pendant la « vacance de la cure » ;

9° De 1771 à 1777, *Maître Fursy Alexandre Vinchon*, licencié de Sorbonne, « curé de la paroisse de Sainte-Julle de Saint-Christ », né Vinchon-Frion, originaire d'Ennemain.

Dès son arrivée dans la paroisse, le nouveau curé s'appliqua à examiner et à se faire rendre les comptes de fabrique qui n'avaient pas été présentés sans doute ni réglés définitivement sous son prédécesseur dans les dernières années.

Il renouvela le linge, fit réparer les vieux ornements, acheta de nouveaux missels et livres de chant, réorganisa le Lutrin, et fit remonter les cloches, en même temps qu'il faisait recouvrir à neuf une partie de l'Eglise et réparer le reste, particulièrement la toiture du clocher ; en 1776, il faisait ouvrir deux portes et deux croisées à l'Eglise et reconstruire un pan de muraille qui tombait ; les « couvertures » des murets du cimetière étaient remises en bon état et le Presbytère restauré.

C'était un prêtre remarquable par sa piété et par son esprit d'organisation ; aussi avait-il été bientôt nommé vice-gérant du doyenné de Curchy.

Le 26 août 1777, il prend rang parmi les 56 chanoines dont se compose le chapitre de la cathédrale de Noyon.

Le chanoine Vinchon revint à Saint-Christ, en 1785, pour bénir le mariage de Marie Elizabeth Picart, de Saint-Christ, avec Michel Césaire Picart, de Cizancourt, cérémonie à laquelle on remarqua de même la présence de messire J. M. A. Bernard de Cizancourt, receveur particulier des Finances de l'élection de Péronne. Déjà, en 1772, le futur chanoine avait témoigné son estime envers la famille Picart-Dottin, en acceptant d'être le parrain d'Alexandrine Joséphine la douzième enfant de la famille, l'une des sœurs de Marie Elisabeth.

Suivant l'abbé Le Sueur, l'ancien curé de Saint-Christ émigra en 1792, et gagna Stockolm, en passant par Ostende. Au retour de l'émigration, il devint curé d'Athies et remplit les fonctions de « Vicaire Général » pour les paroisses de l'ancien diocèse de Noyon, attribuées désormais au diocèse d'Amiens.

Il signala son nouveau ministère par les pratiques de toutes les vertus pastorales, et surtout par les œuvres d'une charité inépuisable, qui ont laissé sa mémoire en bénédiction dans le pays.

On lui doit d'importants travaux d'aménagement au presbytère d'Athies. Il venait d'être nommé curé d'Ennemain, où il pensait finir ses jours, plus près de Notre-Dame des Joies, lorsque Dieu le rappela à lui le 3 novembre 1819. Il avait 77 ans. Il était l'aîné de deux frères qui firent souche et furent connus sous les noms de *Vinchon d'en haut* et de *Vinchon d'en bas*.

10° De 1777 à 1791, *César Cyr Alexandre Legrand*, originaire de Vaudreuil, en Normandie.

Parmi les inhumations faites dans le cimetière, se trouve celle de son neveu, Louis Edouard Legrand, mort en 1790, à l'âge de douze ans. Le père de cet enfant était cultivateur à Vaudreuil. Le curé Legrand quitta la paroisse en 1791. On le retrouve, après le Concordat, curé de Croix-Moligneaux.

11° De 1791 à 1793, *Louis Jean Tourlet*, dont la signature figure aux Actes jusqu'au commencement de novembre 1792. Le 19e jour du même mois, l'an I de la République, le Registre est clos et arrêté par Picart, officier public.

Tourlet est du nombre des prêtres qui prêtèrent le serment d'égalité le 10 septembre 1792, à Abbeville. Il avait alors environ 35 ans. On lit, à la fin du Registre paroissial de Briost, cette mention écrite de sa main, d'un air triomphateur : « Le 23 juillet, j'étais *seul* curé de Saint-Christ, *connu par la Loy* ». Signé Tourlet, curé de Saint-Christ.

Il avait été pourvu, en 1786, de la cure de Cizancourt. Il était curé de Saint-Martin de Marteville (ancien doyenné d'Athies), lorsque cette cure fut résignée en sa faveur.

Le 24 mars 1793, « après convocation au son de la cloche », il est élu « Procureur Général de la commune » au deuxième tour de scrutin, par 18 voix sur 19. C'est en cette qualité que nous le voyons paraître, dans le cours de cette année, au sein des Assemblées municipales, particulièrement :

1° Le 23 avril, où, sur une question de réquisition de 2 chariots et de 8 chevaux, à laquelle certains cultivateurs avaient refusé de se soumettre, il transmet un *Avis* du Directoire de Péronne, chargeant la municipalité de condamner les citoyens visés..., à 150 livres d'amende, etc ;

2° Le 23 mai, où, sur l'opposition de Torchon de Marchélepot, faite par voie d'huissier, près le Tribunal du district de Péronne, à l'abattis et enlèvement des saules de la Planée, il demande, mais en vain, à la municipalité, d'interrompre l'abattis des dits arbres jusqu'à infirmation de l'opposition par le tribunal, etc. ;

3° Le 30 août, dans une circonstance où il est dit que, « les citoyens de Brie et de Briot, fauchant ou sciant les roseaux dans les portions de communes indivises entre ces deux paroisses et celle de Saint-Christ, *contrairement à l'ancien usage non encore aboli* », il requiert contre eux « les voies de droit, pour arrêter le gaspillage et obliger les délinquants à restituer les bottes de roseaux qui excèdent leur quote-part, si plutôt ils n'aiment mieux transiger à l'amiable, convenir du temps et du jour où le partage pourra se faire, sous peine, en cas de refus, de les faire citer, par le Conseil général de la commune, devant le Juge de paix d'Athies » ;

4° Le 4 octobre, où il approuve le partage des « terrains communaux indivis » entre Ennemain et Saint-Christ ;

5° Le 24 octobre, où il donne communication à la municipalité d'une citation du Juge de paix d'Athies, faite à la demande de la veuve Picart et de Jean François Picart, « en vue de la nomination de trois arbitres » à désigner par l'Assemblée, conformément à la Loi du 10 Juin, à l'effet de terminer le différend existant entre eux et la commune, relativement au bornage des communes, contre ce qu'ils appellent « leur propriété ». Sont nommés : Doulet, de Nesle, homme de Loy ; Guillot, curé d'Epénancourt, Pouchain, arpenteur à Mesnil-Bruntel.

Il avait achevé la fonction de « Procureur Général de la Commune » dont l'avait investi la confiance de ses concitoyens et paroissiens ; le xi frimaire an II, (1er décembre 1793), le « Citoyen Tourlet » obtenait un passe-port valable pour trois mois, passe-port qui ne lui servit guère, puisque nous le voyons interner à Bicêtre (prison d'Amiens) le 3 Janvier 1794.

Le 24 nivôse an II (14 Janvier 1794), Guilbert, maire de Saint-Christ, délivre en effet un certificat de « civisme et de républicanisme au citoyen Tourlet Louis Jean, ci-devant curé de Saint-Christ, en état d'arrestation à Amiens » ; mais, en dépit de ce témoignage, nous le retrouvons, aux Capettes, le 16 février ; aux Carmélites, le 17 mars ; aux Capettes, le 1er mai ; au Collège, le 13, et aux Grands Chapeaux, le 4 Juillet. Il en sortait le 27. On le perd de vue dès cette époque.

L'abbé Le Sueur nous apprend que le « citoyen Tourlet, curé de Saint Christ, avait été arrêté pour avoir prêché, le 2 nivôse (22 décembre), hors de sa paroisse, et avoir manifesté des opinions tendant à perpétuer le fanatisme ».

Durant cette période si violemment tourmentée, l'ancien curé de Briost, Jean François Lenoir, resta fidèle à son troupeau ; il est probable que c'est lui qui, dans ces circonstances périlleuses, distribua les secours religieux aux fidèles qui les réclamaient.

2° Les Curés « des paroisses réunies de Saint-Christ-Briost et Cizancourt » :

A la suite du Concordat de 1801 et de l'organisation des succursales du département de la Somme par Justice de Paix, accomplie le 3 floréal an XI (23 mai 1803), la paroisse de Saint-Christ fut comprise dans la Justice de Paix de Nesle, avec Briost et Cizancourt comme annexes ; le premier titulaire « des paroisses réunies » fut :

1° En 1803, *P. Ducrotoy*, dont le nom est inscrit au « tableau de réorganisation ecclésiastique du diocèse d'Amiens », dressé d'un commun accord par J. Cris. (Jean Chrysostome Villaret), évêque d'Amiens, et Quinette, Préfet du département de la Somme, en 1803 ;

2° en 1804, *Pierre Degrain*, lequel signe en qualité de « Curé provisoire des paroisses réunies de Saint-Christ, Briost et Cizancourt ». Le Registre paroissial de l'époque est de même intitulé : « Registre aux Actes de Baptême et de Mariage des paroisses réunies de . . . etc., commencé le 11 Juin 1804, ou le 22 prairial an XII » ;

3° de 18.. à 1823, *Jean François Belval*. L'état général des Curés desservants, dressé par Clabault, pro-secrétaire de l'Evêché, en 1818, nous apprend qu'il fut curé de la paroisse de Doingt avant de l'être de Saint-Christ.

Il mourut le 24 juillet 1823 et fut inhumé devant le portail de l'Eglise.

De 1823 à 1832, la paroisse fut desservie successivement, faute de prêtres sans doute, peut-être aussi par suite de l'état de délabrement de l'Eglise et du Presbytère, par les curés d'Athies, de Brie et d'Epénancourt. Bruier, curé d'Athies, la desservait en 1824 ; Couture, curé de Brie, de 1825 à 1828 ; et Moillet, curé d'Epénancourt, de 1828 à 1831 ;

4° de 1832 à 1841, *Joseph Florentin Guillain*, né à Bayencourt (Somme), le 14 Janvier 1806, ordonné prêtre le 12 juillet 1829 et nommé aussitôt curé-desservant de Mézerolles, puis de *Saint-Christ, Briost et Cizancourt* en 1832, d'Heilly, en 1841. En 1864, il était nommé aumônier du Cimetière de la Madeleine, puis curé de Bécourt-Bécordel, en 1882. C'est là qu'il est décédé le 25 août 1883. L'inhumation eut lieu à Bayencourt.

M. le doyen d'Albert présida ses obsèques. Avant l'absoute, l'abbé Godin retraça à longs traits les principales circonstances de la vie du vénéré défunt, sa naissance au lendemain de la révolution, son enfance, ses études à Saint-Acheul et au grand séminaire, son ministère fructueux dans les paroisses de Mézerolles et de *Saint-Christ-Briost*, ses travaux apostoliques et ses épreuves dans la paroisse d'Heilly, où il se trouva en face du choléra qui s'abattit alors comme un ouragan sur toute l'Europe. En ces tristes circonstances, on put le voir ensevelir de ses propres mains les victimes de la contagion. Nommé aumônier de la Madeleine, il y retrouva le terrible fléau.

Ne suffisant plus à l'inhumation des victimes, on dut lui donner des auxiliaires dont plusieurs périrent à l'œuvre ; (les R. P. Jean-Baptiste, de Beauvais, et Eustache Romero, franciscains du couvent d'Amiens).

Son ministère à Saint-Christ fut signalé par des restaurations matérielles d'une certaine importance, telles que, par exemple, la confection des nouveaux bancs de l'église et du confessionnal, et sans doute aussi de la chaire, (note Ennuyer, menuisier à Athies, 1832-37), l'achat et refonte des cloches, dont la bénédiction eut lieu en 1833, le rétablissement du plancher et de la porte du clocher, l'acquisition de nouveaux livres de chant, Graduel, Antiphoniers, Processionnaux et Rituels, etc... toutes mesures qui indiquent son ardent désir de réorganisation religieuse. Il « étrenna » son ministère en acceptant d'être le parrain de Vilbrod Duclaux.

On regretta son départ, motivé sans doute par quelques difficultés de détail.

5° De 1841 à 1869, *Charles François Séret*, originaire de Boves. Avant d'être prêtre, il faisait partie de la Congrégation des « Frères de Saint-Joseph » établis dans l'abbaye de Saint-Fuscien. Il marqua son ministère par divers travaux qu'il fit exécuter dans l'intérieur de l'église, et surtout par une *mission* qu'il fit donner en mars 1863, par François Pierre *Engérand*, missionnaire de la Compagnie de Jésus, mission préparatoire à la visite pastorale de Monseigneur l'Evêque d'Amiens, (Mgr de Salinis), laquelle eut un succès retentissant.

L'abbé Séret se retira à Falvy, où il mourut dans sa 63ᵉ année, assisté du pieux abbé Reusse, son ami, curé de la paroisse.

Sur une plaque fixée à la Croix de fer qui domine sa tombe, on lit :

Ici repose le corps de Charles François Séret, curé de Saint-Christ pendant 28 ans, décédé à Falvy le 9 mai 1870.
Requiescat in pace.

L'intérim fut fait par l'abbé Canaple, curé de Brie ;

6° De 1869 à 1871, *Jean-Baptiste Louis Allart*, né à Amiens, paroisse Saint-Leu, le 5 octobre 1837. Ordonné prêtre le 23 décembre 1865, il est nommé vicaire de Saint-Pierre à Montdidier ; puis, en 1867, curé de Templeux-le-Guérard ; en 1869, il entre au Noviciat des Franciscains, à Branday (Gironde) mais son état de santé l'oblige d'en sortir au bout de quelques mois d'essai. C'est alors qu'il est nommé curé de Saint-Christ-Briost où il ne fait que passer, mais où il déploie une activité particulière, dès la première année de son ministère et pendant l'invasion, au cours de laquelle une épidémie de petite variole, qui l'atteignit lui-même, désola la localité.

En novembre 1871, il est nommé administrateur d'Escarbotin, puis curé de la même paroisse en 1880. La même année, il est Professeur à l'Ecole libre de la Providence et vicaire de Saint-Remi. Il devient curé de Saint-Firmin, en 1881, et de Saint-Honoré, en 1896. En conséquence des services rendus, Monseigneur Dizien, qui l'avait en grande estime, lui conféra, en 1902, le titre de Chanoine de la Cathédrale. Il mourut le 5 août 1904, au moment où il préparait un sermon qu'il devait donner à Doullens, le jour de l'Assomption.

Le chanoine Allart était un prédicateur de talent, l'un de ceux qui ont le mieux compris et observé la méthode de M. Gillot, dit le *Journal d'Amiens*. La solidité, l'argumentation de ses discours faisaient qu'on le suivait et qu'on l'écoutait toujours, malgré les sonorités vocales qui lui faisaient défaut. Il prêcha à de grandes solennités, dans la chaire de la Cathédrale et jusqu'à d'humbles plantations de Croix sur le bord du chemin.

C'est durant son séjour à Saint-Christ que sa réputation d'orateur commença à se faire jour. M. l'abbé Limichin l'ayant demandé pour prêcher une retraite aux élèves de l'Ecole Saint-Martin, il réussit au-delà de toute attente et émerveilla maîtres et élèves. C'est à ce souvenir réconfortant que le nouveau titulaire fit allusion en adressant quelques mots aimables, lors de son installation comme chanoine, à son ami le Chanoine Limichin, l'un de ses parrains.

A Amiens, on l'appelait couramment « *le Curé des ouvriers* ». A la suite d'une conférence donnée par lui au Salon Gresset, le *Progrès de la Somme* faisait cette réflexion plutôt agréable : « C'est un prêtre qui sort du peuple, ayant vu le jour dans une boutique de cordonnier, et qui, sans renier son origine, sait éviter les cuirs ».

Il lisait et relisait avec complaisance le livre des « Fioretti » de Saint François d'Assise, pour qui il avait conservé un culte profond. C'est en souvenir de ses « Institutions » si éminemment évangéliques qu'il lança un jour cette apostrophe : Pénétrez dans les Couvents que l'on veut supprimer au nom de la liberté, vous y trouverez d'admirables types de cette République que l'on nous accuse de vouloir détruire. Et ils ne datent pas d'hier, ils remontent au sublime communisme des premiers chrétiens.

L'une des grandes et meilleures joies de son ministère fut d'avoir suscité, par sa piété et son talent, deux vocations dont il aimait à s'attribuer la glorieuse paternité, la mienne, que j'attribue, en grande partie, à ses mérites, et celle de notre cher et digne abbé Foratier, hier curé de Saint-Gilles de Roye, aujourd'hui doyen de Domart-en-Ponthieu.

Après son départ de Saint-Christ, c'est l'abbé Reusse qui fit l'intérim.

7° De 1871 à 1874, *Alfred Hippolyte Poiret*, né à Laleu, près d'Airaines, en 1829, de parents fort considérés par leur piété et leur dignité de vie. Entré au Petit Séminaire de Saint-Riquier à 13 ans, le jeune Poiret se distingua par la supériorité de son esprit et son ardente piété.

Lorsqu'il s'agissait de sciences abstraites, de mathématiques ou de philosophie, nul ne pouvait se mesurer avec lui. Aussi le parchemin universitaire, si rare alors, vint-il récompenser le cours de ses études si vaillamment rempli.

Au Grand Séminaire d'Amiens, il se montra philosophe distingué et brillant théologien. Nul mieux que lui ne saisissait les mille faces d'une question et n'argumentait avec plus de logique, nul aussi ne montrait plus d'indifférence pour les choses de la vie pratique.

Personne ne fut surpris quand il quitta le Séminaire pour entrer chez les « Prêtres de la Mission », afin de s'y consacrer à l'enseignement. Ses supérieurs l'envoyèrent bientôt à Montdidier, puis à Smyrne où il se fit remarquer par la pénétration de son esprit et la profondeur de ses vues. On lui confia ensuite la chaire de philosophie et de dogme au Grand Séminaire de Cahors.

De là il partit pour Lisbonne, où il tomba malade. Rentré à la Maison-mère de Paris pour s'y rétablir, il se rend compte que son état de santé ne lui permet pas de se livrer plus longtemps au labeur de l'enseignement, et demande à rentrer dans son diocèse d'origine pour y exercer le ministère. Il débute à Péronne en qualité de vicaire et est envoyé de là à Port-le-Grand. L'organe de la voix lui refusant tout service, il se résigne au repos absolu et prend la plume. On lui doit deux volumes de philosophie qu'il composa alors à l'usage des Séminaires, puis la traduction, en 6 volumes, des « Sermons » et de la « Vie » du Portugais Vieyra, et enfin « un mois de Marie » fort apprécié. A la même époque, il adresse ses allocutions à « la Semaine du Clergé de Paris », qui les publie.

Ayant enfin recouvré la voix, l'infatigable apôtre accepte le poste de *Saint-Christ-Briost*, devenu vacant par le départ de l'abbé Allart; il y reste de 1871 à 1874, et passe successivement à Guignemicourt, Saint-Maxent, Lihons, et enfin à Monchy-Lagache, où il termine sa carrière le 24 janvier 1895, à l'âge de 66 ans.

Sa dépouille mortelle a été transportée à Laleu, où elle repose dans un caveau de famille.

« C'était un homme simple, droit et craignant Dieu », un inlassable et habile écrivain.

8° De 1874 à 1892, *Isidore Joseph Bataille*, né à Lucheux le 4 avril 1833, ordonné prêtre le 6 janvier 1859 et nommé vicaire de Beaucamps-le-vieux ; en 1860, curé de Carrépuits ; en 1865, curé d'Onvillers ; en 1874, curé de Saint-Christ-Briost ; en 1892, en retraite à Lucheux, où il est décédé le 10 juin 1896.

C'était un prêtre pieux, zélé, mais d'une originalité légendaire.

Le presbytère de Saint-Christ fut reconstruit de son temps aux frais de la commune.

9° De 1892 à 1901, *Jules Charles Georges Leulier*, né à Neuville-Coppegueule le 18 octobre 1860, ordonné prêtre en 1889 et nommé vicaire de Ham, puis curé de Saint-Christ-Briost et Cizancourt en 1892. En 1901, il passe à Saint-Léger-les-Domart, puis à Vron, en 1909.

Les grandioses cérémonies qu'il organisa, avec le concours de plusieurs familles et personnes dévouées du pays, particulièrement Madame Veuve Lescarcelle, à l'occasion de plusieurs bénédictions de Calvaires et d'une confirmation, sont encore présentes au souvenir de tous.

Les journaux et la *Semaine Religieuse* en publièrent alors le compte-rendu que voici :

Journal de Péronne, 25 Septembre 1892.

SAINT-CHRIST. — On nous écrit :

Depuis six semaines cette commune a le bonheur d'avoir à sa tête un pasteur dévoué, M. l'abbé Leulier, précédemment vicaire à Ham. Les habitants ont pris à cœur de le seconder de tout leur pouvoir dans l'ornementation et la décoration de leur église. Depuis qu'il se trouve au milieu d'eux, des dons de tout genre, statues, ornements, etc., affluent entre ses mains.

Le 25 septembre dernier, Mme Lescarcelle, surnommée à juste titre la *Providence du pays*, mettait le comble à ses générosités bien connues en faisant ériger à l'une des extrémités du village une croix monumentale sur un terrain mis gracieusement à sa disposition par la municipalité de la commune. Aussi quelle fête dimanche dernier à Saint-Christ ! Sous l'impulsion du zélé pasteur, on s'était préparé à la grande solennité par un triduum de prières, et chaque soir au salut l'église était remplie. Dans la matinée du dimanche, toutes les rues que devait parcourir la procession sont décorées par les habitants avec joie et empressement.

La fanfare d'Athies, toujours fière et heureuse de prêter son précieux concours dans nos grandes manifestations catholiques, arrive à 9 h. 1/2 et se rend à l'église où elle fait entendre ses plus beaux morceaux pendant la grand'messe chantée par M. l'abbé Foiret, professeur du Petit séminaire de Saint-Riquier.

A 3 heures, Monsieur le curé organise la procession ; 25 cavaliers ouvrent la marche, puis, dans un ordre parfait, derrière la croix et les bannières s'échelonnent divers groupes de jeunes filles au nombre de 80, portant les insignes de la Passion du Sauveur. Le spectacle est gracieux et touchant.

Sous les regards de la foule émue et attendrie. Messieurs les curés d'Athies, Epénancourt, Brie, Ennemain, Biaches, Falvy, Licourt et Villers ferment la marche et forment une garde d'honneur autour de M. le doyen de Nesle, qui préside la cérémonie.

De l'église on se rend d'abord dans la cour de Mme Lescarcelle. Là, quatre chevaux blancs sont attelés à un magnifique char où repose le Christ sur un lit de velours artistement décoré. La procession se met en marche au milieu des chants qui alternent avec les sons harmonieux de la fanfare. On arrive bientôt, en passant sous de gracieux arcs de triomphe, au lieu désigné pour l'érection de la nouvelle croix à côté de laquelle se dressent deux magnifiques statues de la sainte Vierge et de saint Jean. Là, en présence d'une foule immense qu'on peut évaluer à 3.000 personnes, M. le curé de Brouchy redit les enseignements que nous donne la croix. Son discours est empreint d'une noble simplicité ; c'est la véritable parole évangélique toujours éloquente lorsquelle part d'un cœur éminemment apostolique.

Le cortège rentre à l'église ; après avoir fait bénir, en passant, le presbytère par M. le doyen, M. le curé de Saint-Christ félicite les habitants de leur bonne tenue, du bon exemple qu'ils ont donné aux étrangers et adresse à tous le remerciement le plus cordial.

M. le maire, MM. les membres du conseil municipal et du conseil de fabrique, tous les habitants de Saint-Christ doivent être justement fiers de la fête du 25 septembre qu'ils avaient si magnifiquement préparée. Ils pourront l'inscrire en lettres d'or dans les archives de la paroisse.

Un témoin.

Semaine Religieuse, 22 Octobre 1893.

SAINT-CHRIST. — *Compte-rendu d'une plantation de Croix.*

« Les personnes qui connaissent la paroisse de Saint-Christ savent qu'on y fait de très belles cérémonies. Le zélé pasteur qui administre cette chrétienne population depuis peu de temps a su inspirer aux fidèles qui l'écoutent et qui l'estiment, l'amour de la religion. Les éclatantes manifestations qui ont eu lieu depuis un an en sont un glorieux témoignage. Naguère encore les habitants de Saint-Christ se maintenaient à la hauteur de leur réputation dans la cérémonie d'une plantation de Croix, cérémonie procurée par le don généreux des familles Vinchon d'Arras, ayant à cœur de marcher sur les traces de leurs ancêtres, en relevant de ses ruines un Calvaire magnifiquement placé près du courant de la Somme.

Dès la veille tout le monde est à l'œuvre. Les arbres se dépouillent, les jardins cèdent leur parure, les étendards se déploient, les arcs de triomphe se dressent, les rues se jonchent de feuillage, les maisons sont tendues de draperies ornées de fleurs, avec tableaux ou inscriptions ; tout prend un air de fête et invite à une pieuse joie, à un religieux enthousiasme.

Mais, chose plus admirable encore, il n'y a pas seulement que les êtres matériels qui changent de place et se transforment pour préparer une royale avenue à l'étendard étincelant du divin Crucifié ; les âmes aussi se préparent, se purifient pour faire honneur à Jésus Eucharistie et, le dimanche matin, un grand nombre de fidèles accompagnent à la Table Sainte les jeunes Communiants qui étaient admis pour la seconde fois au bonheur de participer au divin banquet.

Malgré les circonstances qui auraient semblé vouloir retenir chez eux les paroissiens voisins, une foule considérable remplit l'église et circule dans les rues que doit suivre le pieux cortège. A l'heure de la procession, un magnifique spectacle se présente aux regards des nombreux témoins de la fête. Il faudrait être long pour redire les groupes dans leurs détails, la fraîcheur des costumes, la pieuse attitude des figurants, l'ornementation du char qui porte l'image de Jésus-Christ, la tenue des cavaliers, l'ordre de la cérémonie, il fallait admirer, louer, féliciter, remercier, s'édifier et prier ; les enfants, les jeunes gens, les jeunes personnes, en remplissant religieusement le rôle qui leur avait été confié, portaient à ces différents sentiments et l'on ne pouvait se lasser de contempler ce spectacle grandiose qui était à lui seul une éloquente prédication.

Par une délicate attention, M. le Curé avait tracé le parcours de la procession de manière à ce que les malades qui étaient retenus chez eux par leurs infirmités pussent avoir leur part de la cérémonie.

Au bout de la grand'rue, le char triomphal s'arrêta, et M. l'abbé Simon, vicaire à la Cathédrale, remplaçant en cette circonstance le R. P. Matthias, des Franciscains d'Amiens, fit entendre les enseignements de la Croix, et indiqua la manière d'y répondre et d'en profiter ; il fit remarquer entre autres choses que l'emplacement de la Croix était admirablement choisi et que l'eau qui l'environne, en faisant entendre ses poétiques murmures, rappellerait aux passants l'abondance du sang de Jésus-Christ répandu pour le salut du monde, et l'immensité de ses mérites. Le cantique de l'action de grâces fut entonné et l'on remercia Dieu de ses faveurs, la personne zélée, dévouée, généreuse, qui est toujours si prévenante et si empressée à décorer la Maison de Dieu, à préparer ce qu'il y a de mieux choisi et de plus délicat pour donner du relief aux manifestations religieuses, et enfin toutes les personnes qui avaient pris une part active à la cérémonie... ».

10° de 1902 à 1908, *Marie Emmanuel Julien De Villepoix*, né à Poix, le 19 août 1860, ordonné prêtre le 7 octobre 1883 et nommé vicaire de Saint-Sépulcre de Montdidier ; en 1884, vicaire d'Ailly-le-Haut-Clocher ; en 1889, curé de Mouflers ; en 1898, curé de Beaumont-Hamel, puis curé de Saint-Christ-Briost et Cizancourt où il resta de 1902 à 1908. De là il passa à Lesbœufs où il est décédé le 15 avril 1910.

On doit à son initiative, ainsi que nous l'avons vu, la restauration de l'intérieur de l'église à laquelle, de concert avec la municipalité, et grâce à des souscriptions volontaires, il consacra une somme importante.

11° De 1908 à ...., *Eugène Victor Defrance*, né à Pozières le 25 novembre 1878, ordonné prêtre le 29 juin 1903, et nommé vicaire de Beauval ; en 1906, curé de Métigny-Laleu, puis, en 1908, de Saint-Christ-Briost et Cizancourt.

Nous avons le ferme espoir que M. l'abbé Defrance continuera l'œuvre de ses devanciers, avec le même zèle et la même ténacité, sinon avec un succès toujours égal, vu les difficultés inhérentes à un ministère qui est loin d'être aussi bien compris par les générations présentes qu'il l'était à un autre âge.

Le Presbytère.

Toute paroisse constituée doit avoir son Presbytère, c'est-à-dire une maison destinée à l'habitation du curé. Aussi, sous l'ancien régime, le presbytère faisait-il partie du temporel de l'église et son entretien incombait-il à la Communauté paroissiale, directement intéressée à sa conservation. L'obligation de loger le curé à ses frais était corrélative à l'obligation qui incombe à celui-ci de « résider » au milieu d'elle. C'est ce qui résulte de l'article X^e des Ordonnances Synodales du diocèse de Noyon, de 1685, où nous lisons :

« Les Curez dont les Presbytères seront ruinez ou défectueux, en telle sorte qu'ils soient inhabitables, auront soin de presser leurs paroissiens de les rétablir dans le tems et sous les peines que nous marquerons par nos Ordonnances particulières et locales ; et cependant pour prévenir les accidents funestes et presque toujours inséparables de la *non-résidence*, nous ordonnons qu'ils feront leurs demeures en quelque maison logeable et commode, que les habitants seront obligez de leur loüer, sous peine aux Curez contrevenans d'être interdits de la célébration de la Sainte Messe, et de toutes fonctions pastorales, et même ecclésiastiques, partout ailleurs qu'en leurs dites paroisses. »

1° *L'ancien Presbytère.*

Aussi, en ce qui concerne la paroisse de Saint-Christ, voyons-nous le curé et les habitants faire une démarche collective, en 1728, au près du duc de Chaulnes, pour obtenir qu'il veuille bien leur céder une partie des démolitions du Château de Briost, à l'effet de reconstruire la maison presbytérale. Nous savons que le duc de Chaulnes leur accorda ce qu'ils demandaient, à condition qu'ils lui céderaient en retour la « Source d'eau minérale » qui se trouve dans « le Jardin du Presbytère », et sur l'efficacité de laquelle un rapport avait été publié récemment dans le « Mercure de France ».

A cette époque, la Maison de Chaulnes était représentée par Louis Auguste d'Albert d'Ailly, vidame d'Amiens, baron de Picquigny et de Briost, et la paroisse par Charles François Bourgois, curé nouvellement installé.

Le Château de Briost avait été démoli par ordre de Louis XIII, en 1629.

2⁰ *Le Presbytère pendant la Révolution.*

Le 30 Vendémiaire an III (21 Octobre 1794), la maison ci-devant presbytérale fut adjugée sans enchère au citoyen Adrien Baligand, dit de la Feuillée, avec les 155 verges de terrain et marais en dépendant. Le procès-verbal d'adjudication dressé par le citoyen Leblond, expert du district de Péronne, porte la signature de :

Guilbert, maire ; Boury, agent ; Deplanque, secrétaire-greffier ; Rivière, officier ; Cardon ; Loir et Baligand.

Baligand de la Feuillée était receveur au Bureau de la douane de Saint-Christ. Il paraît évident qu'il se rendit acquéreur du Presbytère, avec l'intention formelle de le rendre à sa destination, dès que les circonstances le permettraient, puisque nous voyons qu'il le remit effectivement à la disposition du curé, dès 1803.

L'ancien presbytère, tel que nous l'avons connu, comprenait une maison d'habitation sise à droite de la cour d'entrée, avec pignon du côté de la rue ; un passage ouvert, conduisant au jardinet situé derrière et destiné à l'isoler de la maison voisine, l'en séparait. Les dépendances fermaient la cour du côté du jardin ; une porte-cochère, en contre-bas, y donnait accès.

3⁰ *Le nouveau Presbytère.*

Le Presbytère actuel a été construit vers 1885, sur l'emplacement de l'ancien et par les soins de la municipalité. (Votes du 17 mai 1883 et du 14 septembre 1884). D'après le devis dressé par M. Ranson, architecte à Matigny, la dépense présumée devait s'élever à 14.800 francs (date de l'adjudication, 23 novembre 1884). Par suite des additions et modifications votées au cours des travaux (5 février 1885), les frais montèrent à 16.222 fr. 28 c. dont 15.258 fr. 28 c.

payés à l'entrepreneur, (M. Gonthier), et 954 fr. à l'architecte. Ils furent couverts au moyen des ressources disponibles qui étaient de 11.637 francs, de la vente de l'ancien presbytère que l'on céda à démolir au prix de 375 fr. et d'une subvention du département et de l'Etat qui atteignit 2988 francs. Pendant la durée des travaux, la Commune accorda 150 francs d'indemnité de *logement au Curé*. La réception des travaux eut lieu le 8 mai 1887.

Comme l'ancien, le nouveau Presbytère est situé sur un terrain d'une contenance de 32 ares 40 centiares ; il comprend une maison d'habitation avec étage, d'une forte belle apparence, des dépendances, une cour d'entrée spacieuse, et un jardin clos de haies terminé par un « vivier » qui communique aux eaux de la Somme.

La source d'eau minérale dont il a été fait mention plus haut est aujourd'hui envasée et ne donne plus qu'une eau malsaine. Il en sera question dans la 3ᵉ partie.

Depuis la Loi de Séparation, le presbytère est loué au curé, au profit de la commune, moyennant la somme annuelle de 150 francs.

Son emplacement et son éloignement relatif de l'église, (quelques centaines de mètres), semblent avoir eu pour objet, primitivement, de faciliter au curé le service de l'Eglise et celui du Prieuré, dont il se trouvait à égale distance.

C. — Le Temporel de l'Eglise ; — Les Marguilliers.

Dès que les évêques « du Vermandois et de Noyon » jugèrent opportun, pour répondre plus efficacement aux besoins des fidèles qui se multipliaient de jour en jour, de démembrer leur diocèse en chrétientés, puis celles-ci en paroisses, dans l'ordre que nous trouvons établi depuis le xiiᵉ siècle, ils attribuèrent à chacune d'elles des portions de terres et de dîmes, dont le produit ou revenu, en formant le patrimoine de l'Eglise, devait permettre de subvenir aux frais du culte, à la subsistance du clergé, au traitement du clerc séculier, à l'assistance des pauvres ainsi qu'à l'entretien des immeubles paroissiaux Ce fonds primitif, que l'on vit s'accroître par le fait de donations et d'arrangements successifs, et que l'on considérait, avec raison, comme « l'offrande des fidèles, le patrimoine des pauvres, et le prix des péchés », constituait le temporel de l'Eglise.

Le temporel de l'Eglise comprenait ainsi des biens et des charges, et ensemble une gestion confiée, sous la direction et le contrôle de l'autorité ecclésiastique, à l'institution des marguilliers.

I. — Les Biens de la fabrique et de la cure.

A. — *Biens fonciers.*

Les biens fonciers de l'Eglise appartenaient par moitié à la fabrique et à la cure et étaient donnés à ferme, moyennant une redevance annuelle, payable en blé.

Je reproduis ici : 1° L'inventaire de ces biens, comme il se trouve décrit dans les comptes de 1741, d'après l'arpentage fait par Mansart, arpenteur à Chaulnes, en 1740 ; et 2° l'état de ceux qui furent vendus sous le nom de « biens nationaux », à l'époque de la Révolution.

1° Inventaire des biens fonciers de la fabrique et de la cure, d'après les comptes de 1741.

Superficie et délimitation des pièces de terre.	Noms des fermiers	Prix de fermage
I. — 12 journaux 37 verges 1/2 de terre labourable, mesure du Mège, en plusieurs pièces, soit :	Louis François Debroy.	

a) 1 jal 70 v., tenant d'un long et d'un bout à Jean Picard, d'autre long audit Debroy, d'autre bout à la ruelle de Saint-Christ à Misery (chemin de Misery, 1753) ;

b) 95 v., tenant d'un bout à Mgr le Maréchal de Chaulnes, d'autre à Jean Picard, d'un bout à l'Abbaye-au-Bois, d'autre, à l'Eglise de Briot ;

c) 63 v., tenant d'un long aux héritiers Devaulx de Saint-Christ, d'autre à l'Eglise de Briot, d'un bout aux héritiers de Roquerolle, d'autre au chemin de Saint-Christ à Misery ;

d) 1 jal 30 v., tenant d'un long à Ledoux, de Misery, d'autre au s^r Martial d'Armancourt, des deux bouts à Mgr le duc de Chaulnes ;

e) 1 jal 12 v. 1/2, tenant d'un long et d'un bout à l'Eglise de Misery, d'autre long à Picard, d'autre bout à Mgr ;

SUPERFICIE ET DÉLIMITATION DES PIÈCES DE TERRE.	NOMS DES FERMIERS	PRIX DE FERMAGE

f) 3 jx 67 v., tenant d'un long à Claude Legrand, d'autre à... (Picard, 1753) des deux bouts à Mgr ;

g) 1 jal 50 v., tenant d'un long à la cure de Briot, d'autre à Picard, d'un bout aux héritiers de Barle, d'autre bout audit Picart ;

h) 1 jal 50 v., tenant d'un long aux terres d'Escarts, d'autre audit Debroy, d'un bout à l'Eglise de Briost, d'autre à M. Lejeune.

Plus :

3 journaux 25 verges, en plusieurs pièces, soit : Hubert Gérard.

a) 75 verges, tenant des deux bouts aux terres d'Escarts, d'un bout au domaine de Briot, d'autre à Guilbert de Villers ;

b) 52 v., tenant d'un long et d'un bout à Mgr, d'autre long à Baloche, (Routard, 1753), d'autre bout aux terres d'Escarts.

c) Cinq quartiers, tenant d'un long à Pierre Tournet, d'autre à l'Eglise de Briot, d'un bout au s^r de Roquerolle, d'autre bout à la pièce cydevant déclarée ;

d) 75 v., tenant d'un long à Noël Gérard, d'autre à Madame Dessaint de Péronne, d'un bout au marais, d'autre, au chemin de Brye ;

Ensemble, 15 journaux 62 verges 1/2 pour lesquels les dits Debroy et Gérard payaient : . .   15 setiers 12 boisseaux de blé, dont : 7 set. 14 bx à l'Eglise et autant à la cure ;

II. — 17 journaux 15 verges de terre labourable, Jean Picard. mesure du Mège en plusieurs pièces, soit :

a) Un jal tenant d'un long aux héritiers de Roquerolle, d'autre à Claude Gossuin, d'un bout à l'Eglise de Briot, d'autre au chemin de Misery ;

b) 1 jal 39 v., tenant d'un long et d'un bout à Mgr, d'autre long à ladite Eglise, d'autre bout à l'Eglise de Briot ;

c) 1 jal 47 v. 1/2, tenant d'un long au s^r Bernard, d'autre à l'Eglise de Misery, d'un bout aux

Superficie et délimitation des pièces de terre.	Noms des fermiers	Prix de fermage

terres d'Escart, d'autre au chemin de Martin Tempette ;

d) 1 jal 04 v., tenant d'un long au chemin de Nelle, d'autre long à l'Eglise dudit Sizencourt, d'un bout à Madame Ticquet, d'autre à Mgr ;

e) Cinq quartiers (125 v.) tenant d'un long à M. Le Vasseur, d'autre à Baloche, (Routard, 1753), d'un bout à Picard, d'autre au chemin de Saint-Quentin ;

f) 1 jal 10 v. tenant d'un long aux terres Descarts, d'autre à Saint-Jean de Péronne, d'un bout à ladite Eglise, d'autre à Mgr ;

g) Cinq quartiers (125 v.), tenant d'un long à Saint-Jean de Péronne, d'un bout à ladite Eglise, et d'autre à Mgr ;

h) 78 v. tenant d'un long et d'un bout au s^r Le Vasseur (de Péronne), d'autre long à Baloche (Routard) d'autre bout aux héritiers du s^r Cary, de Péronne ;

i) 1 jal 30 v., tenant d'un long audit Cary, d'autre à Jean Colache et Blondel, (Croisille, 1753) d'autre bout au s^r Devaulx de Péronne, d'autre au s^r Le Vasseur ;

j) 3 quartiers (75 v.), tenant d'un long aux héritiers Clabeaux, d'Ennemain, d'autre à Baloche, d'un bout à Blondel, d'autre à ladite Eglise ;

k) 1 jal 52 v. tenant d'un long aux héritiers Cary, d'autre et d'un bout au rideau du Vivier, d'autre bout audit Picard ;

l) 3 quartiers (75 v.), tenant d'un long à Mgr, d'autre au Rideau du Vivier, d'un bout à Blondel, d'autre à Saint-Jean de Péronne, et à Mgr ;

m) 6 quartiers (150 v.), tenant d'un long à Louis Guilbert, d'autre au rideau de la Terrière, d'un bout à Mgr, d'autre à Saint-Jean de Péronne ;

n) 54 v., tenant d'un long à Blondel, d'autre à Pezé, d'Ennemain, d'un bout à Mgr, d'autre à Baloche (Routard, 1753) ;

o) 75 v., à la Planée, tenant d'un long au chemin de Mons-en-Chaussée, d'autre long et d'un bout à Claude Léger, d'autre à Hubert Gérard ;

15 set. 8 b^x de blé, mesure de Pér., dont :
7 set. 12 b^x à l'Eglise et autant à la cure ;

SUPERFICIE ET DÉLIMITATION DES PIÈCES DE TERRE.	NOMS DES FERMIERS	PRIX DE FERMAGE

III. — 16 jx 80 verges, y compris 20 verges de François Godefrais, en plusieurs pièces, soit :

a) 5 jx y compris 20 verges de frais, tenant d'un long à la Vve Dezaux, d'Athies, d'autre au Sr de Gagny et autres, d'un bout au rideau, d'autre au marais ;

b) 2 jx 2 v. tenant d'un long à Debroy, d'autre aux héritiers Ledoux de Misery (Cl. Legrand, 1753), d'un bout à Picard et Mgr, d'autre au chemin de Misery ;

c) 50 v. tenant d'un long aux terres d'Escart, d'autre sens à Mgr ;

d) 1 jal 8 v. tenant d'un long à l'Église de Briost, d'autre à Picard, d'un bout à Mgr, d'autre à Debroy ;

e) 50 v. en pointe, tenant d'un long et d'un bout à Mgr, d'autre sens au sieur Huët de Péronne (Beauvarlet, 1753) ;

f) 3 quartiers 75 v. dans la pâture des Harangues, tenant d'un long à Picard, d'autre aux héritiers Devaux de Chaulnes, d'un bout à François Leclerc, d'autre à M. Bernard (Ponchon, 1753) ;

g) 2 jx 2 v. à la piécente d'Ennemain, tenant d'un long à Debroy, d'autre à Baloche (Jean Rimette, 1753), d'un bout à Louis Guilbert, d'autre au chemin d'Ennemain ;

h) 3 quartiers, tenant d'un long et d'un bout à la dite Église, d'autre long à Picard et Mgr, d'autre bout au dit Mgr ;

i) 1 jal 50 v. tenant d'un long et des deux bouts à Baloche (Vve Routard, 1753), d'autre long, au rideau ou chemin qui mène à Notre-Dame des Joyes ;

j) 5 quartiers à la Craignière (cranière), tenant d'un long à François Fère, d'autre à Saint-Jean de Péronne, d'un bout à Mme Dessaint de Péronne, d'autre au rideau ;

k) 5 quartiers situés au Paradis, appelé « le vieil cimetière », appartenant à l'Église *seule*, tenant d'un long à l'Église (ou cimetière), d'autre long à

15 set. de blé, dont :
à l'Église : 7 set. 2 bx, plus 3 q. à elle seule, pour le vieux cimetière, soit 7 set.

Superficie et délimitation des pièces de terre.	Noms des fermiers	Prix de fermage
Baloche et Jean Colache, d'un bout à Mgr, d'autre au rideau.		14 bx, et à la cure, 7 set. 2 bx.
IV. — 11 jx 30 verges en plusieurs pièces, soit :	Pierre Tournet.	

a) 1 jal 60 v. tenant d'un long à la Ruelle aux oo, d'autre à Mgr, d'un bout à L¹ª Deplanque, d'autre à Antoine Broyon ;

b) 3 quartiers (75 v.) tenant d'un long à Mgr, d'autre audit Tournet, d'un bout au bois de Briot, d'autre à la Ruelle aux oo ;

c) 2 jx 52 v. à la piécente, tenant d'un long au sieur de Collozy, d'autre à Pierre Fouilloy, d'un bout à Mgr, d'autre à Mme Dessaint, de Péronne ;

d) 1 jal à la piécente de la fontaine Camon (Quémont), tenant d'un long à Mgr, d'autre long à Guilbert, d'un bout audit Seigneur, d'autre bout à Blondel ;

e) 4 jx 52 v., à la planée, tenant d'un long à Laurent Bacquet, d'autre à Deseaux d'Athies, des deux bouts au Sʳ Thierry ;		10 set. de blé, dont :
f) 75 v. tenant d'un long à Mgr, d'autre au Sʳ Thierry, d'un bout à ladite Église, d'autre à Damoyselle, de Péronne.		5 set. à l'Église et autant à la cure.

V. — 8 jx 97 verges, dont :

a) 2 jx 3/4 en deux pièces, soit :

1° 6 quartiers tenant d'un long à Antoine Dezeau, d'autre à Jean Dezeau, d'un bout au Sʳ de Corcelette, d'autre à Charles et Claude Pegnier ;

2° 5 quartiers tenant d'un long à Mgr, d'autre au Sʳ Thierry, d'un bout à Jean Lesot, d'autre à Charles Souplet ; retirés à Antoine Broyon ;

b) 9 quartiers tenant d'un long à Mgr, d'autre à Charles Bourgeois, d'un bout au Sʳ Thierry, d'autre à la dite Église ; retirés à la Vve Dominique Capron ;

Charles François Bourgois, prêtre curé de la paroisse (pour des terres retirées, faute de paiement, à leurs détenteurs.

c) 2 jx 72 v. tenant d'un long à Mgr et Picard, d'autre au Sʳ Choquet, d'un bout à Blondel, d'autre à Guilbert ; retirés aux héritiers François Lesot ;		8 set. 7 bx de blé. dont :
d) 5 quartiers à la piécente d'Ennemain, tenant d'un long à Picard, d'autre à Blondel, d'un bout à Mlle Dessaint, de Péronne, d'autre au chemin ; retirés aux héritiers Quentin-Duprez.		4 set. 3 bx 1/2 à l'Église et autant à la cure.

Superficie et délimitation des pièces de terre.	Noms des fermiers	Prix de fermage

VI. — 8 jx 96 v. en plusieurs pièces, soit :   L^{is} Deplanque.

a) 2 jx tenant d'un long à Picard, d'autre à la dite Église, d'un bout à Guilbert, laboureur, d'autre à Picard et Baloche (Routard, 1753).

b) 3 jx 9 v., *en 3 pièces*, soit :   L^{is} Guilbert, berger.

1° 1 jal 50 v. tenant des deux longs au Sr Bernard, d'autre sens à Mgr ;

2° 84 v. à la Croizette de Misery, tenant d'un long aux héritiers de Barle, d'autre aux terres Descart, d'un bout à Mgr, d'autre au chemin de Misery ;

3° 3 quartiers tenant d'un long à la dite Église, d'autre à Baloche, d'un bout à Saint-Jean de Péronne, d'autre à Guilbert ;

c) 2 jx 62 v., *en deux pièces*, soit :   Jérôme Pelletier.

1° 1 jal 62 v. tenant d'un long au chemin de Saint-Christ à Misery, d'autre à Mgr, d'un bout aux héritiers de Barle, d'autre au Sr Bernard ;

2° 1 jal tenant d'un long au chemin de Sizencourt à Nesle, d'autre à l'Église dudit Cizancourt, d'un bout à Mme Ticquet, d'autre à Mgr ;

d) 5 quartiers, au terroir de Sizencourt, tenant d'un long au Sr Gobet, d'autre et d'un bout au chapitre de Nesle, d'autre bout au rideau.   La Veuve L^{is} Ponchon, de Cizancourt.

Ces différents fermiers payaient solidairement :   9 set. 3 bx de blé, dont : 4 set. 9 bx 1/2 à la fabrique et autant à la cure.

VII. — 10 jx 45 v. en plusieurs pièces, dont :

a) 6 jx 25 v. en trois pièces, soit :   Prévôt de Fourques ;

1° 7 quartiers, tenant d'un long à Jean Barbare de Fourques, d'autre au chemin de Saint-Christ à Athies, d'un bout à la dite Eglise, d'autre à Mgr.

2° 3 jx 50 v., tenant d'un long à Laurent Bacquet, d'autre à l'Eglise, des deux bouts au Sr Thierry.

3° 1 jal, tenant d'un long à Mgr, d'autre à François Debucourt, d'un bout à Jean Barbare, d'autre à Pierre Peugnet.

Superficie et délimitation des pièces de terre.	Noms des fermiers	Prix de fermage

b) 2 jx 75 v., tenant d'un long aux terres que Pierre Debulaboure Marie Moigneau, d'autre à la veuve Jean Dezeau, d'un bout au Sr Corcelette, d'autre bout au Marais ;

Pierre Debucourt ;

c) 1 jal 45 v., tenant d'un long aux héritiers Lejeune, d'autre au Sr Thierry et Dezeau, d'un bout à la dite Eglise, d'autre à Charles Bourgeois ;

Pierre Rimette ;

Ces fermiers payaient solidairement.

7 set. 12 bx de blé, dont :
3 set. 4 bx à l'Eglise et autant à la Cure ;

VIII. — 7 jx 25 v. en plusieurs pièces, soit :

Daudré de Brie ;

a) 2 jx 75 v., tenant d'un long au Sr Prévôt Larcher, d'autre aux héritiers de Sr Labbé, d'un bout à Jean Vignon, d'autre au Marais de la Somme ;

b) 6 quartiers, tenant d'un long à l'Eglise de Brye, d'autre aux Pauvres dudit Brye, d'un bout au Sr Prévôt Larcher, d'autre à Mgr ;

c) 2 jx 25 v. à la Vallée du Gord, tenant d'un long et d'un bout à Saint-Quentin-à-l'eau, de Péronne, d'autre long au Sr Prévôt, d'autre au rideau ;

d) 3 quartiers, tenant d'un long au Sr de Robécourt, d'autre à Jean Vasse de Brye, d'un bout aux terres que laboure Thomas Poupart, d'autre à Prévôt Larcher ;

2 set. de blé, dont :
1 set. à l'Eglise et autant à la Cure ;

IX. — 7 jx 62 v. en plusieurs pièces, soit :

a) 3 jx 78 v. en 3 pièces, dont : 1 jal 75 v., tenant d'un bout aux héritiers du Sr de Roquerolle, d'autre, à l'Eglise de Sizencourt, des deux bouts à Mgr ; — 1 jal, tenant d'un bout à Debroy, d'autre au S^r Le Vasseur de Péronne, d'un bout à la Cure de Saint-Christ, d'autre à l'Eglise de Briot ; — item, 1 jal 3 verges, tenant d'un long au chemin de Péronne à Nesle, d'autre aux terres d'Escart. des deux bouts à la Veuve Antoine Gay ;

Adrien Ledoux ;

b) 50 v., tenant d'un long au chemin de Saint-

Superficie et délimitation des pièces de terre.	Noms des fermiers	Prix de fermage

Christ à Marchélepot, d'autre et d'un bout à Pi- | Claude Gos-
card, d'autre bout au chemin de Nesle à Péronne ; | suin ;

c) 75 v., tenant d'un long à l'Eglise de Briot, | la Veuve Pierre
d'autre à la Vve Antoine Gay, d'un bout au S^r | Ledoux ;
Serpette, d'autre, à Martin Tempette ;

d) Cinq quartiers, tenant d'un long à Mgr, Simon Legrand ;
d'autre aux héritiers de Barle, d'un bout à
Claude Léger, d'autre au Bois de Lanchy ;

e) 34 v., tenant d'un long au chemin de Saint- | Antoine Cap-
Christ à Chaulnes, d'autre au S^r d'Armancourt, | pel ;
(au S^{gr} de Misery, en 1753), d'un bout au chemin
de Misery à Licourt, d'autre en pointe ;

f) 1 jal, tenant d'un long et d'un bout à Guil- | Guilain Gos-
bert, de Villers, d'autre long aux héritiers de | suin ;
Mme Devaulx, d'autre bout à Claude Léger et
Broyon.

Terres dont tous les fermiers étaient de Misery,
et pour lesquelles ils payaient solidairement : . | | 8 set. 8 b^x de blé, dont :
4 set. 4 b^x à l'Eglise et autant à la Cure ;

Ensemble de terres ou Biens fonciers déclarés : 104 journaux 12 verges 1/2, mes. du Mége ;

Total des redevances : 92 setiers 2 boisseaux, dont : 46 setiers 7 boisseaux, revenant à la Fabrique ; et 45 setiers 11 boisseaux, revenant à la Cure ;

D'après la déclaration faite par J.-B. Chappus, curé de la paroisse, lors de la visite M. de Clermont, évêque de Noyon, le 17 May 1688, le revenu de la cure était : en blé, de 56 setiers, dont 16 set. du domaine de la cure ;

le revenu de la fabrique, de 40 setiers de blé et 80 l. d'argent ;
le casuel était estimé 100 l.

En 1704, d'après le Mémoire de M. d'Aubigné, (du 14 Juin), le revenu de la fabrique était de : 41 set. de blé. mes. de Nesle, pour fermage de 9 j^x de terre à la solle, et 9 set. de blé, mes. de Péronne.

En 1726, suivant les productions de M. de Rochebonne, le revenu de la cure était de : 55 set. de bled, 5 j˟ de terre à la solle ; le casuel était estimé 100 l.

Il ne faut peut-être pas ajouter une foi aveugle aux déclarations officielles faites alors, les intéressés cherchant à éviter une augmentation de décimes.

Voici l'état des fermiers de Biens d'Eglise en 1776, avec le chiffre de leurs redevances :

Noms des fermiers	Doivent
1 Louis Legras,	10 set. 14 bx
2 Jean Louis Picart,	8 set.
3 la Veuve Debroy,	6 set. 6
4 J. L˙is Croizille,	2 set. 13
5 Adrien Ledoux,	2 set. 10 2/3
6 François Daudré,	2 set. 6 1/2
7 Lescarcel,	2 set. 5 1/3
8 Jean Prévost,	2 set.
9 Jacques Etévé,	2 »
10 la Veuve Nicolas Guilbert,	1 » 13
11 Jean-B. Vary,	1 » 8
12 L˙is Legrand,	1 » 6
13 L˙is Gaussuin,	1 » 4
14 Antoine Bellier,	1 »
15 Ch. Ledoux,	1 »
16 Jean Rimette,	» 10
17 François Rimette,	» 10
18 Clément Ledoux, au lieu de Jérôme Pelletier,	» 8 bx
	49 set. 8 b. 1/2

En conséquence, le blé à percevoir par le marguillier, au nom de la fabrique, en 1776, s'élevait à la quantité de : 49 setiers 8 boisseaux 1/2 ; il en revenait à peu près autant à la Cure.

*2° Etat des Biens fonciers de l'Eglise
vendus sous le nom de « Biens nationaux » au directoire
de Péronne, au cours des années 1791, 92, 93 et 94.*

1° Deux journaux de terre labourable, mesure de Péronne, en une seule pièce, au terroir de Saint-Christ, appartenant ci-devant à la cure dudit lieu, exploités par le sieur Curé, et estimés valoir 3 setiers 8 boisseaux de blé, mesure de Péronne, par Levert, arpenteur au même lieu, *vendus*, le 30 novembre 1791, à Michel Césaire Picart, laboureur à Cizancourt, qui déclara command ; Louis Cardon, maréchal ;

Prix d'adjudication : . . . . 1.925 livres.

2° Trois journaux 12 verges 1/2, de terre labourable, mesure du Mège, en deux pièces, au terroir de Saint-Christ, appartenant à l'Eglise et à la cure, donnés à ferme à François Bourdon, ménager à Deniécourt, moyennant une redevance annuelle de 4 setiers de blé, mes. de Péronne, (bail de 1786), *vendus*, le 30 nov. 1791, à Jacques Etévé, laboureur à Misery, qui déclara command : Louis Cardon, maréchal ;

Prix d'adjudication : . . . . 650 livres.

3° Dix huit journaux 37 verges 1/2 de terre labourable, mes. du Mège, dont 12 jx, en cinq pièces, au terroir de Saint-Christ, appartenant à la cure dudit lieu, donnés à ferme à la veuve Jean Louis Debroy, de Saint-Christ, moyennant la redevance annuelle de 14 setiers de blé, mes. de Péronne ;

Plus, la moitié de 12 journaux 37 verges 1/2 de terre labourable en 8 pièces, même terroir, appartenant de même à la cure et affermés à la dite Vve, moyennant la redevance annuelle de 7 setiers de blé, mes. de Péronne, *vendus* en 1792, à Eloy Fursy Corbet, de Péronne, qui déclara command : Jean François Debroy ;

Prix d'adjudication : . . . . 4.300 livres.

4° 83 verges 1/2 de terre labourable, mes. du Mège, dans une pièce de 167 verges, au terroir de Saint-Christ, appartenant à la cure, affermées à Jean Legrand, tonnelier à Briost, moyennant la redevance annuelle de 14 boisseaux 1/2 de blé, mes. de Péronne, *vendues* en 1792, à Jean Legrand ;

Prix d'adjudication : . . . . 144 livres.

5° Neuf journaux 17 verges de terre labourable, mes. du Mège, en 7 pièces, au terroir de Saint-Christ, appartenant par moitié à l'Eglise et à la cure, affermés à Louis François Deplanque, moyennant la redevance annuelle de 9 setiers de blé, mes. de Péronne, (bail de 1786), *vendus* en 1793, à Etienne Louis Renault, de Péronne, qui déclara command : Louis François Deplanque ;

Prix d'adjudication : . . . . 2.150 livres.

6º Un journal 75 verges de terre labourable, mes. du Mège, au terroir de Saint-Christ, appartenant à la fabrique et à la cure dudit lieu, exploités par la Vve Charles Lescarcelle de Misery, *vendus* en mars 1795 (18 ventose, an III) à Charles Minotte, de Misery, qui déclara command : la Vve Ch. Lescarcelle ;

Prix d'adjudication : . . . . 1.425 livres.

L'estimation était de 500 livres.

7º Un journal de terre labourable, au terroir de Saint-Christ, champ traversé par la voye de Bryot à Licourt, appartenant à la fabrique et à la cure, exploité par Ch. L^{is} Gaussuin, de Misery, estimé 300 livres, *vendu*, à la même date, à Ch. L^{is} Gaussuin, ménager, qui déclara command : Jacques Etévé ;

Prix d'adjudication : . . . . 865 livres.

8º 25 verges de terre, mes. du Mège, en une pièce plantée d'arbres, nommée « le Quartier-Sainte-Jule », tenant d'un long au chemin de Saint-Christ à Marchélepot, d'autre à Ribault, d'un bout, au couchant, au chemin de Misery à Licourt, d'autre en pointe, appartenant à la fabrique et à la cure ; cette pièce exploitée par Ambroise Le Bœuf, de Misery, estimée 530 livres, soit 80 livres pour le terrain, et 450 livres pour les 15 arbres, nature de blancs, qui y étaient plantés, fut *vendue*, à la même date, à Jacques François Garin, d'Allaines, qui déclara command : J.-B. Capelle ;

Prix d'adjudication : . . . . 1.400 livres.

Ensemble : 36 Jx 50 verges 1/2 de terre, appartenant ci-devant à l'Église et à la Cure de Saint-Christ, lesquels furent *vendus* pour la somme de 12.859 livres, soit, en moyenne, 352 livres par journal.

On remarquera : 1º que la quantité de terres vendues alors sous le nom de « Biens nationaux » ne représente que le tiers environ de celles dont l'Église et la Cure étaient en possession en 1776 ; les deux autres tiers seraient-ils restés entre les mains des fermiers ? —, et que, 2º suivant une remarque déjà faite, une bonne part des biens vendus alors passa aux mains des classes rurales, représentées par les paysans, les laboureurs, les ménagers et les fermiers. — Par là on peut juger de la situation pécuniaire du peuple au début de la période révolutionnaire.

A l'époque de la confection du cadastre, vers 1728, la Fabrique de l'Église n'était plus censée posséder qu'un hectare 59 ares 34 centiares de terres situées : 13 ares 20 c\ª, à la Fosse au Marais ; 36 ares 80 c\ª, à la Planée ; 24 ares 20 c\ª, aux Croizettes ; 29 ares 60 c\ª et 19 ares 80 c\ª, au Bois Midy, etc.

Ces terres ont été aliénées plus tard et converties en rentes sur l'État. L'Inventaire de 1909 mentionne, en effet, à l'actif de la Paroisse de Saint-Christ, un titre de rente de 154 francs, portant le n° 557.021, sect. 8

Ce titre a été attribué au Bureau de bienfaisance en application de la Loi de Séparation du 9 décembre 1905.

B. — *Surcens non chargés d'Obits, appartenant à l'Église et à la Cure par moitié, d'après le Cueilleret de 1741.*

Par surcens, on entendait une rente au payement de laquelle était affecté un immeuble frappé déjà d'une première taxe, appelée cens.

Dans nos localités, l'immeuble affecté et hypothéqué comprenait généralement une « *maison avec héritage* ». Par lui-même l'héritage désignait plus particulièrement, soit un fonds qui portait ou avait porté une habitation, soit un enclos entouré d'un mur ou d'une haie, isolé ou non du village.

MAISONS ET HÉRITAGES ASSUJETTIS AU SURCENS, EN 1741 :	TAUX DE LA REDEVANCE ANNUELLE :
1° *Noël Gérard*, (en 1753, L\is François Bonnard), sur sa maison et héritage contenant environ 3 journaux, tenant d'un long au marais d'Omignon ou Vivier, d'autre, au chemin de la fontaine Quesmont (ou Quelmont), d'un bout au rideau, d'autre aux héritiers Quentin-Duprez, (Louis Legras, 1776), Doit :	« 8 sols »
2° *Julle et Marguerite Boucher*, (Fr. Desprez et les héritiers Jean Lemaire en 1753, Simon Hacq, à cause de Marg. Lemaire, sa femme, en 1776), pour leurs maisons et héritage, tenant d'un long à la chaussée de la Planée, d'autre à Franç. Godefroy (ou chemin de la fontaine claire, 1749), d'un bout au marais de la chaussée, d'autre à la rue, Doivent :	« 12 sols »

3° *Les Veuves Eloy et Jacques Bonnard, Louis et Antoine Bonnard, Nicolas Bigot,* comme héritiers de *Claude Bonnard,* leur père, (en 1776, Nicolas Bigot, Marie Anne Thérèse et Jean Louis Bonnard), pour leurs maisons et héritages, tenant d'un long à la ruelle de la fontaine Claire, d'autre aux héritiers de Sébastien Darcourt, d'un bout à l'eau de Somme (eau commune), d'autre à la rue vis-à-vis le cimetière,

  Doivent : . . . . « 7 s. 6 d. »

De plus, en 1776, J. L^{is} Bonnard. pour partie de l'héritage Barbier, doit : 1 s. 6 d.

4° *La Veuve Sébastien Darcourt,* pour sa maison et héritage, tenant d'un long aux précédents, d'autre à Claude Darloy, d'un bout à l'eau de Somme (marais prain) d'autre à la rue,

  Doit : . . . . « 6 s. »

Cet héritage appartient au suivant, en 1776 ;

5° *Claude Darloy,* (Antoine Darloy, en 1776), pour sa maison et héritage, tenant d'un long au précédent, d'autre au suivant, d'un bout à l'eau de Somme (eau commune), d'autre à la rue, vis-à-vis le cimetière,

  Doit : . . . . « 6 s. »

6° *Nicolas Guilbert,* (sa veuve en 1776), sur sa maison et héritage tenant d'un long audit Darloy, d'autre long à François Deplanque, d'un bout à l'eau de Somme ou Marais, d'autre à la rue de l'Eglise,

  Doit : . . . . « 6 s. »

7° *François Deplanque,* (Louis Deplanque le Jeune, en 1749), sur sa maison et héritage tenant d'un long audit Guilbert, d'autre à Noël Gérard le Jeune, d'un bout à l'eau de Somme, d'autre à la rue de l'Eglise,

  Doit : . . . . « 2 s. 10 d. »

8° *Noël Gérard,* (en 1776, Noël Gérard le Jeune et François Godefroy), sur sa maison et héritage tenant d'un long au précédent, d'autre à Pierre Fouilloy. d'un bout au marais, d'autre à la rue de l'Eglise,

  Doit : . . . . « 8. s. 2 d. »

En 1776, les ayant-cause de Formeau, Noël Gérard, Chrysostome Lemoine, pour leurs maisons et héritage, tenant d'un long à la Vve Guilbert, d'autre à Maximin Chevalier, d'un bout à la rue de l'Eglise, d'autre à l'eau commune, doivent 11 sols ;

Ces divers héritages n'en faisaient qu'un autrefois et provenaient de Franclin.

9° *Le même Noël Gérard,* pour un journal de terre, au Paradis, tenant d'un long aux héritiers Hubert Collache (Jean Croisille en

1758), d'autre au rideau, d'un bout à Pierre Baloche, (J. F. Routard, 1750), d'autre à Pierre Coquû (Cocu).

Doit : . . . . « 5 s. ».

En 1776, les Srs Minotte, de Péronne et Leclerc. de Chaulnes, pour 1/2 journal de terre, sis au Paradis, venant d'Augustin Wargnier, tenant d'un long à l'ancien cimetière, d'autre, etc., doivent : 5 sols ;

It. — Les héritiers Perdry, pour 1/2 journal de terre, venant de Noël Gérard, sis au Paradis, tenant d'un long à Mme François de Péronne, d'autre à L^{is} Croisille, d'un bout à eux-mêmes, d'autre au Rideau, doivent : 5 sols ;

It. — Les héritiers de demoiselle Perdry, pour deux pièces de terre, l'une d'un 1/2 j^{al}, l'autre de 30 verges, séparées par un quartier appartenant à Mme François, tenant d'un long au rideau, d'autre à Mme François et à Croisille, d'un bout aux Srs Minotte et Leclerc, d'autre à eux-mêmes, doivent : 7 sols ;

10° *Gabriel Bonnard*, (le même et Marg. Bigot, 1753), pour sa maison et héritage tenant d'un long à Pierre Fouilloy, d'autre à Mathieu Lassalle, d'un bout à l'eau de Somme, d'un autre à la rue de l'Eglise,

Doit : à l'Eglise seule, une demi-pinte d'huile au jour de la Toussaint ;

11° *Matthieu Lassalle*, (en 1749, Matth. Lassalle et J. Fr. Routard ; en 1776, Augustin Wargnier ou Wargny), pour sa maison et héritage tenant d'un long audit G. Bonnard, d'autre à Routard, d'un bout à l'eau de Somme ou marais, d'autre à la rue de l'Eglise,

Doit : . . . . « 6 s. »

12° *Thomas Maréchal*, (sa veuve en 1776, ou Martial Leroy), pour sa maison et héritage, tenant d'un long à la Grand'Rue de l'Eglise, d'autre au chemin du Riez, (chemin du Calvaire en 1776), d'un bout à la rue vis-à-vis le cimetière, d'autre à Hubert Debroy, (François Rivière et Jean Carpentier, en 1776),

Doit : . . . . « 6 s. »

13° *Pierre Baloche*, J. Fr. Routard, (en 1748), pour sa maison et héritage, tenant d'un long au suivant, d'autre à Lassalle, d'un bout à l'eau de Somme, d'autre à la rue,

Doit : . . . . « 10 s. 4 d. »

14° Le même (Routard, puis Aug. Wargny, en 1753), pour l'héritage de Jean Cuvillier, tenant d'un long à la rue, d'autre aux héritiers Baloche et à Guilbert, en 1750, au chemin du Riez ou du Calvaire, en 1776, d'un bout à Hubert Debroy, d'autre à la ruelle Querelle, (rue de l'ancienne école),

Doit : . . . . « 6 s. »

15° Le même, (les s^rs Minotte et Leclerc, en 1776), pour un 1/2 jal de terre, sis au Paradis, tenant d'un long à Noël Gérard, d'autre au « vieux cimetière », d'un bout aux héritiers Collache, (Croisille, 1749), d'autre au rideau,

Doit : . . . . « 5 s. »

16° *Le même*, pour 12 jx de terre venant de Jean Collache, tenant d'un long à lui-même, d'autre à Mgr le Maréchal de Chaulnes, d'un bout à Cocu, d'autre au vieux cimetière,

Doit : . . . . « 4 s. »

17° *Antoine Bonnard* (Marie Jeanne Gossart, sa veuve, en 1783) sur sa maison et héritage, tenant d'un long au précédent (Routard, puis Wargny, en 1753), d'autre aux suivants, d'un bout à l'eau commune, (ou eau de Somme), d'autre à la rue (de l'Eglise),

Doit : . . . . « 8 s. »

18° *Jean Croisille, Eloy Rimette et Antoine Sauvé*, au lieu de Jean Lassalle (et Marie Jeanne Gossart, 1753) sur leurs maisons et héritages provenant de Flament, et tenant d'un long à Antoine Bonnard, (Mme Jeanne Gossard, sa veuve, en 1753), d'autre à Grégoire Mangot, (Julé Lefebvre, 1749), d'un bout à l'eau commune, d'autre à la rue de l'Eglise,

Doivent : . . . . « 5 s. »

En 1776, Jean Louis Croisille, pour son héritage, tenant d'un long à J. L^is Picart, d'autre à Hubert Fer, d'un bout à la grand'rue de l'Eglise, d'autre à l'eau commune, doit : 2 s. 6 den. ;

Le même, pour plusieurs héritages réunis, appelés l'un, Michel, l'autre Jean Lassalle, le 3e, l'héritage Gossard, le tout tenant d'un long à François Vasseur, d'autre à un plan de peupliers et à Henry Cayeux, d'un bout à la rivière, d'autre vis-à-vis de ses bâtiments, doit : 13 s. 2 den. ;

19° *François Godefroy*, (Louis Legras au lieu de Godefroy, en 1776) pour sa maison et héritage, tenant d'un long à Blondel, (Antoine Bellier 1776), d'autre à l'école des garçons, d'un bout audit Godefroy, d'autre à la rue, (à la Grand'rue, 1749),

Doit : . . . . « 8 s. »

En 1753, Franç. Godefroy, pour l'héritage de l'école, tenant d'un long à lui-même, d'autre à la ruelle Querelle, (rue de l'ancienne école), d'un bout à Jean Carpentier, d'autre à la rue, doit : 6 sols ;

20° *Adrien Blondel*, (Ant. Bellier, 1776) pour sa maison et héritage autrefois partagés en deux, aujourd'hui réunis, (1749), tenant d'un long et d'un bout audit Godefroy, d'autre long à Jean Croisille au lieu de la maison du Prieuré, (1753), d'autre bout à la rue,

Doit : . . . . « 7 s. »

21° *Le même*, (Bellier en 1776), pour plusieurs pièces de terre déclarées dans les anciens comptes,

Doit : . . . . « 17 s. »

22° *Pierre Coquil* (Eloy Monory, en 1753, Louis Guilbert, en 1776), pour un pré tenant d'un long à l'eau de Somme, (l'Etang du Seigneur, 1753), d'autre à la rue, d'un bout à un riez, d'autre au fossé à roches,

Doit : . . . . « 10 s. »

23° *Le même*, pour plusieurs pièces de terre, situées au Paradis, et ailleurs, déclarées dans les anciens comptes, (cf. art. 30),

Doit : . . . . « 5 s. »

En 1753, Eloy Monory, sur une pièce de terre sise au Paradis, tenant d'un long à Darloy, d'autre à Belier, d'un bout à Picart, d'autre à Marotin, doit : 5 sols ;

24° *Louis Deplanque*, (L^{is} François Deplanque, en 1776) pour sa maison et héritage, appelé ci devant : le *four bannier*, tenant d'un long au Presbytère, d'autre à lui-même (Pierre Bassilier, 1776), au lieu de fr. Fer, d'un bout à l'eau commune, d'autre à la rue,

Doit : . . . . « 8 s. 2 d. »

25° *François Fer et Jean Mortelier*, (Franç. Vasseur, 1753) pour leurs maisons et héritages tenant d'un long audit Fer (Bassilier, 1753), d'autre à Jean L^{is} Gossard, (J. L^{is} Croisille et Jean L^{is} Picart, en 1776), d'un bout à l'eau commune, d'autre à la rue,

Doivent : . . . . « 12 d. »

26° *Jean Croisille* (J. L^{is} Croisille, 1776), pour l'héritage Jean Lassalle à lui appartenant, tenant d'un long à Gossart, d'autre à lui-même, d'un bout à l'eau de Somme, d'autre à la rue,

Doit : . . . . « 8 s. »

27° *Le même*, pour l'héritage Michel, tenant d'un long à lui-même, d'autre long à la Vve Fournet, (ou ruisseau de la fontaine du Prioré, 1749), d'autre bout à la rue,

Doit : . . . . « 2 s. »

En 1753, le même, sur son héritage ci-devant divisé en trois, l'un provenant de Jean Lassalle, l'autre de Michel, le 3e de J. L. Gossart, le tout tenant d'un long à Fr. Vasseur, d'autre au plan d'arbres et au ruisseau de la fontaine du Prieuré, d'un bout à la rue, doit : 13 sols 2 den. ;

(27 *bis*) La *Veuve Fournet*, en 1750, (Henry Cayeux, en 1776), pour sa maison et héritage acquis de Merlin, par contrat passé par devant Clément Le Tellier, notaire à Péronne, et tenant d'un long « au ruisseau de la fontaine du Prieuré », (à J. L^{is} Croisille, 1776), d'autre à un plan d'arbres, (aux peupliers près le corps de garde,

1776, à l'héritage abandonné provenant de Pierre Delvaque, 1758, à l'héritage de Mgr le duc de Chaulnes, 1750), d'un bout à l'eau de Somme, d'autre à la chaussée pavée, doit : 5 sols 9 deniers.

Cet héritage provenait de Louis et Charles Monory.

28° *Charles Rivière et Jean Dumeige*, (la Vve Rivière et Thérèse Balavoine, 1753), pour leurs maisons et héritages, situés au Grand Saint-Christ, « cy devant nommé le Petit, 1749 », tenant d'un long à L^{is} Guilbert, d'autre à L^{is} Cardon, d'un bout aux petites chaussées, (avant la création du canal de la Somme), d'autre à la rue (de Cizancourt),

Doivent : . . . . « 12 d. »

En 1776, Robert Châtelain, et le s^r Barbare, au lieu de Balaivoisne, pour leurs maisons et héritages, tenant d'un long à Ant. Dufetel, à cause de son héritage provenant de Guilbert, d'autre à la Vve Cardon, d'un bout à la Grand'rue, d'autre aux petites Chaussées, doivent : R. Chatelain, 6 den. ; le s^r Barbare, 6 den. ;

29° *L^{is} Guilbert* (Ant^{ne} Dufetel, 1776), pour sa maison et héritage, tenant d'un long audit Rivière (Châtelain en 1776), d'autre à Jérôme Pelletier, d'un bout aux petites chaussées, (au contre-fossé du canal, 1776),

Doit : . . . . « 2 s. »

30° *Le même*, pour un pré ci-devant déclaré à P^{re} Cocu, (pour partie d'héritage, en 1749),

Doit : . . . . « 5 s. »

31° *Louis François Debroye et la veuve Jean Bigot*, pour leur maison et héritage, situés au Grand Saint-Christ, tenant d'un long aux héritiers Froissard, d'autre à Pierre Benjamin au lieu de Lachevez, d'un bout aux petites chaussées, d'autre à la rue,

Doivent : . . . . « 6 d. »
                                                                       obole.

Cet héritage provenait de la famille Bigot ;

32° *Les héritiers Grossaint, Nicolas Desprez, Marie Lequeux, Noël Debry*, (la Vve de Jacques Niel, en 1749), (L^{is} Rivière, Antoinette Lequeux, la Vve Debrye, Angélique Desprez, Augustin Lequeux, Vve Benjamin, les fils de Jacques Niel, en 1776), pour leurs maisons et héritages, le tout tenant d'un long à Pierre Benjamin, d'autre à Augustin Lequeux, (Louis Bourlon, 1749), d'un bout aux petites chaussées, d'autre à la rue,

Doivent : . . . . « 8 s. 6 d. »

33° *Zacharie Marotin*, (les héritiers et Louis Bourlon, en 1776), pour la maison et héritage, tenant d'un long audit Lequeux, (Jean

L^{is} Picart, 1776), d'autre à Simon Trefcon, (Antoine Dufetel, 1776), d'un bout aux Petites Chaussées, d'autre à la rue,

Doit : . . . . « 1 s. 4 d. »

34° *Hubert Gérard, Antoine Broyon, Louis Guilbert, berger, et Eloy Niel,* pour leurs maisons et héritage tenant d'un long aux héritiers Trefcon, d'autre à Toussaint-Daussin, d'un bout aux chaussées, d'autre à la rue,

Doivent solidairement : . . . . « 14 s. »

En 1776, Jean Carpentier, Jérôme Demais, L^{is} Ledoux, les héritiers Claude Duflos, et Barbe Niel, pour le même héritage tenant d'un bout à J. L. Picart, d'autre au s^r Léger, de Noyon, mêmes bouts que dessus, doivent de même : 14 sols ;

35° *Le même Gerard,* pour sa maison et héritage, tenant d'un long à Antoine Broyon, d'autre et d'un bout sur rue, d'autre bout aux terres Debroy,

Doit : . . . . « 4 s. »

En 1753, L. Watelet, pour sa maison et héritage tenant d'un long à Ant. Broyon, à présent Jean Carpentier, d'autre et d'un bout à la rue qui conduit à Cizancourt, d'autre « à la ruelle de la Procession », (à l'ancien jeu d'Arc, en 1776), doit : 4 sols ;

36° *Antoine Dufetel,* pour l'héritage Narbonne, auparavant Jacques Guilbert et Ch. Marchandise, tenant d'un long à lui-même, d'autre à Ant^{ne} Pingeot, d'un bout autour de ville, d'autre à la rue,

Doit : . . . . « 4 s. »

Le même, en 1776, pour l'héritage venant de Bourlon, faisant moitié de celui de Marotin (art. 33 ci-dessus) doit : 8 den. ;

37° *Le même,* au lieu de la Vve Vincent Devaulx, 1753, pour 5 quartiers de terre situés à la Planée, tenant d'un bout au chemin de Mons-en-Chaussée, d'autre à L^{is} Guilbert, d'autre sens aux hoirs Desjardins,

Doit : . . . . « 9 s. »

Ce champ provenait de Julien Flament ;

38° *Jean Picart,* (J. Lis Picart, 1776), pour sa maison et héritage tenant d'un long audit Dufetel, d'autre à la chaussée qui conduit à Marchélepot, d'un bout au tour de ville (à son clos, 1776), d'autre à la rue,

Doit : . . . . « 4 s. »

39° *Le même,* pour l'héritage Blondel, tenant d'un long à Jérôme Pelletier, d'autre à la chaussée pavée, d'un bout à la Grand'rue, d'autre aux petites chaussées, (au canal, 1776),

Doit : . . . . « 10 s. »

40° *Pierre Tournet,* (sa veuve en 1749), pour sa maison et héritage, tenant d'un long à lui-même, d'autre à la Chaussée qui conduit à Marchélepot, (au pavé ou grand chemin, 1753), d'un bout à la rue de Briot, d'autre aux champs,

Doit : . . . . « 5 s. »

41° *Le même*, pour l'héritage Broyon. (pour 5 quartiers acquis de l'héritage Broyon, 1749), tenant d'un long audit Broyon, d'autre aux héritiers Froissard, d'un bout au marais, d'autre à la rue de Briot,

Doit : . . . . « 6 s. »

42° *Jean Cotin, les héritiers Froissart, Nicolas Barbier et Antoine Broyon*, sur leurs maisons et héritage, tenant d'un long audit Tournet, d'autre aux suivants, d'un bout à l'eau de Somme, (au marais, 1749), d'autre à la rue de Briot,

Doivent : . . . . « 6 s. »

En 1775, P^{re} Dumeige, Clément Cotin, Thomas Legrand, J. Mortelier, Ant. Broyon, pour leurs maisons et héritages sis le long de la rue qui conduit à Briot, doivent 11 s. 2 den., soit : P^{re} Dumeige, 1 s. 6 d. ; les héritiers Cotin, 2 s. 5 d. ; Th. Legrand, 2 s. 5 d. ; J. Mortelier, 2 s. 5 d. ; Ant. Broyon, 2 s. 5 d. ;

43° *Jacques Debry et Claude Grossin*, pour leur maison et héritage, tenant d'un long aux précédents, d'autre à Fr. Godefroy, d'un bout à l'eau, d'autre à la rue de Briot,

Doivent : . . . . « 2 s. »

En 1776, J. L^{is} Picart, pour le 1/4 de l'héritage Grossin, acquis de J. Debry, tenant d'un long à P^{re} Dumeige, d'autre à A. Cotin, d'un bout à la rivière, d'autre à la rue de Bryot, doit : 2 sols ;

It. — Jérôme Pelletier, pour un 1/2 jal de terre, anciennement héritage, tenant d'un long à J. L. Picart, d'autre à la Vve Guilbert, d'un bout au chemin de Bryot, d'autre au contre-fossé du canal, doit : 3 sols ;

44° *Les héritiers Pierre Bertin, de Briost*, pour 3 quartiers de terre labble, tenant d'un long à M. le duc (de Chaulnes), d'autre aux héritiers Mascré, d'un bout à l'Eglise de Saint-Christ, d'autre à…

Doivent : . . . . « 3 s. »

45° *Les héritiers Anne Bucourt dudit Briost*, pour 3 quartiers de terre tenant d'un long au Bois à Quesnes, d'autre à Blondel, d'un bout aux terres de l'Abbaye-au-Bois, d'autre aux héritiers de Barle,

Doivent : . . . . « 3 s. »

46° *Jean Picart*, (J. L. Picart, 1753), sur 7 quartiers de terre labourable, provenant de L^{is} Monory et de Vincent Devaux, auparavant Jacques Gossuin, de Briost, tenant d'un long au Bois à Osières (Bois d'Osier), d'autre aux hoirs Mascré à présent Antoine Dufétel, d'un bout à l'Abbaye-au-Bois, d'autre à François Leclerc et à la Vve Debroy, au lieu de Mascré,

Doit : . . . . « 10 s. »

En 1753, J. L^{is} Picart, pour un journal de terre labourable, provenant de P. Blondel, auparavant J. Gossuin, de Briost, tenant d'un long au Bois d'Osier, d'autre à Dufétel, au lieu de Mascré, d'un bout à J. Cotin, d'autre à François Leclerc et la Vve Debroy, doit : 10 s. ;

47° *Adrien Blondel*, auparavant Louis Monory (Antoine Bellier, en 1753), sur 3 journaux de terre labourable, anciennement nommée « le Clos aux ribaudes », tenant au chemin de bas de Saint-Christ à Falvy,

Doit : . . . . « 11 s. »

48° *Jean Croisille*, au lieu d'Antoine Roger le Jeune, sur un 1/2 j^{al} de terre situé au Paradis, tenant d'un long à Mgr le duc de Chaulnes, d'autre à Noël Gérard, (Wargny et Belier, en 1753), d'un bout audit Gérard, d'autre à l'ancien cimetière (à la vielle cimetière, 1753).

Doit : . . . . « 4 s. »

49° *Jean François Routard*, (Wargny au lieu de Routard, en 1753), sur 3 quartiers de terre labourable situés au Paradis, tenant d'un long à l'ancien cimetière, d'autre à Noël Gérard (Belier, 1753), d'un bout à J. Croisille, d'autre au rideau,

Doit : . . . . « 5 s. »

50° *Pierre Coqu*̂, *au lieu de Charles Monory*, sur une pièce de terre située au Paradis, tenant d'un long à L^{is} Guilbert, d'autre à Noël Gérard, d'un bout au rideau,

Doit : . . . . « 5 s. »

51° *Noël Gérard*, au lieu de Charlotte Robaille, auparavant Guillaume Robaille, sur un j^{al} de terre labourable situé au Paradis, auparavant divisé en deux pièces d'un demi-journal, le tout tenant d'un long à Routard, d'autre à Pierre Cocu, d'un bout au rideau, d'autre à lui-même,

Doit : . . . . « 10 s. »

En 1753, Belier, au lieu de Gérard, auparavant Robaille, sur un j^{al} de terre ci-devant divisé en deux pièces d'un 1/2 j^{al}, situé au Paradis, tenant d'un long à Wargny, d'autre à Marotin, d'un bout à Monory, d'autre au rideau, doit : 10 sols ;

52° *Noël Gérard*, sur 30 verges de terre labourable, situées au Paradis, provenant de Robaille, et tenant d'un long à lui-même, d'autre à Mgr le duc de Chaulnes, d'un bout à Jean Croisille, d'autre à Pierre Cocu,

Doit : . . . . « 2 s. 6 d. »

En 1753, Alexis Marotin, sur 30 verges de terre labourable situées au Paradis, tenant d'un long à Belier, d'autre à Monory, d'un bout à Jean Croisille, d'autre au rideau, doit : 5 s. 6 den.

Les surcens dus par moitié à l'Eglise et à la Cure de Saint-Christ, s'élevaient : en 1741, à la somme de : 13 liv. 8 s. 8 d.
en 1750, à celle de : 14 liv. 4 s. 3 d.
en 1776, à celle de : 15 liv. 2 s. 11 d.

C. — *Rentes ou surcens en chapons dus par moitié, à l'Eglise et à la cure, d'après le Cueilleret de 1741.*

NATURE DE LA RENTE.	NOMBRE DE CHAPONS DE SURCENS.
1° *Antoine Bonnard*, sur sa maison et héritage déclarés précédemment, doit pour un chapon de surcens annuel	« 16 d. »
2° *Pierre Baloche*, (Jean François Routard, en 1750), sur sa maison et héritage déclarés précédemment, doit pour un chapon de surcens annuel	« 16 d. »
3° *François Godefroy*, sur sa maison et héritage déclarés précédemment, doit pour un chapon de surcens annuel . . .	« 16 d. »
4° *Louis Guilbert*, (sa veuve en 1750), sur sa maison et héritage déclarés précédemment, doit un chapon de surcens annuel . .	« 16 d. »
5° *Antoine Broyon et Nicolas Barbier*, sur leurs maisons et héritage déclarés précédemment, doivent deux chapons de surcens annuel	« 2 s. 8 d. »
6° *Zacharie Marotin*, sur son héritage, ci-devant déclaré, doit un chapon de surcens annuel	« 1 s. 4 d. »

La recette annuelle pour chapons était de 9 sols 4 deniers.

Cette rente était due « de temps immémorial ».

D'une manière générale, le surcens annuel dont étaient frappés la plupart des héritages de Saint-Christ semble remonter à l'époque même de la création du village sous son nom de « Villa-Nova », en français Ville-Neuve. On sait en effet que les « Villes-neuves » du XIe siècle étaient des centres d'habitation établis le plus souvent par les Abbayes et les Seigneurs, sur l'étendue de leurs domaines, pour en assurer l'exploitation. C'est dans ce but que les Abbesses de Jouarre auront bâti l'Eglise du lieu sur le domaine du Prieuré, et fait appel à des familles de paysans qu'ils fixèrent au sol en leur lotissant un héritage, moyennant une légère redevance.

Le surcens était une sorte de prix de fermage que ces derniers payaient alors à l'Eglise — au lieu du Prieuré, — pour les maisons et héritages qu'ils détenaient à perpétuité. A l'origine, le village fit partie de ceux qui furent placés dans la « Sauveté » ou protection des Seigneurs de Nesle, puis de Briost.

D. — *Portions de dîmes.*

Aux IVe et Ve siècles, les dîmes se présentent avec le caractère de dons gracieux, d'offrandes, de contributions libres et volontaires aux frais du Culte et à l'entretien des ministres de Dieu ; puis, au VIe siècle, comme une obligation religieuse (Conciles de Tours et de Mâcon, 567 et 585). Ce n'est qu'à partir du VIIIe siècle que la perception de la dîme s'organisa à la manière d'un impôt, dont le payement fut rendu obligatoire par la sanction de l'Etat.

Cette situation persista depuis cette époque jusqu'à la nuit du 4 Août 1789, où l'Assemblée Constituante vota l'abolition des dîmes et le rachat de certaines d'entre elles, pour les supprimer complètement le 17 Juillet 1793.

On distinguait les *grosses et menues* dîmes ; les premières avaient pour objet : les produits principaux du sol, par exemple, dans nos localités, le blé et l'avoine ; les secondes, les produits de moindre importance, légumes, volailles, bestiaux, mais non le poisson des étangs, dans la coutume de Péronne.

On appelait *dîmes novales*, les dîmes établies sur des terres nouvellement défrichées ; celles-ci, de droit primordial, revenaient au curé.

Au sujet des grosses dîmes, les statuts synodaux de Noyon, de l'an 1685, portaient cette disposition : ART. XIe. — « Ceux dont les Eglises manqueront de calice, ciboire et soleil d'argent (ostensoir), d'ornements, de linges, de livres, et dont les chœurs auront besoin de réparations, tiendront la main à l'exécution des ordonnances particulières que nous leur enverrons pour la saisie des *grosses dîmes* et poursuite d'icelles, jusqu'à sentence ou arrêt définitif ».

J'ai dit précédemment que les dames de Jouarre levaient la dîme, au XIIIe siècle, sur les paroisses de Saint-Christ, Chaulnes, Licourt, Marchélepot, où elles exerçaient leur droit de nomination à la Cure, et sur plusieurs autres des environs, par exemple, Brie, etc.; que ces mêmes dîmes étaient baillées à ferme, dès le XVIe siècle, par les mêmes

Dames d'abord, puis par les Comtes et Ducs de Chaulnes qui s'en étaient rendus acquéreurs ; que ceux-ci, et ensuite leurs ayants-cause fournissaient aux curés dépendants de l'Abbaye de Jouarre pour leur nomination, « la portion congrue » fixée par l'Édit de 1768 à la somme de 500 livres.

J'ajoute que : 1° d'après la déclaration de J.-B. Chappus, qui était curé de Saint-Christ lors de la visite de M. de Clermont-Tonnerre, évêque de Noyon en 1688, il revenait alors à la *Cure* une portion de dîmes estimée 250 livres ; et que, 2° suivant le Mémoire de M. de Rochebonne, évêque du même diocèse, daté de 1726, la « Cure » de Saint-Christ possédait à cette date, par abandon du gros décimateur, un droit de dîme de 150 livres, sur les terroirs dudit Saint-Christ, de Briost et de Cizancourt. Les mêmes documents accusent 100 livres de casuel.

A l'époque de Colliette (1772), la Cure valait 900 livres.

Le principe de l'obligation de la dîme, sous une forme ou sous une autre, n'est pas discutable. L'ancienne répartition avait toutefois le grave inconvénient de n'atteindre que la propriété foncière et de frapper également les terres de bonne et mauvaise qualité ; c'est pour remédier à cet inconvénient qu'on avait établi le droit de *léger*, ou l'abaissement du taux et de la quotité de la dîme. Ainsi, à Ennemain, paroisse voisine de la nôtre, la quotité de la dîme, grosse et menue, qui était de 8 pour cent, fut attaquée par les débiteurs, et après enquête, réduite à sept pour cent, en vertu d'une transaction passée en 1734, par devant Me Bellot, à Péronne.

L'abolition de la dîme eut pour résultat, observe Cantu, d'enrichir les propriétaires de 70 millions, sans qu'il en revînt rien à l'État (*Hist. univ.*, T. XVIII, p. 12). Elle aboutit, avec la sécularisation de tous les biens ecclésiastiques « mis à la disposition de la Nation » par le décret du 2 novembre 1789, à la création ultérieure du *Budget des Cultes*, sans lequel, d'après le jugement de l'historien Lavisse, cette odieuse confiscation serait par elle-même, « sans excuse » (*Hist. générale*, T. VIII, p. 504).

On sait que le Budget des Cultes — qui n'était en somme qu'une représentation partielle des propriétés confisquées et une compensation, — vient d'être supprimé, en vertu de la Loi de Séparation du 9 décembre 1905.

E. — *Surcens ou rentes, à charge d'Obits.*

Par Obit, du latin Obitus, mort, on entend un service funèbre fondé pour le repos de l'âme d'un défunt. L'Obit pouvait se célébrer plusieurs fois l'an ; il se célébrait particulièrement au jour anniversaire de la mort. Les honoraires étaient fixés par l'acte de fondation et répartis habituellement entre le curé, le clerc et la fabrique de l'Eglise.

Etat des Obits fondés sur la paroisse de Saint-Christ d'après l'Obituaire de 1741-1776.

Nature des fondations.	Répartition des honoraires
1° *François Fer* (en 1776, Pierre Bassilier), pour l'Obit de *Marie Guislain*, fondé sur son héritage, tenant d'un long à L^{is} Deplanque, d'autre à lui-même, d'un bout à l'eau de Somme, d'autre à la rue de l'Eglise, doit 2 livres ;	Part du Curé, 20 s. du Clerc, 10 s. de l'Eglise, 10 s.
2° *Louis Guilbert*, pour les deux Obits de *Catherine Poitevin*, avec vigile et commandasses, (office des morts et recommandations), fondés sur 3 j^x de terre, dont une pièce de 6 quartiers, tenant d'un long au chapitre de Ste Pécinne de St-Quentin, d'autre à Blondel, d'un bout au s^r Vinchon, d'Ennemain, d'autre au chemin de Falvy ; et une autre pièce de 6 quartiers tenant d'un long au Riez, d'autre à Debroy, d'un bout à Mgr le Duc, d'autre au chemin du Riez, (chemin du Calvaire, 1776), doit : 4 livres 10 sols ; Acte de ratification passé par devant Devaulx, notaire tabellion à Chaulnes ;	Part du Curé, 40 s. du Clerc, 10 s. de l'Eglise, 40 s.
3° *Jean Picart* (J. L^{is} Picart, 1776), pour l'Obit de *Catherine Warluzelle*, fondé sur quelques pièces de terre labourable, faisant partie de la grande pièce lui appartenant derrière son jardin, au lieudit : les vignes de Saint-Christ, en particulier sur une pièce de 3 quartiers, tenant d'un long aux terres St Jean de Péronne, d'autre à Monsieur de Misery, d'un bout au chemin de Marchélepot, d'autre à lui-même, doit : 45 sols ; Dont ratification faite par Anne d'Herbécourt, fille de la testatrice ;	Part du Curé, 20 s. du Clerc, 5 s. de l'Eglise, 20 s.

4° *Louis François Debroy*, au lieu de Marguerite Tardieu, première femme d'Ant^{ne} Broyon, (J. Lis Picart, en 1776), pour l'Obit d'*Hippolite Very*, fondé sur un héritage tenant d'un long au « Jardin des Archers », (à la rue de l'ancien Jardin des Archers, 1776), d'autre à Debroy, d'un bout à Gérard, Lis Watelet, 1776), d'autre au chemin de Cizancourt, doit : une livre 10 sols ;

L'acte de ratification est de Nicolas Tardieu, oncle et tuteur de ladite Marguerite ;

Part du Curé, 15 s.
de l'Eglise, 15 s.

5° *Grégoire Grébert*, pour les deux obits fondés par *Anne Guilbert*, sur sa maison et héritage, tenant d'un long à lui-même, d'autre à Jérôme Pelletier, des deux bouts aux rues de Saint-Christ à Cizancourt, doit 3 livres ;

Le dit Grébert avait été condamné à ratifier le dit Obit en 1723 par sentence du bailliage de Péronne.

Part du Curé, 25 s.
du Clerc, 10 s.
de l'Eglise, 25 s.

6° Le même, (ses héritiers en 1776), pour les deux Obits fondés par *Christophe Laoust*, sur plusieurs pièces de terre labourable déclarées en son testament, doit : 3 livres ;

Part du Curé, 25 s.
du Clerc, 10 s.
de l'Eglise, 25 s.

Les ancêtres de Grébert ayant vendu les terres affectées à l'acquit de la dite charge, transférèrent celle-ci sur leur maison et héritage, tenant d'un long à Marguerite Almase et Jérôme Pelletier, d'autre audit Grébert, des deux bouts aux chemins de Saint-Christ à Cizancourt ; dont ratification en vertu de la même sentence ;

En 1776, les héritiers de Nicolas et Marie Anne Grébert, et la veuve Caron, leur sœur, pour les Obits précédents d'Anne Guilbert et de Christophe Laoust, fondés sur deux héritages, tenant des deux longs aux deux rues de Saint-Christ à Cizancourt, d'un bout à P^{re} Bassilier et à la Vve Debroy, d'autre à la ruelle des Archers et à la Vve Vincent-Mortelier, doivent : les héritiers de Nic. Grébert, 5 livres 8 sols ; la Vve Caron, 12 sols ;

7° La *Veuve Antoine Poirement* et *Jérôme Pelletier*, pour l'Obit *de Nicole Driencourt*, fondé sur leur maison et héritage, tenant d'un long à Grébert, d'autre long et par bouts aux rues (de Saint-Christ à Cizancourt), doivent : 35 sols ;

Part du Curé, 15 s.
du Clerc, 15 s.
de l'Eglise, 15 s.

En 1776, a) *la Veuve Debroy*, pour moitié de l'Obit de Nicole Driencourt, femme Leporte, fondé sur son héritage et celui de Pierre Bassilier, tenant d'un long aux héritiers de Nicolas Grébert et à la Vve François Caron, d'autre faisant face à la Grand'Rue, d'un bout à la rue basse de Cizancourt, d'autre audit Basilier, doit : 17 sols, 6 den. ;

b) Pierre Bassilier, pour l'autre moitié de l'Obit de Nicole

Driencourt, fondé sur son héritage, venant de Marguerite Almase, et celui de la Vve Debroy ci-dessus désigné, venant de Jérôme Pelletier, tenant d'un bout à la rue Haute de Cizancourt, d'autre à la Vve Debroy, mêmes longs que dessus, doit : 17 sols, 6 den. ;

8° La Veuve *Louis Ponchon* de Cizancourt, pour l'Obit de *Nicolas Grébert,* fondé sur un journal de terre labourable, aux vignes de Cizancourt, tenant d'un long à ladite Veuve, d'autre au s^r Léger de Noyon, d'un bout au rideau, d'autre au chemin de Cizancourt à Licourt, doit : 30 sols ;

    Part du Curé, 20 s.
    du Clerc, 5 s.
    de l'Eglise, 5 s.

En 1776, les enfants mineurs de Picard, de Cizancourt, pour l'Obit de Nicolas Grébert, fondé sur un 1/2 j^{al} de terre, comme le portent les anciens comptes, tenant d'un long à eux-mêmes, d'autre à Mme Léger de Noyon, d'un bout au chemin de Cizancourt à Licourt, d'autre au rideau de la vallée de Cizancourt, doivent une livre 10 sols ;

9° *Louis François Debroy, Jean Picart et Pierre Baloche,* pour l'Obit de *Jean Cordelois,* fondé sur 4 j^x de terre labourable situés au Poteau, tenant d'un long au chemin de la Chapelle de Notre-Dame des Joies, d'autre et d'un bout à Mgr le duc de Chaulnes, d'autre au chemin d'Ennemain, doivent solidairement 30 sols ;

    Part du Curé, 15 s.
    de l'Eglise, 15 s.

En 1776, Mme Ballue, au lieu d'Augustin Wargnier, pour partie de l'Obit de Jean Cordelois, fondé sur 4 j^x de terre, au Poteau, dont 2 j^x à ladite dame, 5 quartiers à la Vve Debroy, 3 quartiers à J. L. Picart, tenant d'un long au chemin de la chapelle, etc, doit : 15 sols ;

Item. — *La Vve Debroy,* pour partie de l'Obit de Jean Cordelois, fondé sur 5 quartiers de terre, au Poteau, désignés ci-dessus par côtés et bouts, doit : 9 sols 5 den. ;

Item. — Jean Lis Picart, pour partie de l'Obit de Jean Cordelois, fondé sur 4 j^x de terre, au Poteau, dont 3 quartiers lui appartenant, doit : 5 s. 7 den.

10° Jean Croisille, J. Fr. Routard, P^{re} Fouilloy, J. Picart, Pezé et P^{re} Dobel, d'Ennemain, pour les deux Obits fondés par *Maître Michel Guislain,* curé de Vauchelles, sur 10 journaux (9 j^x 1/2 de terre labourable, suivant la déclaration faite en son testament), doivent 6 livres 5 sols ;

    Part du Curé, 3 livres
    de l'Eglise, 3 l. 5 s.

Dont ratification passée par eux devant Me Bellot, notaire royal à Péronne, par suite d'une sentence du bailliage ;

En 1776, a) *Pierre Fouilloy,* pour partie des Obits de Michel Guillain, fondés sur un 1/2 j^{al} de terre sis près des arbres du Calvaire, tenant d'un long aux terres de l'Église St-Jean de Péronne, d'autre à J. Lis Picard, d'un bout à la Vve Barré, d'autre à M. Huet, de Péronne, doit : 8 sols ;

b) Les s^rs Minotte, de Péronne, et Leclerc, de Chaulnes, pour partie des Obits de Michel Guillain, fondés sur 37 verges 1/2 de terre, sises à la Pâture du Riez, tenant d'un long à J. L. Picart, d'autre à l'Église et à la Cure, d'un bout et d'autre au domaine, provenant d'Augustin Wargnier, doivent : 6 sols ; soit, chacun trois sols ;

c) Jean Louis Croisille, pour partie des Obits de Michel Guillain, fondés : 1° sur 3 quartiers faisant partie d'une pièce de 3 jx, au terroir d'Ennemain ; 2° sur un 1/2 jal faisant partie d'un jal, dont l'autre moitié appartenant ci-devant au sieur de la Feuillée, maintenant à Jean Lalau, et Franç. Dobet, d'Ennemain, tenant des deux longs à J. L. Picart, des deux bouts entre les deux rideaux, vis-à-vis le clocher de Cizancourt ; 3° sur un 1/2 jal et demi-quartier, sis à la Pâture du Riez, tenant d'un long à la Vve Barré et des deux bouts, au domaine, doit : 1 livre 10 sols ;

d) Pierre Baloche et le nommé Fournier, jardinier à Saint-Quentin, pour partie des Obits de Michel Guillain, fondés sur un 1/2 journal de terre faisant partie d'une pièce de trois jx, au terroir d'Ennemain, le 1/3 appartenant à Baloche, les deux autres audit Fournier, doivent : Baloche, 2 sols 8 den. ; Fournier : 5 s. 4 d.

e) Le sieur Lafeuillet (de la Feuillée), pour partie des Obits de Michel Guillain fondés sur un jal de terre, dont la moitié au dit sieur, et l'autre à J. L. Croisille, tenant des deux longs à J. L. Picart, des deux bouts entre les deux rideaux, vis-à-vis le clocher de Cizancourt, doit 8 livres ;

f) *La veuve Antoine Dobet*, pour partie des Obits de Michel Guillain, fondés sur 3 jx de terre, au terroir d'Ennemain, dont 3 quartiers à elle-même, doit : 12 sols ;

g) Marie Anne Pezé, Vve Augustin Barré, d'Ennemain, pour partie des mêmes Obits, fondés sur les 3 jx ci-dessus, dont un jal à elle-même, doit : 16 sols ;

h) La même, pour partie des dits Obits, fondés sur un 1/2 jal et un 1/2 quartier de terre, faisant partie de 5 quartiers, dont l'autre moitié à J. L. Croisille, tenant d'un bout audit Croisille, d'autre à plusieurs particuliers, d'un long à J. L. Picart, d'autre au domaine, Pâture du Riez, doit : 10 sols ;

i) La même, pour les mêmes Obits fondés sur 3 quartiers tenant d'un long à J. L. Picart, d'autre à elle-même, d'un bout à Mme Ballue, d'autre à Eloy Monory, entre le chemin de Falvy et la rivière, doit : 12 sols ; ensemble : *une livre 18 sols* ;

Des 11 quartiers de terre qu'elle possédait, la dite Veuve en avait cédé un quartier 1/2 à J. Lis Picart, dont ratification ;

j) *J. L. Picart*, pour partie des mêmes Obits fondés sur le dit quartier 1/2 de terre venant de la Vve Barré, et faisant la moitié d'une pièce de 3 quartiers, dont l'autre venant de Warsy, tenant d'un long à lui-même, d'autre à l'Église de Saint-Christ, d'un bout au domaine, d'autre à la Pâture du Riez, doit : 6 sols ;

Le même, pour partie des dits Obits fondés sur 3 quartiers de terre, doit : 12 sols ;

11° *Pierre Fouilloy et Jacques Debrye* (en 1776, Maximin Chevalier et P^{re} Fouilloy), pour l'Obit *d'Olivier Vigile*, fondé sur leurs maisons et héritage, tenant d'un long à Gérard (Chrysostôme Lemoine en 1776), d'autre long à Gabriel Bonnard, d'un bout à l'eau de Somme (ou l'eau commune), d'autre à la rue de l'Eglise, doivent solidairement et chacun, 12 sols ; — Part du s^r Curé, 12 s. de l'Eglise, 12 s.

12° *Pierre Bertin,* de Briot, pour 4 Obits, (messes hautes), fondés par *Thomas Thopature*, sur 14 j^x de terre labourable et bois, situés aux terroirs de Saint-Christ et Briost, dont la déclaration suit, savoir :

a) 4 j^x tenant d'un long à Monseigneur, d'autre aux Église et cure de Saint-Christ, des deux bouts à la ruelle aux os ;

b) 4 j^x tenant d'un long à Gaspard Poitevin, d'autre sens à Mgr ;

c) 9 quartiers, tenant d'un long au s^r Fleury, d'autre aux hoirs Vachette, des deux bouts audit Thopature ;

d) 4 j^x, tenant d'un long et d'un bout audit s^r Fleury, d'autre long à Mascré, d'autre aux terres de l'Eglise de Briost, doit : 4 livres ; — Part du s^r Curé, 40 s. de l'Eglise, 40 s.

En 1776, *Pierre Beauvarlet et Jean L^{is} Picart*, pour les Obits de Thomas Topature, fondés par moitié sur l'héritage dudit Beauvarlet, sis vis-à-vis le Presbytère de Bryot, tenant d'un long à lui-même, d'autre à Boture, d'un bout à la rue, d'autre au canal ; plus, sur un jal de terre situé aux vignes de Bryot, tenant d'un long à Jean Cotin ou ses ayants-cause, d'autre long à M. Léger, de Noyon, d'un bout au chemin de Bryot à Misery, d'autre à la Vve Debroy, et appartenant à J. L. Picart, doivent chacun 2 livres ;

A l'article Antoine Dufetel, on lit : la question des Obits n'étant pas encore réglée définitivement, on ne peut déterminer si le dit Ant^{ne} doit, ni ce qu'il doit ;

Les dits héritages et terres avaient été acquis par les auteurs de Beauvarlet et Picart, suivant acte passé par devant Lefranc, notaire à Chaulnes, de Pierre Bertin, berger à Licourt. Originairement, ces fonds n'étaient pas affectés à la décharge des dits obits. On pense que ledit Bertin les leur avait vendus à condition de remplir les charges sus-énoncées, et que la fabrique les accepta en échange d'autres biens. Les acquéreurs ne se seraient pas assujettis au payement d'une rente aussi forte, s'ils n'y avaient pas été obligés ; du reste, on attendait que les détenteurs de ces biens pussent justifier de leur franchise ;

13° *Antoine et Louis Cardon*, au nom du s^r Dessaint, bourgeois de Péronne, pour l'Obit *de Marguerite Cayeux*, fondé sur deux j^x de terre labourable, tenant d'un long aux terres de l'Abbaye-au-Bois, d'autre aux hoirs d'André Lesage, d'un bout à Mgr le duc, d'autre à la ruelle aux Os ; (en 1776, d'un bout à la ruelle aux Os, d'autre à la Cavée de Marchélepot), doit : 30 sols ;

Part du Curé 15 s.
de l'Eglise, 15 s.

14° *Monsieur Tattegrain*, procureur du Roy à Péronne, en qualité d'acquéreur de MM. Carpentier, de Paris, légataires de Mme Nepveu, pour 12 Obits fondés par *Maître Isaac Stevenard*, prestre curé de Berny, sur 134 journaux de terre labourable, sis au terroir de Falvy et environs, au profit des Églises de Saint-Christ et Misery, par son testament olographe du 1er Novembre 1636, doit : 120 livres, dont 60 à l'Eglise de Saint-Christ et autant à celle de Misery ;

Part du Curé : 12 l.
reste à l'Eglise : 48 livres.

Les dites terres furent vendues par les dites Eglises au profit du sieur Nepveu, au denier 18 de rente, dont ratification par M. Tattegrain en l'étude de Me Cabour, notaire royal à Péronne.

Le testament avait été consenti par les héritiers par acte passé devant les officiers de la Justice de Berny.

15° Une rente de 80 livres léguée à l'Eglise par *Maître Claude Fourcel*, cy-devant prestre-curé de Saint-Christ, à charge de faire chanter tous les ans un *Obit solennel* pour le repos de son âme :

Part du Sr Curé, 30 s.
du Clerc, 10 s.
de l'Eglise, 78 l. »

16° La somme de 31 livres 5 sols — donnée par Maître Guillaume Rigaux, ci-devant curé de Chaulnes — par testament déposé en l'étude de Mᵉ Jean le Magnier, notaire à Noyon, le 12 août 1636, pour être constituée à son profit par la dite Eglise.

Le testateur avait cédé cette somme « pour faire rétablir l'Eglise de Saint-Christ, » comme il est plus amplement spécifié dans la procuration consentie par les habitants, curé et marguilliers dudit lieu — pardevant notaire, en février 1633, — et à charge de faire chanter *deux Obits solennels* dans l'Eglise de Saint-Christ pour le repos de son âme, un la veille de l'Assomption de la Sainte-Vierge, l'autre, le 15 février : par suite, l'Eglise paye 60 sols par an au sieur curé, et 12 livres 10 sols à l'Eglise de Chaulnes, jusqu'au remboursement de la dite somme en deux fois.

Le remboursement ayant été opéré par Jean Faroux, marguillier de la dite Eglise, décharge de la dite rente fut donnée.

Elle est entre les mains de Maître François Devaulx, procureur fiscal au duché de Chaulnes.

17° Les héritiers de *Jacques Fournier* (Jérôme Pelletier, Sulpice Basin et Antoine Dufétel en 1746), pour un Obit solennel et perpétuel à célébrer le jour du décès dudit Fournier, et deux saluts avec exposition et bénédiction du Très-Saint-Sacrement à Pâques et à la Pentecôte, fondés sur 9 jx de terre labourable au terroir de Saint-Christ et Cizancourt, dont les bouts et côtés sont désignés dans l'acte de fondation, doivent solidairement 6 livres de rente :

Part
du Curé, 2 l. 10 s.
du Clerc, 1 l. 2 s.
de l'Eglise, 2 l. 8 s.

Le testament de Fournier fut reçu par Maître Ch. François Bourgeois, curé de la paroisse, le 19 mars 1738, déposé le 28 suivant en l'étude de Charles Devaux, notaire tabellion à Chaulnes, contrôlé et insinué les dits jours et an, accepté par les héritiers par acte passé pardevant ledit Devaulx le 18 juillet de la même année, tous actes dont la copie est insérée au Registre des baux et ratifications de l'Eglise.

En 1779, le sieur de la Feuillée, ou ses ayants-cause, pour partie des fondations de Jacques Fournier, doivent, suivant la répartition faite entre les propriétaires des différents fonds affectés à cet objet, par Louis Deplanque, ancien marguillier, la somme de 2 livres 5 sols ; réserve faite d'une déclaration exacte et détaillée des terres ;

De même, doivent pour partie des mêmes fondations :
1° Le Sʳ Robert,   1 liv. 6 s.

2° Thomas Legrand, 1 liv.
3° M. Darcourt, curé de Bryot, au lieu de Sulpice
Bazin, 1 liv. 5 s.
4° Antoine Dufétel, 1 liv.

18° Un journal 60 verges de terre labourable, sis au terroir de Saint-Christ, à la Pâture du Riez, tenant d'un long à l'Eglise, d'autre et d'un bout aux hoirs Desjardins, d'autre bout à Mgr, lequel fut donné à l'Eglise et à la Cure par *Jeanne Thopature*, à charge de célébrer un Obit solennel pour le repos de son âme à la date de son décès (26 août) ; cette fondation n'est plus mentionnée en 1776.

19° *Jean Picart*, pour l'Obit d'*Adrien Herbécourt*, fondé par son testament déposé chez Le Bœuf, notaire royal à Falvy, sur un jal de terre labourable sis aux Vignes de Saint-Christ, tenant des deux longs et d'un bout au dit Picard, d'autre au chemin de Misery, doit 45 sols :

Part
du Curé, 20 s.
du Clerc, 5 s.
de l'Eglise 20 s.

En 1776, *J. L. Picart*, pour le même Obit fondé sur un jal de terre sis aux Vignes de Saint-Christ, tenant d'un long à Mr de Misery, d'autre à lui-même, d'un bout au grand chemin de Marchélepot, d'autre à lui-même, doit : 2 livres 5 sols.

20° *Louis François Debroy*, pour l'Obit de *Marguerite Duflot*, fondé sur sa maison et héritage — ainsi qu'il l'a reconnu en 1736, étant marguillier, — tenant d'un long à L. Guilbert, d'autre à Vincent Delarue, d'un bout au tour de Ville, d'autre à la rue, doit 2 livres :

Part
du Curé, 20 s.
du Clerc, 10 s.
de l'Eglise 20 s.

En 1776, *Piere Boitel*, pour l'Obit de Marg. Duflot, fondé sur 3 quartiers de son héritage appartenant ci-devant à Jean Lis Debroy, tenant d'un long à Vincent Larue, d'autre à lui-même, d'un bout à la Grand'rue, d'autre aux champs, doit 2 livres 10 sols.

21° *Laurent Cardon*, pour l'Obit de *Nicolas Caron*, fondé sur 7 quartiers de terre labourable, doit 30 sols.

A cette date (1741), l'Obit n'était plus acquitté, faute de payement.

22° *Antoine Broyon et Nicolas Barbier*, pour l'Obit de *Guislaine Bocquet*, fondé sur plusieurs pièces de terre à elle appartenant, par devant Vincent Devaulx, notaire à Chaulnes, doivent solidairement 50 sols :

Part
du Sr Curé, 20 s.
du Clerc, 10 s.
de l'Eglise, 20 s.

En 1776, *Jean Louis Picart*, pour moitié de l'Obit de Guislaine Bocquet, fondé sur une pièce de terre, dont la moitié appartient à Ant. Broyon, tenant d'un long au Bosquet de Bryot, d'autre au fossé du Canal, doit 1 livre 6 sols.

23° *Marguerite Collache*, pour l'Obit de *Charles Collache*, fondé sur quelques pièces de terre labourable déclarées dans son testament, passé par devant Devaulx, notaire tabellion à Chaulnes, en 1685, doit 3 livres :

Part
du Sr Curé, 30 s.
du Clerc, 10 s.
de l'Eglise, 20 s.

La copie du testament est au Registre des baux et ratifications de l'Eglise. La dite Marguerite Collache avait été condamnée à ratifier la présente fondation par sentence du Bailliage de Péronne, en 1723.

En 1776, *L. Guilbert*, comme héritier de Marguerite Collache, sa mère, pour le même Obit, fondé sur des terres dont il aura à fournir la déclaration, doit 3 livres.

24° Les héritiers *Fressart, J. L. Gossard et J. Picart*, pour l'Obit de *Louise Gressier*, fondé sur leurs maisons et héritages savoir : ledit Picard, sur la maison et héritage par lui acquis de Catherine Bissette, tenant d'un long à lui-même, d'autre aux héritiers Gossard, d'un bout à Godefroy et d'autre à la rue ; L. Gossard, sur sa maison et héritage, tenant d'un long à Picart, au lieu de Bissette, d'autre long et bout à Godefroy, d'autre bout à la rue ; les héritiers Fressart, sur leur maison et héritage, tenant d'un long à Godefroy, d'autre à la rue de Briot, d'un bout à Claude Gossin, au lieu des héritiers Bucourt, d'autre à la rue, doivent solidairement 50 sols :

Part
du Curé, 20 s.
du Clerc, 10 s.
de l'Eglise, 20 s.

En 1776, *Pierre Boture, Franç. Pingeot* et *Marie Anne Catherine Picart*, pour partie de l'Obit de Louise Gressier, fondé sur plusieurs héritages, tenant d'un long à la rue de Saint-Christ à Bryot, d'autre à la dite Marie A. Cath. Picart, d'un bout à Jean Lis Picart et Pre Dumeige, d'autre au grand chemin, doivent : Pre Boture, 3 s. 4 d. ; Fr. Pingeot, 3 s. 4 d. ; Anne Picart, 3 s. 4 d. ; ensemble, 10 sols ;

J. L Picart, pour le même Obit, fondé sur 106 verges environ d'héritage, faisant partie des héritages ci-dessus désignés, doit 2 livres ;

L'héritage provenant de Godefroy et à lui appartenant, ne devait rien, bien qu'il fut enclavé dans les héritages susdits.

25° *Antoine Dufêtel*, pour l'Obit d'*Adrien Devaulx*, fondé par Marie Anne Payen, son épouse, sur 3 jx de terre labourable et prés, par elle acquis des héritiers de Pre Devaulx, héritage appelé le Pré Pollet, sis au terroir de Cizancourt, et tenant d'un long à la Vve Debroy, d'autre à la même et à la Tranierre (Tranière), d'un bout aux petites Chaussées (avoisinant la Somme), d'autre au chemin de Saint-Christ à Cizancourt, doit 3 livres :

Part
du Curé, 30 s.
du Clerc, 10 s.
de l'Eglise, 20 s.

L'Obit devait être célébré le 30 décembre, et la messe suivie du *Libera*.

Acte passé devant Clément Letellier, notaire à Péronne.

Suivant cet état, le montant des surcens et rentes chargés d'Obits s'élevait approximativement à la somme de 195 livres 14 sols, dont : 39 l. 2 s. au Sieur Curé, 7 l. 2 s. au Clerc, 149 l. 10 s. à l'Eglise.

Le même Chapitre s'arrêtait, en 1741, à la somme de 91 l. 2 s. ; s'élevait en 1750, à 175 l. 14 s. ; et redescendait, en 1753, à la somme de 115 l. 14 sols.

En 1760, le Chapitre des surcens et rentes, chargés ou non d'Obits, montait à 130 livres ; en 1776, à 132 livres 6 sols 6 deniers.

Pour donner un terme de comparaison, je crois utile de reproduire ici le tarif des honoraires et rétributions dus au Clergé pour les services religieux habituels, d'après le règlement établi par François de Clermont, évêque-comte de Noyon, Pair de France, dans le Synode du 2 octobre 1696.

1° *Tarif des villes.*

Nature du service	Honoraires
Messe basse	10 s.
Messe haute	15 s.
Service solennel de haute messe, convoi et enterrement :	
Tarif pour les plus riches	4 l. »
— pour les médiocres	3 l. »
— pour les moindres	» 40 s.
« L'enterrement des pauvres mendiants se fait gratis ».	
Mariage	4 l. 5 s.

2° *Tarif des campagnes.*

Messe basse	8 s.
Messe haute	12 s.
Service solennel de haute messe, convoi et enterrement	3 l. »
L'enterrement des pauvres mendiants se fait avec « messe haute », et « gratis ».	
Mariage	3 l. 2 s.
Pour la réception d'un testament.	» 20 s.

Une note ajoutée au compte de 1746 nous apprend que, jusqu'à cette date, les curés se chargeaient de recevoir par eux-mêmes leurs portions de surcens et droits de chapons, comme aussi leurs honoraires pour l'acquit de plusieurs Obits, mais que désormais cette recette sera effectuée par le marguillier.

L'ordre récapitulatif du compte de 1745 et 1746 présenté par Claude Darloy, marguillier en charge, se présente ainsi :

Recette extraordinaire

1er et unique Chapitre de recette extraordinaire pour reliquats des comptes précédents :

Reste à recouvrer	589 l. 19 s. 10 d.
Reçu pour reliquat du compte de Jean Lemaire, la somme de	42 l. 10 s. »
Total du 1er Chapitre	632 l. 9 s. 10 d.

Recette ordinaire

1° Pour surcens non chargés d'Obits . . .	13 l. 6 s. 8 d.
2° Pour chapons	9 s. 4 d.
3° Pour rentes chargées d'Obits . . .	115 l. 14 s. »
Total pour l'année 1745	129 l. 10 s. »
Item pour l'année 1746	129 l. 10 s. »
Total pour les deux années . . .	259 l. » »
4° Pour la vente du blé pendant les 2 mêmes années	218 l. 12 s. 10 d. 1/4

Récapitulation

Total de la recette extraordinaire . .	632 l. 9 s. 10 d.
Total de la recette ordinaire . . .	259 l. » »
Plus	218 l. 12 s. 10 d. 1/4
Ensemble	1110 l. 2 s. 8 d. 1/4

A cette époque, la moyenne de la recette annuelle était, déduction faite des parts attribuées au sieur curé, au clerc séculier et à la maîtresse d'école, de 525 livres ; vers 1770, elle était de 740 livres environ, en y comprenant l'ensemble des recettes.

Sous l'ancien Régime, le recouvrement des surcens et rentes dus à l'Eglise se faisait d'une façon plutôt laborieuse et lente. Ce qui le prouve, c'est le chiffre des reliquats de compte qui s'élevait en 1745, par exemple, à la somme de 589 livres 17 sols 10 deniers. Aussi la reddition de compte se faisait attendre ; c'est ainsi que le résultat de la gestion de 1745-46 ne put être présenté et affirmé par Claude Darloy, marguillier en charge, que le 19 mars 1751. Pour y remédier, on établit plus tard un Cueilleret des arrérages qui était remis par le marguillier sortant entre les mains d'une personne chargée d'opérer les recouvrements.

Cet état de choses venait de ce que la perception des rentes et surcens payés partie en argent, partie en nature était subordonnée d'abord à la diligence du marguillier en charge, puis au rendement de la récolte et surtout à la condition des héritages et des terres qui, passant plus ou moins fréquemment en des mains différentes par voie de succession, d'échange ou de vente, se trouvaient partagés entre divers héritiers, ce qui nécessitait une nouvelle répartition des charges et parfois les formalités d'une longue procédure. L'administration fabricienne d'autre part étant plutôt bénévole, peut-être en abusait-on quelquefois, pour différer le payement de ses dettes envers l'Eglise et le Clergé !

Recettes extraordinaires. — Sous cette rubrique complémentaire, je signale :

1° En 1744, la vente des places d'Eglise situées dans la nef, dont le produit s'éleva à la somme de 46 livres 7 sols ;

2° En 1752, un don de 10 livres fait à l'Eglise par le sieur de la Feuillée, receveur au bureau de la douane, à l'occasion de son mariage avec Marie Anne Pelletier ;

3° En 1748, la recette de 107 l. 2 s. 6 d. pour pots-de-vin de baux passés le 5 mars 1748, en l'étude de Leclerc, notaire royal à Chaulnes ;

4° En 1760, la recette de 182 l. 4 s. dont moitié due à feu M. Bourgois, curé de la paroisse, pour pots-de-vin de baux renouvelés le 4 juin de la même année.

II. — CHARGES DE LA FABRIQUE DE L'EGLISE, AVANT 1789.

Les dépenses ordinaires avaient pour objet :

a) *L'acquit des Obits* et des fondations, suivant l'ordre de répartition indiqué ci-dessus pour les honoraires, et d'après le tableau des Obits inscrits au registre obituaire de l'Eglise, que voici :

Memento des Obits fondés dans l'Eglise de Saint-Christ avant 1789 :

1° L'Obit de Marie Guislain ;
2° Les deux Obits de Catherine Poitevin ;
3° L'Obit de Catherine Warluzelle ;
4° L'Obit d'Hippolyte Véry ;
5° Les deux Obits d'Anne Guilbert ;
6° Les deux Obits de Christophe Laoust ;
7° L'Obit de Nicole Driencourt ;
8° L'Obit de Nicolas Grébert ;
9° L'Obit de Jean Cordelois ;
10° Les deux Obits de maître Michel Guislain, de son vivant, curé de Vauchelle ;
11° L'Obit d'Olivier Vigile ;
12° Les 4 Obits de Thomas Thopature ;
13° L'Obit de Marguerite Cayeux ;
14° Les 12 Obits de maître Isaac Stevenard, de son vivant prêtre, curé de Berny ;
15° L'Obit solennel de maître Claude Pourcel, ancien curé de Saint-Christ.
16° Les deux Obits solennels de maître Guillaume Rigaux, ci-devant curé de Chaulnes ;
17° L'Obit solennel de Jacques Fournier, plus deux saluts ;
18° L'Obit solennel de Jeanne Thopature ;
19° L'Obit d'Adrien Herbécourt ;
20° L'Obit de Marguerite Duflot ;
21° L'Obit de Nicolas Caron ;
22° L'Obit de Guillaine Bocquet ;
23° L'Obit de Charles Collache ;
24° L'Obit de Louise Gressier ;
25° L'Obit d'Adrien Devaulx.

Pour la décharge des Obits précédents et autres fondations, la fabrique payait, en 1763 :

1° Au sieur Curé, la somme de 48 livres 2 sols, soit : 42 l. 2 s. pour l'acquit des Obits, et 6 l., pour le service de l'Octave du Saint-Sacrement fondé anciennement.

2° Au Clerc séculier, la somme de 21 livres, (21 l. 12 s., en 1765) ;

b) L'acquit de la somme allouée au sieur Curé pour les frais ordinaires du service, soit :

1° Pour le vin de messe, 6 livres en 1741 ; 8 livres en 1763 ;

2° Pour pains à chanter, 30 sols en 1756 ; 1 livre en 1773 ;

3° Pour le blanchissage du linge, 6 livres, en 1756 ; 10 l., en 1763 ;

4° Pour cire, 13 l. 6 s. en 1761, (note Charlard) ;

5° Pour les Registres de Baptême et leur port au greffe. 1 l. 10 s. ;

6° Pour la visite du Doyen et les Saintes Huiles, 1 livre ;

7° Pour les décimes, 7 livres 19 sols, en 1763 ;

8° Pour les censives, à payer au receveur de la Seigneurie de Chaulnes, 15 sols 2 den., (part de l'Eglise), en 1775 ;

En 1770, le rendant-compte remettait également au sieur Curé, pour sa portion de surcens et droits de chapons, la somme de 7 livres 7 sols 4 deniers.

c) L'acquit des gages dus au Clerc séculier et à la Maîtresse d'école ;

1° Les gages du Clerc séculier étaient :

En 1688, de 10 setiers de blé par an ; son casuel, de 30 livres ; (visite de M. de Clermont, évêque de Noyon, et déclaration de J. B. Chappon, curé) ;

En 1726, de 16 setiers de blé, mes. de Nesle, son casuel de 20 livres d'argent pris sur la fabrique ; (production de Mgr de Rochebonne, évêque de Noyon) ;

En 1741, de 12 setiers de blé, plus le casuel ;

En 1761, de 12 setiers de blé, plus le casuel ;

En 1793, le traitement annuel du Clerc séculier était encore de 12 setiers de blé, mes. de Péronne, à raison de 14 livres par setier à prendre sur les revenus de la fabrique ;

Le surplus, jusqu'à concurrence de 300 livres, était prélevé sur le chapitre des charges locales ;

2° Les gages de la Maîtresse d'école étaient :

En 1726, de 5 setiers de blé, mes. de Péronne ;

En 1741, de 4 setiers ;

En 1761, de 8 setiers ; de même, en 1776 ;

En 1793, une délibération de l'Assemblée municipale porte que le traitement des sœurs d'école sera de 9 setiers de blé, mes. de Péronne, à raison de 14 livres par setier et de 18 livres en espèces ayant cours, le tout à prendre sur les revenus de la fabrique et le chapitre des charges locales.

d) La rétribution *du bedeau* qui était de 8 livres par an.

On peut citer comme ayant rempli cette fonction : en 1743, Jacques Debry ; — en 1746, Jacques Lemaire ; — en 1756, Claude Grossin ; — en 1770, François Bonnard ; — en 1775, Pierre Bassilier ; — dans le dernier siècle, Louis Vasseur, 1805 ; — Jean Baptiste Cholet, 1842 ; — Isidore Percheval, 1870 ; — Emile Dorent, de nos jours.

Les *dépenses extraordinaires* avaient pour objet :

L'entretien de *l'Eglise* et les grosses réparations de la nef, du clocher, des chapelles, etc. (l'entretien du chœur incombait au gros décimateur, le duc de Chaulnes, jusqu'en 1774, M. de Périgny ensuite) ; l'entretien du cimetière et de sa clôture, (murets, en 1750) ; la construction et l'entretien des deux écoles, ainsi que des immeubles affectés au logement du Curé, du Clerc séculier et de la Maîtresse d'école, et de la « maison des pauvres ».

En 1765, la 2ᵉ partie du budget comprenait deux chapitres : le chapitre des dépenses et celui des *remises* ;

Le Premier était ainsi libellé :

Dépenses : 104 l. 15 s. 10 d., dont :

- 75 l. 14 s. 10 d. à M. le Curé pour l'acquit des Obits, l'Octave du S. Sacrement, le vin de messe, le blanchissage du linge, les registres de baptême et autres, sa moitié des droits de surcens et chapons.
- — 7 l. 9 s. — au même, pour les décimes de la fabrique (compte réglé avec la succession de feu Bourgois).
- 21 l. 12 s. — à François Godefroy pour ses gages de Clerc séculier ;

Le 2ᵉ chapitre avait pour objet la « *remise* » au comptable des sommes portées dans le 1ᵉʳ chapitre de recette extraordinaire pour *les reliquats* des comptes précédents non soldés.

L'en-tête du chapitre portait : « le comptable requiert lui être remis les sommes portées dans le 1ᵉʳ et unique chap. de recette extraordinaire, pour reliquats des comptes précédents, n'ayant rien reçu des débiteurs y dénommés » ;

En 1765, le chapitre des remises s'élevait à la somme de 532 l. 5 s., moins 6 l. 12 s., que le rendant-compte avait touchées, soit : 525 l. 13 s.

Les recettes étant de : . . . . 768 l. 2 s. 7 d.
et les dépenses (y compris les remises), de . . . 630 l. 8 s. 10 d.

L'excédent était de : . . . . 137 l. 3 s. 7 d.

(Compte examiné et approuvé le 25 juin 1775).

BIENS APPARTENANT A DES ETABLISSEMENTS ECCLÉSIASTIQUES ÉTRANGERS

En plus des biens qui viennent d'être mentionnés comme appartenant en toute propriété *à l'Église et à la Cure*, il en existait d'autres, appartenant à des *Corps Ecclésiastiques* étrangers, qu'on voit figurer, pour une partie, dans le « Répertoire de la vente des Biens nationaux » qui se trouve aux Archives départementales ;

1º *Biens de l'Abbaye-au-Bois* ;

On trouve — aux Archives Nationales, — trois baux relatifs aux possessions de *l'Abbaye-au-Bois* sur les terroirs de Saint-Christ, Briost, Cizancourt et Misery ; le 1ᵉʳ est du 28 Xbre 1489, le 2ᵐᵉ du 16 Juin 1536, et le 3ᵐᵉ du 8 février 1552 ; en voici les extraits :

a) Bail du 28 Xbre 1489.

« *Anthoine de Hangest*, escuyer prévost forain de Roye, au premier sergent du Roy nostre Sire en la dite prevosté, qui sur ce sera requis, salut :

Par Lettres faictes et passées soubz le scel royal de la baillie de Vermendois establie audit Roye, nous est apparu *Guy Wyart*, laboureur demeurant à Saint-Christ, pour son prouffit avoir prins et retenu a titre de ferme, censse, ou minyages, des religieuses et honnestes personnes les Religieuses, Abbesse et Convent de la france Abbaye-au-Bois-lès-Beaulieus, toutes les terres appartenantes à icelles religieuses, séans icelles terres au terroir de Saint-Christ, a plain déclairié esdites lettres, pour desdites terres Joir, user et possesser par le dit Guy Wyart, par ses hoirs et ayant cause, du jour et datte des dites Lettres, le tems, terme et espace de *douze ans entiers* entre suivans, continuez et accompliz en tous prouffis et revenus quelzconques, — *à la charge* de payer et acquicter chascun an les *cens* et autres redevances quelzconques que les dites terres pevent devoir aux Seigneurs dont elles sont tenues et mouvans à autres esglises ou personnes, et parmi et moyennant la quantité de *deux muis de blé* bon de loyal mesure de Péronne, rendu et livré aux despens d'icellui Guy Wyart en la dite ville de Péronne ou en la maison des dites religieuses, Abbesse et Convent, à Curchy, auquel d'iceulx lieux qu'il plaira aus dites religieuses, *à la charge* ausy et parmy *deux livres de cire* et *vingt solz tournois*, que ledit Guy Wyart leur en est tenu rendre et payer ou au porteur desdites Lettres chascun an au Jour Saint Andrieu (S. André) ; et oultre avoir esté consenty et accordé par le dit Wyart que dès lors ou toutes fois qu'il plaira aus dites religieuses ou au porteur de leurs dites lettres, la main du Roy nostre dit Seigneur soit mise et assise par manière de namptissement et pour hypothecque et seureté de la dite charge de deux muis de blé, deux livres de cire et xx solz tournois, à tous ses biens et héritages ou qu'ilz soient, et que deffense soit faite par tous et en la manière qu'il appartiendra qu'il n'en soit fait ne souffert estre fait, desvert, dessaisine, veest, saisine, vente, don, transport, ne alienation aucune, que ce ne soit à tout le faix et charge desdits II muis de blé, II livres de cire et xx solz tournois, et pour tourner et convertir au paiement et acquit d'icelles comme ès censes et autres sont plus à plain contenues esdites lettres ; et il soit ainsy que Pierre Le Roy, comme porteur des dites lettres nous ait requis le dit namptissement estre fait, pour ce est il que nous, à sa requête, vous mandons et commectons de par le Roy nostre dit Seigneur que vous vous transportiez en et sus tous les acquetz et héritaiges dudit Wyart séans es termes de la dite prevosté foraine de Roye, et iceulx prenez, saisissez et mectez en la main du Roy nostre dit Seigneur par manière de namptissement, etc...

Donné soubz nostre scel le XVIII° jour de décembre l'an mil IIII^c IIII^{xx} et neuf. (Arch. Nat^{ales} S. 4411, dos. 4).

b) Bail du 16 Juin 1536.

« A tous ceulz qui ces lettres verront et oiront, *Peronne*, humble abbesse de l'Esglise et monastère Nostre dame de la france Abbaye au Bois lez Beaulieu, de l'Ordre de Cyteaux, au dioceze de Noyon et tous le convant de ce mesme lieu, salut.

Savoir faisons que pour le proffit de nous et de nostre dite esglise, *avons baillé* et octroyé et par ces présentes lettres baillons et octroyons à tiltres de cens et fermes à Thomas Toutpature demeurant à Sainct-Crist, preneur de nous à quantité de trente et deux journeulx de terres ou environ, en plusieurs pièces, séans au terroir du dit Sainct-Crist, Cysencourt, Misery et terroir d'environ, dont la scituation et mesure, tenans et aboutissans, le dict preneur s'est tenu pour content, pour en joyr, user et possesser par ledit preneur, ses hoirs, ou ayans cause, le temps, terme et espace de dix huit ans entiers et ensuivant l'ung l'autre, parmy nous payant chascun an porte ou non porte pour touttes les dictes terres la quantité de *trente-six septiers de blé et dix-huit septiers d'aveine*, le tout mesure de Neelle, au jour et terme de Saint-Andrieu, avec ce *deux livres de cyre non ouvrée et cinq solz tournois d'argent* pour le recréation du convent, chascun an comme dist est par chascune année et les dictz XVIII an, durant, etc... le *tout rendus et conduis* en nos greniers de nostre dicte Abbaye, au despens dudit préneur, dont le premier et paiement sera et eschura au jour Sainct Andrieu prochain venant de dix huit septiers d'aveine avec deulx livres de cyre en cinq solz tournois, pour cause que ledit preneur ne despoulle pour ceste année que les « mars » et nous avons la despoulle des bledz à nostre proffit, tant blé que soille et orge, et depuis là en avant chascun an les dits dix huit ans durant, xxxvi septiers de blé, etc.

Sera tenu ledit preneur de fusmer ou marler les dites terres bien souffisamment en dedens la fin desdictes années et de les rendre au boult dudit terme en bon et souffisant estat sans les povoir mestre ne transporter hors de ses mains sans nostre consentement ou de nostre Conseil. Etc...

Ce fut faict en nostre dicte Abbaye, le seiziesme jour de Juing l'an mil cinq cens trente sept. (Arch. Nationales, ibidem).

c) Bail du 8 février 1552.

« A tous ceulz qui ces présentes lettres verront, *François Mortier*, garde de par le Roy nostre sire, du scel royal de la Baillye de Vermandois, establY audit Roye, salut. Sçavoir faisons que par devant nos amez et feaulx Valerien, Remy et Masse de Foicques, notaires du Roy nostre dict Seigneur, de par luy commis jurez et establys en la dicte ville, gouvernance et prévosté foraine dudict Roye, comparut en sa personne *Thomas Thopasture*, labourier demeurant à Sainct-Crist et recongnue pour son prouffit faict avoirs prins et retenu a tiltre de ferme et minaige de grain, des dames religieuses, abbesse et convent de la france Abbaye au Bois, absentes, ce acceptant pour elles par dom Yves de Fourquenbergues de Nicolas Caron, procureurs de la dicte Abbaye à ce présens les terres labourables et bois cy-après déclariez, appartenans en propriété aux dictes dames. Et premier, ung journel et demy de terres ou environ séant au terroir de Misery, tenant d'un cens à Sainct-Barthélemy de Noyon, d'autre aux hoirs Pierre Moillet, d'un boult à Sainct Julles du dict Sainct-Crist, d'autre à l'Eglise de Marchélepot ; item, dix huit journeulx de terre ou environ, en une pièce, séant au terroir de Briot, tenant de trois sens au Seigneur dudict Bryot, et d'autre aux quatre Journeulx appartenant à la dicte abbaye ; — item, quatre Journeulx de terre péronnois, séant au terroir dudict Briot, tenant d'un sens à

la dicte pièce de dix-huict Journeulx dessus déclairée, d'un boult aux religieuses de Jouart, et d'autre aux hoirs maistre Jehan Fuzelier, à cause de sa censse de Sizencourt ; — item, trois Journeulx de terre ou environ. séans au terroir dudict Sainct-Crist, tenant d'un sens aux terres de l'Abbaye dudict Sainct-Crist, d'autre au seigneur de Briot, d'un bout aux hoirs Guy Bar, et passe parmy la dicte pièce de terre le chemyn qui maine de Sizencourt à Villers-Carbonnel ; it., cinq quartiers de terre ou environ, séant audict terroir, tenant d'une part aux terres de l'Abbaye dudict Saint-Crist, d'autre aux terres dudict Sainct Julles dudit Sainct-Christ, d'un boult au chemin qui maine de Sainct Crist à Misery ; — it., une autre pièce de terre, séant au terroir dudict S. Crist, contenant sept quartiers ou environ, tenant d'un sens aux terres de l'abbaye dudict S. Crist, d'autre et d'un boult aux hoirs Guy Bar, et d'autre au chemin qui maine dudict S. Christ à Villers-Carbonnel ; — it., une pièce de bois contenant quatre vinctz verges ou environ, séant au terroir de Sizencourt, tenant d'une part à l'esglise dudict Sizencourt, d'autre part aux Chappellains de Saint-Quentin, d'un boult aux pouvres de Cizencourt, et passe le bois de la Permission parmy le dict bois : le dict preneur a dict et déclairé estre deuement certirié et adverty, et s'en est tenu et tient pour content pour en joyr, user et possesser, ses hoirs et ayans cause en tous prouffitz quelconques, le temps, terme et espace de dix huict ans et de dix huict despoulles continuelles et suyvans l'un l'autre, à commencer à labourer en l'an mil cinq cens cincquante cinq, pour despouller pour la premiere année des dicts xviii ans à la mosson d'aoust que l'on dira mil cinq cens cincquante six, *à la charge* parmy et moyennant la quantité de *trois muys six septiers de bled* et *dix huit septiers d'aveine*, le tout bon grain et léale mesure de Neelle, *rendu et conduict* en la dicte Abbaye, avec *deux livres de cire non ouvrée* et *cinq solz tournois* pour la récréation du convent, aussy rendu en la dicte Abbaye, de ferme et minaige que pour ce le dict preneur et ses dictz hoirs en seront tenuz, et a promis icelluy preneur paier, fournir et livrer ausdictes dames relligieuses, Abbesse et Convent et au porteur de ces Lettres par chascune des dictes années tant pour les dictes terres que pour la dicte pièce de bois, soit que les dictes terres portent ou non, et comment qu'elles soient assollées, paiables le tout au jour de terme de Sainct Andrieu, etc.
et oultre *à la charge* que le dict preneur, ses hoirs et ayant cause, sera tenu de *faire borner* à ses despens la dicte pièce de bois, pen-

dant le temps dessus dict, lequel bois il ne pourra copper ne faire copper ou abattre, sinon aux coppes ordinaires et de icelluy estallonner bien et suffisemment, comme il est de coustume faire en tel cas et scelon la nature dudit bois, à *la charge aussy* que le dict preneur sera tênu et a promis de *labourer, fumer* et *amender* lés dictes terres bien et suffisamment sans les dessoller ne icelles ou partye mestre hors de ses mains, etc... et en fin desdictes années dessus desclairées, le tout *rendre en bon et suffisant estat* de labeur si comme tout ce ledict comparant preneur disait estre vray par devant les dictz notaires, ès mains desquelz il a *promis et juré* par ses foy et serment sur l'amende du Roy nostre Sire, et soubz l'obligation de tous et chascun ses biens, meubles et héritaiges et de ceulz de ses hoirs, etc. . .

Ce fust faict et passé audict Roye le VIIIe jour de febvrier l'an mil cincq cens cincquante deux. — DEFOICQUES.

En 1791, l'Abbaye-au-Bois possédait sur les terroirs de Saint-Christ-Briost et Misery 41 j^x 21 verges de terre labourable, mes. du Mège et de Briot, lesquels étaient affermés à Jean Eloy, Louis Capel et autres, moyennant 44 setiers 8 b^x de blé, mes. de Péronne, et furent vendus le 30 mars, en bloc, avec d'autres terres ou lots de Lihons, etc., à Nicolas Bourdon, laboureur à Foucaucourt. Le prix d'évaluation était de 8.173 livres ;

2° *Biens du Chapitre ou de l'Eglise métropolitaine de Reims* ;

Le Chapitre de Reims possédait sur le terroir de Saint-Christ, 1 j^{al} 87 v. de terre labourable, tenant d'un long au chemin d'Ennemain à St-Christ, d'autre et des deux bouts aux terres du domaine de Saint-Christ ; cette pièce d'un revenu annuel de 16 l. 16 s., fut vendue le 3 juin 1791, à Louis Polleux, qui fit « déclaration de command » au nom de Georges L^{is} Picart ;

3° *Biens de l'Eglise de Dompierre* ;

Cette Eglise possédait au terroir de Saint-Christ :

a) 6 j^x 58 v. de terre labourable, vendus le 26 juillet 1793, au prix de 1725 livres, à J. Fr. Al. Dhilly, de Barleux, lequel fit « déclaration de command » au nom de Alexis Forget, cultivateur à Dompierre ;

b) 55 j^x 42 v. 3/4, de terre labourable, même terroir, vendus à la même date, au prix de 24.400 livres à Eloy Furcy Corbet, de Péronne ; la mise à prix était de 13.500 livres.

Le chapitre de Sainte-Pécinne de Saint-Quentin et les Eglises de Saint-Jean de Péronne et de Saint-Quentin-en-l'eau, avaient de même des terres sur le terroir, mais il n'en est pas fait mention au « Répertoire de la vente des Biens nationaux ».

III. — Les Marguilliers.

1° *Les Marguilliers, jusqu'en 1789.*

Primitivement les biens de l'Eglise étaient administrés par des Clercs ou Ecclésiastiques. Il en fut ainsi pendant de longs siècles. Toutefois un article des statuts d'Hincmar, publiés en 852, nous montre que ceux-ci s'associaient de pieux laïques, au nombre de deux ou trois, pour s'appuyer sur leur témoignage et les intéresser à leur gestion.

L'administration du temporel de l'Eglise comportait, entre autres choses, l'inscription des pauvres de la paroisse sur le registre appelé « *matricule* ». C'est de là qu'est venu le nom de « matricularii », en français « matriculiers », que les Actes de la Province Ecclésiastique de Reims donnent à ces derniers, en l'an 852.

Du même mot est sorti celui de « marguilliers » que l'on donna plus tard, à partir du xive siècle surtout, aux fabriciens eux-mêmes, clercs ou laïques.

En ce qui concerne les Marguilliers de l'ancien diocèse de Noyon, voici comment Mgr de Clermont-Tonnerre, évêque du diocèse, réglait leurs attributions dans les statuts synodaux de 1673.

De l'administration du revenu temporel de l'Eglise
et du bien des pauvres.

I. — Pour la conservation du bien des églises et des pauvres, que plusieurs paroissiens ont presque entièrement dissipé, et même vendu dans les dernières guerres ; *nous*, conformément à l'ancien usage de l'Eglise qui, dans le Concile d'Antioche, appelait les prêtres et les diacres pour prendre connaissance de ses revenus ; ... à la constitution de Saint-Grégoire-le-Grand, qui enjoint de faire exactement *l'inventaire* et la *description* des biens de l'Eglise, en présence des économes, des premiers et plus considérables clercs ; à l'Assemblée générale du Clergé de France, tenue à Melun, qui prescrit la même chose, et veut que l'inventaire desdits biens soit mis dans les archives des Evêques ; et à l'ancienne coutume de notre diocèse ; *ordonnons* à tous curez de faire un fidèle *inventaire* des papiers, titres, fondations et testaments, concernant les biens appartenant tant *à la Cure* et *à la fabrique* qu'*aux pauvres* de leurs paroisses, dans lequel seront exactement exprimés les tenants et aboutissants des terres ; et même d'en tirer des copies collationnées, signées d'eux, des *Marguilliers*, officiers de justice, et autres plus notables paroissiens, pour nous être envoyées, ou à nos vicaires généraux, à la diligence des dits curez et *marguilliers*, dans un an au plus tard, et le tout être mis dans le trésor de notre Palais épiscopal, afin qu'on y puisse avoir recours en cas de besoin, et conserver par cette voie de prudence et de justice, le bien de l'Eglise, qui doit être ménagé avec d'autant plus de soin, qu'il est *l'offrande des fidèles*, le *patrimoine des pauvres* et le *prix des péchés*.

II. — L'inventaire des meubles de la fabrique et tous les papiers de l'Eglise seront mis dans un coffre sûr et fermé à deux serrures, dont le Curé aura une clef, et le *principal Marguillier* l'autre ; et ils ne tireront rien dudit coffre, sans y laisser un récépissé suffisant et valable.

III. — L'honneur de servir Dieu, qui demande dans toutes les lois, et même dans celle de la crainte, un culte libre et volontaire, doit obliger tous ceux qui *seront élus et choisis par les formes pour marguilliers de leurs paroisses*, d'en accepter la charge sans aucune résistance, et d'en rendre compte tous les ans, suivant l'expresse disposition du Concile de Trente et de l'édit de Melun, au jour qui sera marqué par le curé, qui en avertira le peuple deux fois aux prônes précédents ; et dans les publications il invitera le procureur de la Seigneurie et les anciens marguilliers à assister à la reddition des comptes, qui se fera sans frais dans la maison presbytérale et autres lieux commodes, et non pas dans l'Eglise ; et si les Marguilliers refusent ou diffèrent de rendre leurs comptes, ils seront cités par devant notre official, pour être contraints par les voies de droit.

IV. — Les dits comptes ayant été vus et examinés les dimanches ou fêtes et s'il se peut, (comme il serait mieux), les autres jours, seront représentés par *les marguilliers* à nous, nos Vicaires généraux et notre archidiacre dans les visites, afin que nous soyons instruits de la manière dont les dits comptes auront été rendus.

V. — Les *Marguilliers* ne feront aucune dépense extraordinaire, au-dessus de trente sols, sans l'avis du curé ; et si la somme excède dix livres, ils prendront de plus *l'avis des paroissiens*, qui en seront informés au prône, pour empêcher le mauvais emploi des biens de l'Eglise.

VI. — Les *dits Marguilliers* ne pourront, même avec l'avis des Curez et habitants, *aliéner ou vendre* aucun bien de l'Eglise sans notre permission, que nous ne donnerons qu'avec connaissance de cause, et sans charge pour la paroisse ; et ils n'emploieront aucuns deniers de l'Eglise, en faveur de la commune, sous peine d'excommunication, dont nous punirons justement ces sacrilèges dissipateurs.

VII. — Ils n'accepteront pas volontairement les charges d'Asséeurs et collecteurs de tailles et autres subsides, ni de syndics ou procureurs de commune ; et si on les y veut forcer, ils nous en donneront avis, afin que nous puissions lever tous les obstacles qui les pourraient détourner de l'application qu'ils doivent au service de l'Eglise.

VIII. — Tous les héritiers, légataires et exécuteurs testamentaires rendront dans un an les biens laissés à l'Eglise, sous peine d'excommunication à nous réservée, s'il n'y a quelque empêchement légitime, qu'ils feront paraître aux curez des lieux, ou au doyen rural, qui nous en informeront.

Puisque tous les pasteurs ont été chargés du soin *du bien des pauvres* en la personne des apôtres, qui n'ont pas dédaigné d'être les dépositaires, les dispensateurs, les pourvoyeurs, les prédicateurs, les receveurs, et même les porteurs *de l'Aumône* ; que Saint Paul appelle cette vertu, un commerce de sainteté, une grâce suréminente à toutes les autres, et même un *Sacerdoce de Charité* ; et que la dignité en a été relevée et consacrée par l'institution de l'ordre des diacres ; les Curéz, après avoir assisté et présidé à l'audition des comptes, ainsi qu'à *l'élection des Marguilliers*, seront aussi *présents à la distribution du bien des pauvres*, dont ils nous rendront compte exactement, dans le cours de nos visites.

Et seront les présents statuts synodaux lus et publiés, etc...

Donné à Noyon, dans notre palais épiscopal, sous notre seing, celui de notre secrétaire, et le scel de nos armes, ce 3ᵉ jour du mois d'Octobre 1673.

Liste des anciens Marguilliers de la paroisse

Nous n'avons qu'une liste incomplète évidemment, celle-ci ne datant que de 1655 environ, mais telle qu'elle est, elle intéressera certains de nos lecteurs.

Etaient marguilliers en charge, au cours des années :
1655. — Guillaume Robail ;
1680. — Guillaume Faroux ;
1689. — Noël Grébert ;
1711. — François Godefroy ;
1721. — Louis François Debroy, laboureur ;
1733-34-35. — Le même ;
1736. — Jérôme Pelletier ;
1737. — Pierre Fouilloy ;
1741. — Louis Guilbert ;
1742. — Clément Cotin ;
1743. — Antoine Pingeot ;
1744. — Jean Lemaire ;
1745-46-47. — Claude Darloy, charpentier ;
1747-48. — Antoine Dufetel ;
1748-49. — Antoine Pingeot ;
1749-50-51. — Jean Croisille ;
1751-52. — Nicolas Bigot ;
1752-53. — Jean Louis Debroy, laboureur ;
1753-54. — Adrien Blondel ;
1755-56. — Nicolas Bigot ;
1757-58. — Antoine Cardon, maréchal ;
1759-60. — Jean-Louis Picart ;
1761. — Zacharie Marotin, pour lequel son fils Alexis rendit compte en 1768 ;
1762. — Claude Duflot, pour les héritiers de qui Antoine Darloy rendit compte en 1775 ;
1763. — Joseph Gadifer, au nom de qui Joseph Délimont rendit compte plus tard ;
1764. — Louis Deplanque ;
1765. — Antoine Darloy ;
1766. — Louis Guilbert ;
1767. — Pierre Baloche ;

1768. — Antoine Roux, pour lequel sa veuve, Marguerite Trefcon, rendit compte en 1775 ;

1769. — Henry Cayeux ;

1770-71-72. — Louis François Deplanque ;

1773-74-75. — Louis Legras, garde du duché de Chaulnes ;

1776-77-78. — Louis Rivière, tailleur ;

1779. — Pierre Boitel, laboureur ;

1780. — Médard François Feret, charron ;

1781. — L. Fr. Deplanque ;

1782. — Pierre Antoine Dufetel ;

1783. — Jean Louis Croisille, aubergiste ;

1784-85-86. — Martial Leroy, couvreur en chaume ;

1787. — Augustin Wargny ;

1787. — Louis Ledoux ;

1792. — Jean François Picart ;

Le 26 juillet 1792, le maire, les officiers municipaux, les notables et « le *corps des Marguilliers* », autorisent le dit J. Fr. Picart, « *Marguillier en exercice* », à payer sur les deniers de la fabrique, l'entrepreneur de la « maison commune et école » au fur et à mesure des termes échus ;

Le 24 juin 1793, lui-même déclare accepter « l'acte constitutionnel de la République Française », avec Georges Jean Louis Picart et Louis François Deplanque.

L'antique institution des marguilliers cessa de fonctionner régulièrement vers la même époque.

Je joins ici, à titre de *curiosité documentaire, l'en-tête habituel des comptes*, employé au cours du xviiie siècle.

Claude Darloy 1745-1746 :

« *Compte* que fait et prétend rendre par devant *vous*, Maître Charles François Bourgois, prêtre-curé de Saint-Christ, *Claude Darloy*, charpentier, et marguillier de l'Eglise du lieu pendant les années 1745 et 1746, commencé le 1er octobre 1744, et fini le dernier jour de septembre 1746, lequel compte a été présenté et affirmé le 19 mars 1751, en présence d'Antoine Dufetel, marguillier en charge, pour les années 1747 et 1748, des anciens marguilliers et paroissiens de la dite paroisse, assemblés au son de la cloche en la manière accoutumée, lequel jour fut indiqué aux prônes des messes paroissiales des dimanches précédents ; protestant le rendant-compte d'augmenter ou diminuer ce qu'il aura reçu ou mis plus, si le cas y échoit ou faire ce doit ».

2° *Le Conseil de fabrique.*

Le premier Consul rétablit bien les fabriques, mais l'ayant fait sans la participation du Pape et des évêques (art. 76 des art. organiques du 8 avril 1802), ces établissements n'étaient que des institutions purement civiles ; d'autre part, l'arrêt du 9 floréal, an XI (29 avril 1803) ayant chargé les évêques de faire les réglements nécessaires dans leurs diocèses respectifs, il y eut de ce fait deux fabriques dans chaque paroisse ; l'une, *intérieure* pour la gestion du produit des oblations ; l'autre *extérieure* pour l'administration des biens-fonds et rentes rendus aux églises par l'arrêté de l'an XI.

Cette situation fertile en conflits prit fin avec le décret du 30 décembre 1809, qui institua une *seule fabrique par paroisse.*

Par ce décret qui resta le texte fondamental de la législation fabricienne jusqu'en 1905, l'administration des biens d'Eglise était placée sous l'autorité du *Conseil de fabrique,* assemblée délibérante, et du *bureau des Marguilliers,* comité d'exécution.

Les fabriciens, toutes les fois qu'une nouvelle fabrique était créée, devaient être nommés par l'Evêque et le Préfet ; ils se recrutaient ensuite par voie d'élection. Le Curé ou desservant et le maire ou un de ses adjoints, en étaient membres de droit. Le *Bureau des Marguilliers* comprenait, indépendamment du Curé ou desservant, trois membres du Conseil de fabrique élus par cette assemblée ; il était chargé d'exécuter les décisions prises en Conseil dans les quatre sessions ordinaires de l'année. Il ne pouvait y avoir de réunions extraordinaires qu'avec l'autorisation de l'évêque ou du préfet.

L'art. 78 de la loi de finance du 20 janvier 1892 ayant posé en principe que la comptabilité des fabriques serait dorénavant soumise « à toutes les règles de la comptabilité des autres établissements publics », les comptes furent dès lors jugés et apurés par les Conseils de préfecture ou par la Cour des comptes, et non plus par *l'autorité ecclésiastique.*

Enfin, la loi du 9 décembre 1905, sur la séparation des Eglises et de l'Etat, statuant qu'à défaut de formation d'*associations cultuelles* dans le délai d'un an, les biens des établissements publics du culte seraient placés sous séquestre, les fabriques n'eurent plus d'existence légale, à partir du 13 décembre 1906, la formation d'associations de ce genre ayant été défendue par l'autorité du Pape Pie X. — (Encycliques du 14 février et du 10 août 1906).

Les archives locales ne font pas mention des conseils de fabrique qui administrèrent les biens de l'Eglise de 1809 à 1830, mais à cette dernière date nous assistons à « *l'installation par le maire* » des membres du Conseil de fabrique nommés par l'Evêque et le Préfet, et à la nomination, par le même Conseil, de son Président, secrétaire et trésorier. Sont nommés :

Président : M. *Moillet*, desservant (curé d'Epénancourt) ;
Secrétaire : M. *Vasset* ;
Trésorier : M. *Cassel* ;
Membres : MM. Ch. *Gauchin*, Vincent *Darloy* ;
(Délibération du 20 novembre 1830).

En 1832, figure une *réorganisation* du Conseil, conformément à la loi de 1809, par les soins de l'abbé Guillain, nouvellement installé dans la paroisse.

Sont nommés, en effet, le 16 septembre 1832 :
1º Par le préfet :
Louis Joseph *Duchemin*, de Cizancourt ;
Isidore *Debroy*, (remplacé par Omer Boulanger, en 1834) ;
2º Par l'évêque :
Legras, père ;
Chevalier Stanislas, de Briost ;
Honoré Martin *Duchemin*, de St Christ ;
Etaient membres de droit : *Guillain*, curé ;
Cassel J., maire.

Le Conseil ainsi reconstitué se réunit au Presbytère le 17 mars suivant. Il eut alors à délibérer sur « la vente des bancs nouvellement établis dans l'Eglise ».

En 1839, M. Bœuf, receveur municipal, est nommé « pour percevoir les revenus de la fabrique qui ne rentraient pas ».

En 1870, nous trouvons encore une nouvelle réorganisation du Conseil de fabrique, « l'ancien étant tombé alors en déchéance par défaut de renouvellement ».

Sont nommés à cette date : (22 et 25 janvier) ;
1º Par Jacques Antoine Boudinet, évêque d'Amiens :
MM. *Lenain* Omer ;

Gauchin Charles ;
Hausselle Hyppolite ;
2° Par le préfet :
Darloy Auguste ;
Robida Charles.
Etaient membres de droit : Jean Baptiste *Allart*, curé ;
Adolphe *Liévin*, maire.

3° *Le Conseil paroissial*

Dans la Lettre Circulaire que Monsieur l'Evêque d'Amiens adresse au Clergé de son diocèse relativement à l'*Institution des Conseils paroissiaux*, sa Grandeur s'exprime comme il suit :

Messieurs et Chers Coopérateurs,

Les Conseils de fabrique ont pris fin, et ce fut l'une des conséquences de la Loi de Séparation de faire disparaître cette institution à laquelle le décret de 1809 avait donné sa forme légale, dont l'existence était fort ancienne dans l'Eglise.

Nous attendions l'occasion... de reprendre, sous une autre forme, avec les changements qu'impose la situation actuelle, la vieille institution dont nos paroisses avaient si longtemps connu le bienfait.

Le Conseil paroissial n'est pas le Conseil de fabrique ; il n'en a ni l'investiture civile ni les attributions *légales*. Il n'est pas davantage, — ai-je besoin de le dire ? — une forme d'association se rapprochant plus ou moins des Associations cultuelles si légitimement condamnées par le Souverain Pontife. *Il est une réunion de catholiques éclairés et fidèles* qui prêtent à leur Pasteur, en tout ce qui concerne l'administration temporelle de la paroisse, l'appui désintéressé et volontaire de leurs lumières et de leurs services.

Présentés par Vous, Messieurs et chers Coopérateurs, les membres des Conseils paroissiaux reçoivent de *Nous* et tiennent de *Notre* seule autorité leur titre et leur mission.

Suit le Règlement, dont les dispositions furent arrêtées par Monseigneur, après les avoir soumises en Assemblée synodale, et dont voici les extraits :

Jean-Marie-Léon Dizien, par la grâce de Dieu et du Siège Apostolique, *Evêque d'Amiens*, assistant au Trône Pontifical.

Vu la Loi du 9 décembre 1905 supprimant les Etablissements publics du Culte et par conséquent les Conseils de fabrique,

Vu les Encycliques de Notre Saint Père le Pape Pie X en date des 14 février et 10 août 1906 condamnant la Loi précitée et interdisant la formation des Associations cultuelles,

Vu les dispositions du Saint Concile de Trente conférant aux Ordinaires le droit et leur imposant le devoir de surveiller et de contrôler l'administration spirituelle et temporelle des Paroisses,

Considérant qu'il est nécessaire de donner à chaque curé des auxiliaires dont il a besoin pour assurer d'une manière régulière l'exercice du culte dans sa paroisse ;

Voulant enfin offrir aux fidèles toute garantie sur l'emploi des fonds provenant de leurs libéralités volontaires et spontanées,

Nous avons Ordonné et Ordonnons ce qui suit :

Art. Ier. — Il sera institué dans chaque paroisse de notre diocèse, à partir de la promulgation de la présente Ordonnance et avant le 15 janvier prochain, un conseil dit : *Conseil paroissial*.

Art. IIe. — Le Conseil paroissial sera composé, non compris le Curé, de quatre membres dans les paroisses d'une population inférieure à 2.000 âmes et de 6 membres dans les paroisses plus importantes. Le Curé en sera toujours de droit le président, et en cas d'empêchement pourra déléguer son vicaire pour le remplacer.

Art. IIIe. — Les membres de ce Conseil seront nommés par Nous, sur la présentation du Curé ; ils seront pris parmi les catholiques notables, majeurs et domiciliés dans la paroisse, et, pour la première fois, choisis de préférence parmi les anciens marguilliers.

. . . .

Art. V[e].... — Les Membres des Conseils paroissiaux ont pour mission d'assister le Curé de leurs avis et de leurs lumières, de lui prêter leur appui moral dans tout ce qui concerne le Temporel de la Paroisse et de lui venir en aide dans la perception, la gestion et l'emploi des sommes nécessaires à l'Exercice du Culte.

. . . .

Art. VIIe... — Le Curé devra prendre l'avis de ses conseillers et les réunira toutes les fois qu'il le jugera utile. Il les convoquera surtout pour établir avec eux d'une manière exacte et sincère le Compte et le Budget...

. . . .

Art. IX. — Le Budget ne sera exécutoire et le compte ne deviendra définitif qu'après Notre approbation...

. . . .

Art. XVI. — En cas de changement ou de décès d'un curé, les membres du Conseil paroissial dresseront un état des lieux, Eglise et Sacristie, et une situation de Caisse, le tout devant être remis au successeur ou au Prêtre désigné par Nous pour l'administration de la paroisse.

Donné à Amiens, sous Notre Seing, le sceau de Nos armes et le Contre-Seing du Secrétaire Général de Notre Evêché, le 11 Décembre de l'an de grâce 1907.

† Léon,
Evêque d'Amiens.

Par Mandement :

F. Lenoir, *chanoine*,
Secrétaire général.

Conformément à l'Ordonnance de Monseigneur, ont été nommés en 1908, *membres du Conseil paroissial* de la paroisse de St-Christ, Briost et Cizancourt.

Emile Quéquet ; Etienne Cottret ; Florentin Quéquet ; Emile Doyen ; Alfred Louis.

Etait curé : l'abbé Devillepoix.

D. — Le Cimetière. — Quelques inhumations et décès, antérieurs à 1789.

D'après le droit ecclésiastique, le cimetière est une *terre sacrée*, à laquelle la religion confie, à titre de dépôt, la dépouille mortelle de ses enfants, jusqu'au jour de la résurrection finale.

L'érection d'une paroisse comporte donc, en principe, l'établissement d'un cimetière confessionnel réservé exclusivement aux fidèles et aux membres de la communauté paroissiale.

C'est pour nous inspirer le respect de cette terre « consacrée par la présence des corps » destinés à la royauté du ciel, que les statuts synodaux de Noyon prescrivaient de la fermer ou clôturer, sous peine d'interdit, et défendaient d'y distribuer le sel, d'y vendre n'importe quelle denrée, d'y étendre du linge, et d'y fondre des cloches, soit encore d'y enterrer ceux qui auraient été tués en duel, les hérétiques, les excommuniés, etc.

Quant aux enfants morts sans Baptême, on devait les enterrer auprès, dans un lieu non bénit.

Dans le même esprit, les Statuts déterminaient comme il suit la position du corps dans leurs tombes :

« Les corps des défunts, tant ecclésiastiques que laïques, seront enterrez de sorte que le visage et les pieds soient tournez du côté de l'autel et de l'Orient, conformément à l'usage qui s'observe dans notre Eglise cathédrale, à l'ancienne pratique de notre diocèse, et à la coutume même de la primitive Eglise, pour marquer par cette situation que les fidèles doivent toujours regarder Jésus-Christ, qui est le véritable et divin Orient, l'auteur et le consommateur du salut ».

1° *L'ancien Cimetière*

L'ancien cimetière était situé autour de l'Eglise ; il devait s'étendre autrefois plus au nord, jusqu'au chemin du Vivier, et peut-être même au delà. Il est aujourd'hui complètement désaffecté. On y distingue encore quelques monuments, entre autres un piédestal en pierre, de forme octogonale, lequel porte à sa base quatre médaillons disposés en forme de croix et représentant chacun une tête de mort. La Croix qui le surmontait et plusieurs de ces médaillons ont disparu. C'est, paraît-il, la tombe des Boitel.

Nous avons vu que les croix et les ouvrages qui s'y trouvaient, anciennement, en furent enlevés en 1793.

Les murs de soutènement qui le ferment sur les deux rues avoisinantes ont été construits en 1894, sur le plan de M. Darcourt, à Péronne, et ont coûté à la commune la somme de 4600 francs.

Personnes décédées avant 1789, dont l'acte d'inhumation ou de décès porte une mention spéciale :

1° *Martin Guilbert*, mort le 18 9bre 1697, à l'âge de 17 ans. — C'était un enfant d'une retenue, dévotion et abstinence rare aux personnes de son état, que tout le monde considérait comme un ange. — Acte signé, J.-B. Chappus, curé ;

2° *Antoinette Loffroy*, « mère de Vincent Devaulx, curé de Puzeaux », morte en 1723 ;

3° *Marie Anne Barré*, veuve Gérard, « morte à l'Hôpital d'Athies, où la paroisse a droit d'envoyer *quatre malades*, morte en 1725 ;

4° *François Godefroy*, clerc séculier, dont l'inhumation eut lieu en présence de François Godefroy, son fils, de Pierre Beauvarlet, clerc séculier de la paroisse de Briost, et de Maître Charles François Bourgeois, curé, 1727 ;

5° *Maître Adrien Devaulx*, laboureur et fermier des eaux et moulin de Saint-Christ, dont l'inhumation eut lieu en présence de Maître Vincent Daniel Devaulx, diacre, son fils, de Maître Jean François Philippe Devaulx, curé de Béthencourt, son cousin, 1736 ; il avait épousé, en secondes noces, Marie-Anne Payen ;

6° *Jean Cottin*, mort à Marseille, à l'âge de 21 ans. — Il avait été condamné à trois ans de galères, pour avoir passé une barque chargée de contrebande ; conduit à Marseille, le 26 mai 1741, il y mourut au mois de juin suivant ;

7° *Pierre Niel*, soldat au régiment de Guise, mort à l'Hôpital royal de Munster (Westphalie) ; acte signé : Fr. François-Xavier, religieux récollet, 1742 ;

8° *Charles Bourgois*, brigadier des Fermes du roy, en résidence à la Barrière, 1748 ;

9° *Un enfant baptisé* par Lefebvre, chirurgien d'Hangest, présent dans la paroisse « pour y prendre *les eaux minérales* », 1755 ;

10° *Catherine Wibec*, « maîtresse d'école », originaire de Bacquencourt, par^sse d'Hombleux, où elle est enterrée, 1756.

11° *Louis Vincent Picart*, dont l'inhumation eut lieu en présence de Devaulx, curé de Chaulnes, son parent, 1757 ;

12° *Julle Fournet*, âgé de 22 ans, décédé de mort violente ; son enterrement eut lieu sur l'ordonnance du Sr Dufour, lieutenant du duché Pairie de Chaulnes, y exerçant la justice en l'absence du Bailly, 1758 ;

13° *Jérôme Pelletier*, laboureur, « syndic de la paroisse », 1759 ;

14° *Maître Vincent Daniel Devaulx*, prêtre de Saint-Didier de Chaulnes, vice-doyen du doyenné de Curchy, dont le corps fut inhumé dans le chœur de l'église de Chaulnes, comme l'indique une dalle qui recouvre sa tombe ; il était originaire de Saint-Christ ; un service solennel y fut célébré, pour le repos de son âme, le 25 avril 1763 ;

15° *Marie Félicité Debroy*, fille de Jean Louis Debroy et de Charlotte Hochedé, morte en 1768, âgée de 10 ans 1/2 ; c'était une enfant d'une sagesse et d'un esprit fort au-dessus de son âge. — Acte signé : Bourgois, curé.

16° *Marie Sophie Félicité Beauvarlet*, épouse Fouilloy, dont l'enterrement eut lieu en présence de Martin Beauvarlet, « Huissier en l'Election de Péronne » ;

17° *Jean de Marly*, âgé de 22 ans, trouvé noyé dans le canal, vis-à-vis le Poste de Haullé, paroisse de Cizancourt, où il était employé. 1756.

18° *Claude Duflot*, tambour au régiment d'Auxonne, décédé à Morlaix, 1783.

Jusqu'en 1789, les cimetières participèrent ainsi du caractère sacré des églises, autour desquelles ils étaient toujours situés. L'autorité ecclésiastique en avait la surveillance concurremment avec l'autorité civile. Toutefois, celle-ci ne cessa d'intervenir de plus en plus, dès le milieu du XVIIIe siècle, et de prescrire des mesures de police dans un intérêt d'hygiène principalement.

La Révolution laïcisa complètement le régime des inhumations ; mais, en 1802, le culte étant rétabli officiellement, on s'occupa de réglementer cette matière par l'adoption d'un système mixte, en restituant à l'Eglise une partie des droits qui lui appartenaient sous l'ancien Régime, et en réservant à l'autorité civile des pouvoirs plus étendus.

Tel fut l'objet du décret fondamental du 23 prairial an XII (12 juin 1804) complété et modifié par la Loi de 1881.

On sait que la Loi du 5 avril 1884 a fait du cimetière une propriété communale, où les ministres du Culte n'interviennent plus que pour les cérémonies religieuses.

2° *Le nouveau Cimetière*

L'ancien cimetière était devenu insuffisant ; il était difficile, vu son exiguité, de satisfaire aux exigences des familles qui demandaient des concessions temporelles ou perpétuelles.

C'est en vue de remédier à cette situation, — diversement appréciée alors par la population, — que Madame Vve Lescarcelle, née Maròtin, offrit gratuitement à la commune, sous réserve d'un emplacement de 20 mètres carrés à titre gratuit pour sa sépulture, un terrain d'une contenance de 33 ares 88 centiares, situé à l'est de Saint-Christ, au lieu dit : « le Champ Sainte-Jule ou le Poteau », (Sect. C. n° 237 du Plan cadastral), à l'effet d'y établir *un nouveau cimetière* ; (donation faite par devant Me Caron, notaire à Péronne, les 3 et 14 Juin 1894) ;

Après acceptation du terrain, dans sa séance du 8 Juillet de la même année, et enquête de *commodo* et *incommodo* relative au choix de l'emplacement du nouveau cimetière, conduite par Gontier Léon, commissaire enquêteur désigné à cette fin, le Conseil municipal, réuni sous la présidence de M. Hausselle, maire, émit un avis favorable audit transfert, (11 9bre 1894) ; cependant, ce n'est que sur une lettre de rappel de M. le S.-Préfet de Péronne, relative audit projet de translation, qu'il fut décidé que :

1° le nouveau cimetière serait ouvert à partir du 1er janvier 1896, et que : 2° la distribution intérieure en serait faite par M. Delahaye, ex-architecte de la ville de Paris, d'après un plan dressé par lui, à examiner ultérieurement.

L'inauguration eut lieu en 1898, mais sans bénédiction solennelle; un *Calvaire monumental* toutefois se dresse au milieu de la principale allée.

Voici, à titre de *memento funèbre*, les noms des familles auxquelles ont été accordées jusqu'à ce jour (1913) des concessions à perpétuité dans l'ancien et le nouveau cimetière :

A) Dans l'ancien cimetière

1° DATE DE LA CONCESSION	2° NOMS DES CONCESSIONNAIRES
1857	Bassilier Dieudonné ;
»	Louis Joseph, charpentier ;
»	Lacroix Ferdinand ;
1859	Picart Césaire, maire de Cizancourt ;
1861	Hausselle Hyppolite ;
1862	Cailleux Marie Eléonore, veuve Cassel ;
1869	Duchemin Eugène ;
1871	Duchemin Alexandre ;
1879	Boulanger Omer ;
1881	Boulanger Alexandre Casimir ;
1885	Compère Auguste ;
1887	Vve Lenain, née Giot Virginie ;
»	Vve Ruffy, née Lenain Herminie ;
1888	Lebouchez Hildegond, Instituteur à Sequehart (Aisne) ;
1888	Vve Percheval, née Cavy Eugénie ;
1889	Bachellé Léon ;
1890	Arcelin Clodomir, Receveur de l'enregistrement ;
»	Vve Caillet, née Anna Arcelin ;
»	Mlle Angèle Arcelin ;
»	Vve Legras, née Isèbe Adèle ;
1891	Vve Hausselle, née Vignon ;
1892	Mantaux Edouard.

B) Dans le nouveau cimetière

1° N° DU PLAN	2° CONCESSIONNAIRES	3° DATE DE LA CONCESSION
1°	Vve Lescarcelle-Marotin et sa famille ;	Emplacement réservé dans l'acte de donation.

— 157 —

2°	Vve Bachellé-Lemoine et sa famille ;	1889-99
3°	Veuve Grébert-Lequeux et sa famille ;	1898-99
5°	Vve Lequeux-Duclaux et sa famille ;	» »
4°	Gontier Théodule et sa famille ;	»
6°	Hausselle-Ponthieu père et sa famille ;	1861-99
7°	Lenain-Vilmont et sa famille ;	1899
8°	Arcelin Anna, Angèle et Alfred ;	1890-1900
10°	Vve Pingeot-Marchandise ;	1899
12°	Lequeux-Cavy ;	1900
14°	Vve Percheval-Cavy et sa famille ;	1888-1900
9°	Delahaye-Cazé ;	1900, offert par la Commune.
51°	Barbare Jules et sa famille ;	1900
11°	Bassilier Maria, son mari et sa famille ;	1868-1900
16°	Laumon Fortuné et sa famille ;	1900
18°	Mantaux Edouard et sa famille ;	1892-1900
20°	Mauroy-Lemoine et sa famille ;	1900
13°	Pingeot Arthur et sa famille ;	1889-1901
15°	Théry-Legras et sa famille ;	1901
17°	Demay-Legras et sa famille ;	1901
19°	Toriot-Bonnard et sa famille ;	1901
22°	Castel-Bonnard ;	»
24°	Bonnard Charles et sa famille ;	»
21°	Doyen-Ledoux et sa famille ;	1891-1901
23°	Filhon Charles et sa famille ;	1901
25°	Caron Marie Catherine et sa famille ;	1901
26°	Vve Ruffy ;	1887
27°	Familles Picart et Waré ;	1859-75-1902
28°	Vve Lenain-François ;	1887-1902
29°	Cottret-Daussin et sa famille ;	1902
31°	Vve Legras-Ysèbe et sa famille ;	1890
35°	Quéquet-Darloy et sa famille ;	1902
35°	Darloy Auguste frère ;	»
37°	Darloy Ferdinand et sa famille ;	»
52°	Vve Grébert (Jules et Arthur Grébert, ses petits-enfants mineurs) ;	1902
39°	Vve Abit et sa famille ;	»
41°	Reuet-Legras et sa famille ;	1903

30°	Louis-Alfred et sa famille ;	1902
32°	Bacquet Emile et sa famille ;	»
34°	Quéquet Florentin et sa famille ;	»
36°	Daussin Jules et sa famille ;	»
38°	Vve Duchemin-Gontier ;	1903
40°	Véret Alphonse et sa famille ;	»
42°	Lacroix Clotilde ;	1904
54°	Quéquet Adéodat :	»
53°	Famille Cassel ;	»
56°	Duclaux Jules ;	1905
55°	Flament Henri ;	»
44°	Darloy Auguste fils ;	1907
55° bis	Flament Marie ;	»
57°	Veuve Duchemin Alexandre ;	1869-71-1998
59°	Cavy Rose et ses sœurs ;	1909
»	Lefèvre Edouard.	1911

Il est à remarquer que, dans sa délibération du 11 9bre 1894, le Conseil municipal décida que les anciens concessionnaires recevraient dans le nouveau cimetière, s'ils le désiraient, un terrain de superficie égale à celui qu'ils avaient dans l'ancien.

Une parole de Saint Augustin :

« Il faut que les hommages extérieurs que nous rendons aux corps des défunts soient un témoignage de notre foi à la Résurrection de la Chair et à son triomphe final dans l'éternel séjour ».

Office de la Commémoration des défunts.

CHAPITRE III

Les Institutions paroissiales.

A. — Œuvres d'éducation et d'enseignement ;
B. — Œuvres d'assistance et de bienfaisance ;
C. — Œuvres pies.

A. — Œuvres d'éducation et d'enseignement.

1° Clercs séculiers et Instituteurs ; Sœurs ou maîtresses d'école et Institutrices.

2° Caractère et programme des anciennes écoles ; écoles dominicales et veilles ; prérogatives des Clercs séculiers.

Nous avons vu précédemment que le clerc séculier et la maîtresse d'école émargeaient, dans le cours du XVIIIe siècle, jusqu'au début de la période révolutionnaire, au *Budget de l'Eglise* ; c'est une preuve évidente que la paroisse était dotée alors d'une *école de garçons* et d'une *école de filles*.

D'autre part, les « registres paroissiaux » nous permettent de reconstituer, en partie du moins, la liste de ces humbles et dévoués serviteurs du peuple qui, sous le nom de Clercs séculiers, d'Instituteurs-Clercs-laïques, de Sœurs ou maîtresses d'école, se sont consacrés, comme le font encore de nos jours les Instituteurs et les Institutrices, publics ou privés, à l'œuvre capitale, mais souvent ingrate, de l'éducation et de l'instruction des enfants et de la jeunesse.

I. — Clercs séculiers et Instituteurs. — Sœurs ou Maîtresses d'école et Institutrices.

a) — Liste des Clercs séculiers et Instituteurs Clercs-laïques de la paroisse ; les Instituteurs communaux et publics.

1° *Pierre Gossard*, lequel exerçait en 1676, époque la plus lointaine où nous puissions remonter. Il avait épousé Marie Doublet, qui lui donna plusieurs enfants, dont un lui succéda, en 1689 ;

2° *François Gossard,* fils du précédent, marié en 1688, avec Geneviève Flament, dont il eut sept ou huit enfants, morts la plupart en bas-âge ; il exerçait encore en 1695 ;

3° *Pierre Riquier,* vers 1700 ;

4° *François Godefroy,* originaire de Cartigny ; il exerçait déjà la fonction de Clerc séculier, lorsqu'il épousa, en 1706, à l'âge de 22 ans, Madeleine Faroux, veuve Roger ; il mourut en 1727 ;

5o *Claude Mauroy,* lequel épousa Anne Cordier, avec qui il eut trois enfants ; M° Bourgois, curé, fut le parrain de l'aîné : il dut se retirer vers 1737 ;

6° *François Godefroy,* dont le père avait exercé précédemment ; il était âgé de 21 ans, lorsqu'il épousa, en 1731, Marie Anne Tournet, qui en avait 24 ; on leur connaît 12 enfants. François mourut en 1770, après avoir reçu les « Sacrements de la Sainte-Eglise ». A son inhumation, on remarque la présence de Jérôme Pelletier, marchand, son beau-fils. Plusieurs de nos comptes d'Eglise ont été dressés par lui ; il possédait une écriture moulée ;

7° *Jean Chrysostôme Lemoine,* originaire de la Neufville ; il était depuis 15 mois dans la paroisse et était âgé de 22 ans, lorsqu'il se maria, en 1772, avec Marie-Madeleine Darloy, née Darloy-Watelet, qui lui donna sept enfants ; il résigna ses fonctions de Clerc-séculier en 1792, pour les reprendre vers 1804, et mourut en 1807 ;

8° *Claude François Polin,* élu par la municipalité pour remplir la fonction de « Clerc séculier ou de maître d'école », le 1er octobre 1793.

Le procès-verbal d'élection mentionne qu'il accepta cette charge aux mêmes conditions que ses prédécesseurs, c'est-à-dire moyennant un traitement annuel de 12 setiers de blé, mes. de Péronne, à raison de 14 livres le setier, à prendre sur les revenus de la fabrique, et à compléter, jusqu'à concurrence de 300 livres, au moyen de ressources locales ; mais le départ de Tourlet, curé constitutionnel, vers le 1er décembre, l'obligea à se désister.

Toutefois, une délibération de la municipalité, en date du 10 germinal (31 mars 1794), nous le montre chargé derechef de la direction de l'école *communale,* et attitré sous le nouveau nom *d'instituteur.*

Voici le texte de cette délibération rédigée manifestement sous l'influence des idées régnantes de sécularisation à outrance :

« Ouï l'agent national (Boury), qu'il est instant de pourvoir au besoin de l'instruction publique, et reçu la soumission de Charles François Polin, *ci-devant clerc séculier*, par laquelle il se propose d'ouvrir une école et d'enseigner *les purs principes de la République* », vu que « le talent est de savoir lire, écrire, l'arithmétique jusqu'à la 3e règle, et les règles de supposition ; vu que, à l'appui de sa soumission, il a présenté un *certificat de civisme*, attestant qu'il jouit de l'estime du public sur ses mœurs et son civisme d'un vrai républicain ; sur ce, nous recevons François Polin *comme Instituteur*, pour l'école communale.

Signé : Guilbert, maire ; Deplanque, greffier.

Location de l'école de garçons.

Polin ne répondit pas sans doute à ce qu'on pensait attendre de son *civisme*, car une délibération du Conseil, signée du nom de Legras, nous fait savoir que « l'école des garçons fut mise en location et baîllée le 10 germinal an III, (31 mars 1795), à Charles Rivière, moyennant 30 livres par an, et encore en 1798, moyennant 18 livres ». L'immeuble loué comprenait deux appartements avec jardin, attenant à la maison commune.

Il en fut ainsi jusqu'en 1800, époque à laquelle nous voyons le maire Picart déléguer Deplanque, son adjoint, pour la tenue et la rédaction des Actes de l'Etat-Civil, et lui allouer « *en cas de non-admission ou continuation du maître d'école* », la somme affectée à ce service, sauf à fournir les articles de bureau, papier, plumes, encre, etc.

Ces textes et ces faits sont de nature à nous rendre perplexes, au sujet de la tenue régulière des écoles durant cette période troublée, et donnent à penser qu'elles furent plutôt habituellement fermées, au moins pendant plusieurs années. L'école de filles fut certainement supprimée à cette époque.

Ce désarroi dut contribuer à laisser dans l'esprit des générations subséquentes l'impression fâcheuse et erronée que l'ancien régime avait par trop négligé l'instruction du peuple, œuvre cependant que nos anciens évêques de Noyon regardaient comme fondamentale au point de vue religieux aussi bien qu'au point de vue social.

Il serait injuste du reste de ne pas reconnaître que l'ancienne école fût la pépinière où se recrutèrent les hommes et femmes illustres qui brillèrent jadis dans les Lettres, comme dans les Sciences et les Arts, dans nos magistratures et nos administrations, les Académies la diplomatie, dans nos corporations, dans le commandement des armées de terre et de mer, dans la marine marchande et le commerce comme dans la culture et les industries locales.

Après la tourmente révolutionnaire réapparaît :

9° *Jean Chrysostome Lemoine*, dont on signale la présence au mariage de Charles Antoine Darloy avec Eléonore Deplanque, en 1804, et sa qualité de Clerc séculier ; il mourut en 1807 ;

10° *Jean Chrysostôme Duclaux*, lequel avait été clerc séculier de Briost, de 1789 à 1792 ; il avait épousé, en 1787, Geneviève Pingeot, qui lui donna quatre fils et trois filles. Il est présent et se qualifie « *Instituteur* » au mariage de Louis Darloy avec Eusébie Deplanque, en 1814 ; il avait alors 58 ans ;

11° *Irénée Plonquet*, originaire de Brie, lequel épousa Constance Eléonore Félicité Legras, en 1818, et quitta son poste pour aller à Soyécourt ;

12° *André Joseph Loir*, natif de Mazancourt, c[ne] de Fresnes, (Somme) ; en 1824, il épouse Eléonore Pascaline Vasset, fille de Charles Antoine Vasset, cultivateur à Briost, et de Marguerite Rose Polleux et résigne ses fonctions d'Instituteur ;

13° *François Joseph Arcelin*, né à Mesnil-Bruntel (Somme), le 29 pluviose an XIII (18 février 1805), nommé le 2 mars 1825, pour exercer les fonctions « d'Instituteur et de Clerc-Laïque » dans la paroisse de St Christ, fonctions qu'il remplit jusqu'en 1850 ;

Voici les « Lettres d'Institution » qui lui furent alors délivrées par Mgr l'Evêque d'Amiens :

« Nous, Jean Pierre Gallien de Chabons, par la miséricorde divine et la grâce du Saint-Siège, évêque d'Amiens, premier Aumônier de S. A. R. Madame la Duchesse de Berry.

En vertu de l'article II du titre 5 de l'ordonnance Royale du 8 avril 1824, qui porte que, pour les Ecoles primaires de seconde classe, l'autorisation spéciale d'exercer sera délivrée par l'Evêque diocésain aux candidats munis du *Brevet de Capacité*.

Avons approuvé, et par ces présentes approuvons le s[r] Arcelin F[ois] Joseph, pour exercer les fonctions d'Instituteur et de Clerc laïque dans la paroisse de St Christ (canton de Nesle), à la charge d'exécuter le Règlement ci-après.

Donné à Amiens, le 2 mars 1825 ;

† Jean Pierre, évêque d'Amiens

par mandement.

F. Lucas

Prosec^{re}

Ch. hon. et V^{al}.

Voici le Règlement qui est apposé au bas des dites Lettres :

Règlement pour les Instituteurs-clercs-laïques ou magisters du diocèse d'Amiens.

Art. I. — Tous ceux qui se présenteront pour servir l'Eglise, en qualité de clercs-laïques, apporteront un témoignage avantageux de leur capacité et de leur conduite, signé du curé dans la paroisse duquel ils auront servi, et certifié par le curé du canton.

II. — Ils sauront lire, écrire, chanter, seront instruits des principales rubriques et cérémonies de l'Eglise, des Eléments de la doctrine chrétienne, et posséderont par cœur le catéchisme du diocèse.

III. — Ils auront à subir un examen sur la doctrine chrétienne et sur le catéchisme, devant M. le doyen du canton.

IV. — Ils auront un costume plus modeste que le commun des laïques, et se distingueront par leurs mœurs et leur régularité.

V. — Il leur est défendu de boire et de manger dans les cabarets du lieu de leur résidence, d'aller aux danses et aux veilles, sous peine de révocation de leurs pouvoirs.

VI. — Défendons, sous peine d'interdiction, à tous clercs-laïques de se revêtir du surplis et de célébrer aucun office en l'absence des curés, desservants ou vicaires.

VII. — On ne leur délivrera des lettres d'institution que sur la présentation d'un *Brevet de Capacité* qu'ils recevront de M. le Recteur d'Académie.

Fait à Amiens, le 16 juin 1824

Par mandement

Clabault, chanoine, Secrét^{re}-Général.

François Joseph Arcelin épousa, le 6 février 1833, Julie Marie-Anne Catherine Darloy, qui lui donna sept enfants, dont deux se consacrèrent de même à l'enseignement : Marie Julie Clotilde, religieuse de la Sainte-Famille d'Amiens, Institutrice à Caix pendant plus de 30 ans, et Léonard Clodomir, mort Instituteur à Flaucourt.

Il mourut le 15 décembre 1873, à l'âge de 69 ans. On le désignait couramment sous le nom de *nott'-maître*.

A l'occasion de ses funérailles, le « Journal de Péronne » inséra cette note, dans son n° du 20 décembre.

« St-Christ. — Une foule nombreuse assistait aux obsèques de cet homme de bien, que tout le pays aimait et vénérait. M. le Curé de Saint-Christ (l'abbé Poiret) a prononcé avant l'Absoute une allocution dans laquelle il rappela les mérites du défunt et qui produisit sur l'assistance une émotion d'autant plus vive que ses paroles étaient l'expression des sentiments de tous ».

Ce maître, si profondément religieux, avait la réputation d'avoir fait de brillants élèves. A une époque on accourait des pays voisins pour suivre ses cours.

Traitement de l'Instituteur, en 1825.

Pendant cette première moitié du dernier siècle, les instituteurs avaient d'autant plus de mérite à remplir leurs humbles, pénibles, mais nobles fonctions, que la rétribution qu'on leur accordait était médiocre et difficultueuse, les municipalités se résignant avec peine à s'imposer et à faire les sacrifices indispensables aux besoins de ce service, et d'autre part les parents imposés n'étant jamais pressés de payer leur quote-part obligatoire.

Voici la délibération en vertu de laquelle le Conseil municipal reçut le sieur Arcelin, instituteur, et *fixa son traitement* à son arrivée dans la paroisse, en 1825.

2 Janvier 1825 :

« Nous, maire et membres du Conseil municipal de Saint-Christ-Briost, assemblés en vertu de l'autorisation de M. le Sous-Préfet, en date du 6 décembre dernier, considérant que la place d'instituteur étant vacante, il importe pour l'instruction de la jeunesse d'y pourvoir ; — que le sieur Arcelin François, natif du Mesnil-Bruntel, s'est présenté pour remplir cette place avec les papiers nécessaires pour prouver sa capacité et ses bonnes vie et mœurs »,

Délibérons :

« Le sieur Arcelin François est reçu *instituteur* pour les *trois communes de Saint-Christ, Briost et Cizancourt*, et il sera pourvu « *à un traitement montant à 23 setiers de blé* » qui seront payés par les dites communes ».

Fait et délibéré en la maison commune de Saint-Christ.

Legras, adjoint.

C'était donc un traitement fixe d'environ 300 francs, *moindre* relativement que celui qui était accordé en 1793, à l'instituteur chargé des enfants de *Saint-Christ seulement*.

Ce mode de rétribution assez primitif fut encore suivi pendant un certain nombre d'années ; ce n'est qu'en 1833 que les Conseils municipaux de Saint-Christ-Briost et Cizancourt, en conformité de l'ordonnance royale sur l'Instruction primaire, parue le 16 Juillet de la même année, se réunirent et résolurent que : 1° sur le consentement exprimé par chacun des membres présents, les deux communes *n'en formeraient qu'une seule*, en ce qui concerne l'Instruction primaire, et que : 2° le nombre des élèves devant fréquenter l'école étant de 130 (garçons et filles), le nombre de ceux qui seraient soumis à la *rétribution mensuelle* serait de 86, déduction faite de 44 élèves indigents ; on partagea les premiers en quatre catégories :

Ceux de la 1re classe devaient payer 0 fr. 75 c.
Ceux de la 2e — — — 0 fr. 60 c.
Ceux de la 3e — — — 0 fr. 45 c.
Ceux de la 4e — — — 0 fr. 30 c.

On estimait que ce mode de rétribution donnerait un total de 250 à 300 francs.

D'autre part, le *traitement fixe* de l'instituteur fut arrêté à la somme de 300 francs, à payer : 240 francs par la commune de Saint-Christ-Briost et 60 francs par celle de Cizancourt.

En conséquence, on vota une imposition spéciale de trois centimes additionnels au principal des contributions foncières personnelles et mobilières, avec l'espoir d'obtenir un secours sur les fonds départementaux et, en cas d'urgence, sur le Budget de l'Etat, pour parfaire la dite somme de 300 francs.

Ce n'est donc qu'à partir de cette époque (1833), que le traitement global de l'instituteur put atteindre la somme de 600 francs, à laquelle venait s'ajouter un modeste casuel.

La maison d'école était de son côté en « très mauvais état ». Le maire de Péronne, qui était président du Comité d'Instruction primaire, en avait été informé et avait écrit au maire pour l'informer que le Gouvernement avait l'intention *de seconder* les communes dans l'entretien de leurs immeubles scolaires. Le Conseil vota *200 francs* (délibération du 16 septembre 1831), déclarant ne pouvoir donner davantage, « vu le peu de ressources que présentent les fonds communaux ». Dans les considérants, il est dit que les habitants ont déjà fait de nombreux sacrifices par suite de cotisations volontaires pour subvenir à divers travaux urgents exécutés au Presbytère et à la maison commune, et qu'il sera encore nécessaire de recourir à ce moyen pour l'ameublement de la dite école.

Le devis des travaux à exécuter, dressé par le Sr Vincent Darloy, s'élevait à 674 francs.

14° *Pierre François Honoré Berquin*, originaire de Noyelles-sur-mer (Somme) ; il exerça à Saint-Christ de 1851 à 1858 et prit pour femme, en 1872, Alphonsine Damarice Duchemin, née Duchemin-Legras.

C'est le 20 avril 1850 que fut publié le décret prescrivant aux Conseils municipaux de voter, sur leurs revenus ordinaires, et, à défaut de ces revenus, sur leurs 3 centimes spéciaux, les fonds *nécessaires* : 1° pour assurer le traitement des instituteurs communaux pendant l'année 1851, lequel traitement *fixe* ne pouvait être inférieur à *200 francs ;* 2° pour élever à *600 francs*, pendant la même année, le revenu des instituteurs communaux dont *le traitement fixe*, réuni au produit de *la rétribution mensuelle*, n'atteignait pas cette somme.

Instituteurs nommés par le Préfet sur la proposition
de l'Inspecteur d'Académie
en vertu de la Loi du 14 Juin 1854 :

15° *Decamps Siméon*, natif d'Englebelmer, exerça de 1858 à 1870 ; il était marié à Dorville Delphine et mourut à Démuin.

16° *Chocholle Clovis*, originaire de Saint-Sauveur (Somme) ; il exerça comme instituteur communal et sa femme, *Decoisy Léontine*, comme institutrice communale, de 1870 à 1894.

17° *Carpentier Eugène*, natif de Pozières (Somme) ; il exerça comme instituteur public et sa femme, *Bouvillain Evelina*, de Valines, comme institutrice publique, de 1894 à 1897.

18º *Lefebvre Edmond*, de Belleuse (Somme), instituteur public et sa femme, *Lecointe Honorine*, de Breteuil (Oise), institutrice publique, tous les deux en exercice depuis 1897.

b). — « *Sœurs ou maîtresses d'école* » *et institutrices*.

Pendant de longs siècles, du XIᵉ au XVIᵉ siècle, ce furent les religieuses du Prieuré qui s'occupèrent de l'instruction et de l'éducation de nos jeunes filles. C'est dans les écoles tenues par elles-mêmes qu'elles se recrutaient et qu'elles formaient au devoir les futures épouses et mères de famille. Elles furent remplacées par de pieuses femmes qui, sous le nom de « maîtresses ou de sœurs d'école », continuèrent leur œuvre jusqu'à la Révolution.

Les archives paroissiales ne mentionnent qu'un nom, c'est celui de *Catherine Wibec*, qui était « maîtresse d'école » en 1756 ; cette dame était native de Bacquencourt, paroisse d'Hombleux, et fut inhumée dans son pays d'origine à la même date. Elle fut remplacée par une autre, puisque nous savons que la fabrique de l'Eglise continua d'assurer de ses deniers le traitement de la « maîtresse d'école ».

Du reste, une délibération municipale du 1ᵉʳ octobre 1793 nous apprend que le Conseil faisait encore à cette date, « aux sœurs d'école », un traitement consistant en 9 setiers de blé, à raison de 14 livres le setier, et 18 livres en espèces ayant cours, à prélever sur les revenus de la fabrique et les ressources communales.

Ainsi, bien que nous ne sachions pas les noms de ces dames, il est bien certain qu'il existait dans la paroisse, avant 1793, une école de filles distincte, comme aujourd'hui, de l'école des garçons.

Les ressources de la fabrique ayant été anéanties par le fait de la confiscation des *biens d'Eglise*, l'école des filles tomba d'elle même, comme devait tomber peu après *celle des garçons*.

L'école des filles ne devait se relever que beaucoup plus tard.

Déjà en 1838, le ministre de l'Instruction publique avait bien voulu offrir à la commune un secours de 1000 francs pour favoriser l'établissement, ou plus exactement, le rétablissement d'une école de filles pour les enfants de Saint-Christ, Briost et Cizancourt, mais le Conseil, réuni à ce sujet, répondit que les communes de Saint-Christ et Briost étaient pour lors dans l'impossibilité de pourvoir à un établissement de ce genre, « faute de ressources » (délibération du 11 mars 1838).

Un essai fut tenté, paraît-il, avec les Religieuses de la Sainte-Famille d'Amiens vers cette époque, mais la fondation, placée sous la direction de la Sœur Achille et sous les auspices de la famille Vinchon, ne subsista pas; il faut arriver à 1859, pour trouver une école de filles organisée et placée sous la direction d'une institutrice.

Voici les noms des institutrices qui ont exercé depuis cette date :
1° Mademoiselle Crépy, 1859-1866 ;
2° Mademoiselle Ledoux Adélaïde, 1866-1868 ;
3° Mademoiselle Duriez, 1868-70 ;
4° Madame Chocholle, née Décoisy Léontine, institutrice communale, 1870-94 ;
5° Madame Carpentier, née Bouvillain Evelina, institutrice publique, 1894-97 ;
6° Madame Lefebvre, née Lecointe Honorine, institutrice publique, en exercice à ce jour, depuis 1897 ;

Traitement actuel

Aujourd'hui, le traitement des instituteurs et institutrices titulaires est arrêté comme il suit :

Instituteurs		Institutrices	
5ᵉ classe	1000 francs.	5ᵉ classe	1000 francs.
4ᵉ classe	1200 »	4ᵉ classe	1200 »
3ᵉ classe	1500 »	3ᵉ classe	1400 »
2ᵉ classe	1800 »	2ᵉ classe	1500 »
1ʳᵉ classe	2000 »	1ʳᵉ classe	1600 »

En outre, ces fonctionnaires ont droit : 1° au logement ou à une indemnité représentative ; et 2° à une indemnité de résidence, en certains cas. La classe est attachée à la personne, et peut être attribuée sans déplacement.

(Lois du 9 Juillet 1889 et du 25 Juillet 1893).

L'ancienne école de filles se trouvait sur l'emplacement de la mairie et du groupe scolaire actuels, l'école des garçons à l'angle droit du chemin creux qui conduit au Calvaire, autrefois rue Querelle, en face du Presbytère.

Le nouveau groupe a été construit en 1873, en même temps que la mairie, sur l'emplacement même de l'antique couvent du Prieuré. On a dépensé à ces constructions la somme de 24.000 francs.

II. — Caractère, programme et réglementation des anciennes écoles du diocèse de Noyon. — Création d'un Séminaire pour la formation des maîtresses d'école. — Écoles dominicales et veilles. Prérogatives des clercs séculiers.

L'Eglise a toujours considéré l'œuvre de l'éducation de la jeunesse comme l'un des principaux devoirs que lui suggère et impose la mission *doctrinale* et *morale* qu'elle a reçue de Jésus-Christ, son fondateur. Aussi a-t-elle toujours hautement affirmé et revendiqué son droit primordial de *diriger* ou au moins de *surveiller* et de *contrôler* l'enseignement qui est donné à ses propres enfants.

Nous avons l'avantage de posséder plusieurs documents qui nous montrent la sollicitude des anciens évêques de Noyon à ce sujet, en même temps qu'ils précisent le caractère et le programme général de l'enseignement populaire avant 1789.

a) — *Règlements pour la conduite des clercs séculiers, maîtres d'école du diocèse de Noyon, publiés le 3 Janvier 1673, par François de Clermont, évêque-comte de Noyon.*

Ces règlements comprennent trois parties : la 1re regarde les personnes ; la 2e le service de l'Eglise ; la 3e l'*instruction de la jeunesse* ou les devoirs des maîtres d'école envers leurs écoliers.

Je cite cette dernière partie en entier :

1º Personne n'entreprendra les fonctions de maître d'école non plus que celles de clercs en aucune paroisse de ce diocèse, *sans notre approbation, par écrit*.

2º Ceux qui seront approuvés pour cet emploi, considéreront sérieusement que leur office est d'autant plus relevé qu'il regarde *le salut des âmes*, dont une seule est plus précieuse que tout le monde ensemble, que les écoles sont les premières maisons de discipline, les Séminaires du Christianisme, d'où les enfants instruits dans la crainte de Dieu doivent sortir pour être les *fidèles sujets de l'Église et de l'État*, et que les Anges mêmes qui environnent le trône de la

Majesté divine se tiennent honorés d'être les gardiens de ces petits, dont ils sont les maîtres.

3° Ils se souviendront aussi que les enfants sont plutôt confiés à leur conduite pour imprimer la *crainte de Dieu* dans leurs cœurs, qu'un âge tendre rend doux, dociles et capables de recevoir la semence de toutes les vertus chrétiennes, que pour éclairer leurs esprits ; c'est pourquoi ils leur apprendront principalement la *science du salut* qui en fera des Saints, sans toutefois *négliger celle du monde*, qui peut les rendre civils et honnêtes gens.

4° Ils feront toujours l'ouverture de leur école par une *prière courte*, comme le « Veni Sancte Spiritus » et la termineront par l'antienne « Sub tuum Præsidium », que l'on récitera tête nue, à genoux, devant quelque image dévote, et obligeront aussi leurs écoliers de commencer et de finir leurs leçons par le *signe de la Croix*.

5° Ils enseigneront dans quelles dispositions il faut assister à la Sainte-Messe, instruiront ceux qui ne savent pas encore lire, de la manière de dire son chapelet, et les autres plus avancés à prier Dieu dans leurs livres quand ils seront à l'Eglise, à servir avec un esprit de piété à l'Autel, aider au service divin, chanter au lutrin, s'ils y ont quelque disposition, psalmodier, entonner les versets, et chanter les leçons et les Epîtres, suivant la capacité de chacun.

6° Toutes les semaines, ils feront lire à leurs écoliers et réciter trois fois le *Catéchisme*, les interrogeront et les feront répondre par mémoire autant qu'ils le pourront ; ils auront soin de leur faire entendre le *sens de toutes les paroles*, afin qu'ils conçoivent ce qu'ils disent ; ils leur enseigneront aussi comment ils doivent adorer Dieu le soir et le matin, dire le Benedicite et les Grâces, et faire tous les autres exercices du chrétien ; tous les samedis, à la fin de l'école, ils leur feront chanter les commandements de Dieu avec les Litanies de la Sainte-Vierge.

7° Ils porteront leurs écoliers à se confesser à leur curé à toutes les bonnes fêtes de l'année, et au moins à celles de Pâques, de la Pentecôte, de Noël, de l'Assomption de la Sainte-Vierge et de tous les Saints ; leur apprendront la méthode de se bien préparer pour faire leur première communion, et laisseront au discernement et à la conscience des curés ou vicaires le soin de régler le nombre des communions suivantes dans le cours de l'année.

8° Ils recommanderont à leurs écoliers de s'habiller modestement, de s'abstenir de la danse (particulièrement aux jours des Dimanches et fêtes), des jeux de cartes, de toutes conversations familières tant avec les filles qu'avec les jeunes garçons débauchés, s'informeront diligemment de leurs déportements et s'ils apprennent qu'ils ayent donné sujet de plaintes à leurs parents ou à d'autres, et qu'ils soient sujets à quelque vice, comme jurement, mensonge, paroles injurieuses ou déshonnêtes, batteries, larcins et actions indécentes, ils leur en feront la correction convenable, avec un esprit de douceur et de charité.

9° Ils empêcheront de tout leur pouvoir que les enfants ne couchent avec leurs père, mère et sœurs ; qu'ils ne se baignent dans les lieux exposés à la vue du monde, et qu'ils ne jouent d'une manière indécente en cet état.

10° Ils recevront indifféremment *les pauvres et les riches* à leur école, et ils prendront un soin égal de les instruire, sans y admettre toutefois *aucune fille*, à l'instruction desquelles les curés essayeront de commettre et *députer une personne* du même sexe *par nous approuvée*, pour les retirer de l'*ignorance*, empêcher qu'elles *ne se corrompent* et les rendre capables de la fréquentation des Sacrements.

11° Ils montreront *à lire, écrire, connaître les chiffres, compter avec de la monnaye et à la plume*, et formeront la jeunesse chrétienne dans tous les exercices de piété et de civilité propres et convenables.

12° Ils prendront garde que les enfants ne se servent d'aucun livre qui ne soit *bon, approuvé*, et qu'ils n'ayent fait voir aux curés, dont ils suivront les avis.

13° Ils tiendront la main à ce que les écoliers soient modestes à l'école, qu'ils y étudient et *apprennent leurs leçons*, qu'ils demeurent dans leurs places, les empêcheront de les quitter ou changer sans ordre et permission, les obligeront de réciter leurs leçons posément, et conserveront surtout la *justice* qui est l'âme et le nerf de la discipline, *sans aucune acception de personnes*, ni témoigner plus ou moins d'inclination pour les uns que pour les autres.

14° Si les écoliers commettent quelque faute en leurs leçons ou autrement, ils les reprendront *avec douceur*, s'abstiendront de leur dire des injures, de les frapper en colère, et pousser trop rudement; et s'il est nécessaire d'user de *châtiments* (que la passion rendrait aussi inutiles que la justice les rend profitables), ils éviteront soigneusement de découvrir les enfants d'une manière qui blesse la pudeur.

Et afin que tous ces règlements soient fidèlement exécutés et que nous puissions en recueillir le fruit que nous espérons, tous les curés nous avertiront de la conduite de leurs clercs ; et en même temps pour empêcher qu'ils ne deviennent inutiles par la faute des paroissiens, nous leur ordonnons de destiner un *lieu propre et particulier* où l'on puisse tenir l'école ; aux parents d'y *envoyer soigneusement* leurs enfants, et à tous les habitants des villages de *pourvoir* de telle sorte à la *rétribution des clercs* et *maîtres d'école*, qu'ils ne soient pas forcés de prendre d'autres emplois *pour subsister avec leurs familles*, les exhortant de consentir, en cas de besoin, que les clercs et magisters reçoivent par chacun an, pour *droit de Clergé*, de chaque ménage, une certaine somme payable à la Saint-Remy, outre et par-dessus le *Casuel*, le prix des trépassés, l'eau bénite, etc., ainsi qu'il se fait en plusieurs endroits de ce diocèse, où quelques magistrats et officiers de justice, véritablement chrétiens, ont prudemment ordonné que les refusants de payer leur cote-part (quote-part), pour entretenir les clercs, y pourront être contraints par toutes voyes dues et raisonnables, et ont aussi sagement pourvu à ce que les bestiaux sujets à garde, soient mis en celle d'un vacher ou porcher commun du village, pour empêcher que les enfants de l'un et de l'autre sexe *ne soient divertis* (détournés) *d'aller à l'école* sous prétexte de veiller à la conservation des bestiaux.

C'est ainsi que tous les maîtres et clercs d'école des villes et villages de ce diocèse étant éclairés des devoirs qui concernent la conduite de leurs personnes, le soin des Eglises et *l'instruction de la jeunesse*, attireront les bénédictions de Dieu sur eux, serviront d'exemple à tous ceux qui font les mêmes fonctions, et partageront avec nous dans l'éternité la *récompense* d'un ouvrage *si utile* à *la gloire de Dieu*, à *l'honneur de l'Eglise* et au *salut des fidèles*.

Donné à Noyon, en notre Palais Episcopal, sous notre seing, celui de notre secrétaire, et le scel de nos armes, le 3ᵉ jour du mois de Janvier 1673.

Fr., Ev. C. de Noyon.

Ce règlement répondait, en grande partie, aux intentions formelles et aux plus pressantes exhortations de Louis XIV.

Voici, en effet, dans quels termes le Roi s'exprimait, en 1667, dans une Lettre adressée à ce sujet à l'évêque de Noyon :

« *Mon cousin*, voulant empêcher l'abus qui s'est glissé dans *plusieurs endroits* de votre diocèse parmi les maîtres et les maîtresses d'école qui reçoivent *indistinctement les enfants de l'un et de l'autre sexe* pour les instruire et les élever ensemble, j'ai cru qu'il était de la Gloire de Dieu et de l'édification du prochain de faire un *règlement* pour prévenir les scandales qui pourraient résulter de la continuation de cet abus. Par cet effet, je désire que les écoles de garçons soient tenues désormais par des *hommes* de *probité* et de *capacité* pour les instruire et que celles des filles soient tenues par *des filles*, des *femmes veuves*, ayant les *qualités nécessaires, sans que* les garçons et les filles puissent être reçus *dans une même école* pour quelque cause ou quelque prétexte que ce soit, ni qu'aucun maître ou maîtresse puissent être admis à tenir école, qu'ils n'aient *approbation* et *titre* de ceux qui doivent avoir supériorité sur eux, *selon les lois et coutumes*.

Et d'autant plus que c'est une chose qui regarde *votre soin*, puisque le salut des âmes dont vous êtes chargé dépend principalement des bonnes instructions qu'on donne à la jeunesse, *je vous* fais cette lettre pour vous dire *mon intention* et que vous ayez à pourvoir au plus tôt dans l'étendue de votre diocèse *à l'observation de ce règlement*, imposant les peines que vous jugerez à propos, aux personnes de l'un et de l'autre sexe qui oseront y contrevenir, dont me remettant à votre prudence, je me contenterai de *vous exhorter* à vous y employer avec la diligence à laquelle *votre charge vous oblige* ».

Sur ce, mon cousin, je prie *Dieu* qu'il vous ait en sa sainte et digne garde.

A Saint-Germain-en-Laye, le 16 Mai 1667.

Signé : Louis

Plus bas : Guénéguand.

Fondation d'un Séminaire pour la formation des Maîtresses d'école.

Le moyen le plus efficace de prévenir le retour des abus signalés par le grand Roi, était de pourvoir immédiatement à la formation d'un personnel assez nombreux de maîtresses instruites et dignes de confiance. C'est dans ce but que Mgr de Clermont-Tonnerre fonda, en 1689, dans la Ville Episcopale, un *Séminaire de Maîtresses d'école*, on dirait aujourd'hui une Ecole normale d'Institutrices, et en confia la direction aux *Sœurs de la Sainte-Famille*, établies rue d'Amiens ; celles-ci la conservèrent jusqu'à leur suppression en 1792. L'existence de la maison étant assurée par des fondations, *les élèves maîtresses* y étaient admises *à titre tout à fait gratuit*.

C'est dans cette maison que furent formées les dames qui dirigèrent l'école de filles de Saint-Christ en qualité de « maîtresses ou sœurs d'école », pendant tout le cours du xviiie siècle.

En 1700, le même Evêque traçait *un règlement* à l'intention des *maîtresses d'école* du diocèse de Noyon. Je laisse la première partie, qui regarde leur conduite par rapport *à elles-mêmes*, mais je tiens à reproduire toute entière la seconde partie, qui a pour titre : « *de la manière d'instruire les filles* ». — Les mères de famille actuelles y trouveront d'excellentes leçons et pourront, à l'occasion, s'inspirer des principes qui y ont été formulés il y a plus de deux siècles, d'une façon si pratique et opportune.

Règlements pour la conduite des Maîtresses d'école du diocèse de Noyon.

1° Les Maîtresses d'école accommoderont l'école *le plus proprement* et *le plus dévotement* qu'elles pourront, mais *simplement* et sans excès ; y porteront et y feront porter le respect qui est dû aux lieux où il plaît à Dieu qu'on parle de lui, et où l'on reçoit les *premières semences* de sa connaissance, de sa crainte et de son amour.

2° Lorsque le temps des classes approchera, les Maîtresses d'école élèveront *leur esprit et leur cœur à Dieu* pour luy demander ses lumières et ses grâces, lui offriront leurs pensées, leurs paroles et leurs actions, prieront leur Saint Ange de les avertir, si elles sortent de la présence de Dieu. ou si elles entrent en quelque complaisance de leurs pensées et de leur manière d'instruire.

3° L'école commencera ordinairement le matin à 8 h. et finira à 10 h. 1/2 ; l'après-midy, à 1 h. 1/2 et finira à 4 h. ; excepté pour les *pauvres filles* qui vont demander leur pain, ou qui travaillent pour gagner leur vie, lesquelles seront préférées aux autres, invitées et excitées par toutes sortes de moyens *d'aller à l'école* et aux instructions, à toutes les heures qu'elles le pourront ; de même que pendant l'été et au temps que les enfants sont occupés aux ouvrages de la campagne par leurs parents, les maîtresses les recevront aux heures qu'elles se présenteront, et les instruiront à mesure qu'elles arriveront.

4° En entrant dans l'école, les Maîtresses prendront de l'eau bénite, se mettront à genoux avec les écolières devant un petit Oratoire, *adoreront Notre Seigneur comme enseignant les peuples,* luy demanderont la grâce d'imiter les vertus qu'il a pratiquées dans cet employ, invoqueront le Saint-Esprit sur elles et sur les filles, afin que les Maîtresses puissent *instruire saintement*, et les écolières apprendre de même. — Les Maîtresses diront : « Veni, Creator Spiritus », le Verset et l'oraison, puis une fille récitera à haute voix, posément et distinctement « Pater Noster, Ave Maria, Credo in Deum, les Commandements de Dieu et de l'Eglise, et l'Angelus ». — Après-midi, on commencera l'école par l'invocation du Saint-Esprit « Veni, Sancte Spiritus » ; ensuite, les écolières se rangeront en leurs places et étudieront leurs leçons en silence, soit pour le *Catéchisme*, soit pour la *lecture* ou l'*arithmétique*. Plusieurs fois de chaque semaine, les Maîtresses d'école feront un petit discours aux écolières, avant de les faire étudier les leçons, pour leur inspirer *le désir d'être bien instruites.*

5° Pendant l'école, les Maîtresses ne feront *aucune sorte d'ouvrage* ; mais elles considèreront toutes leurs écolières en général et en particulier, examinant leur conduite et leur manière d'étudier, sans les perdre de vue, afin de les obliger *de s'appliquer à l'étude* ; elles considèreront les âmes de ces enfants comme étant chères et précieuses à Dieu, rachetées et lavées dans le sang de Jésus-Christ, son cher Fils ; ne regarderont leur corps que comme une prison qui les garde et les tient en dépôt pour quelque temps seulement, et penseront aux moyens de travailler à leur sanctification plutôt qu'à leur parure et ajustements.

6° Elles auront plus de soin d'apprendre aux filles les mystères de la foi dans le Catéchisme, l'humilité, l'obéissance, la pureté, la modestie, la piété et les autres vertus nécessaires, que de répondre à des *questions curieuses* et *trop relevées* et de leur faire dire par mémoire des sentences ou des vers, dont le récit accompagné de gestes étudiés et mondains, ne sert qu'à flatter la *vanité* des maîtresses et des écolières.

7° Quand elles avertiront les écolières de vivre dans la crainte et dans l'amour de Dieu, et qu'elles leur représenteront *les maux qui naissent du péché*, et *les biens que la vertu produit*, elles s'appliqueront ce qu'elles adressent aux autres, et craindront de tomber dans le reproche que Notre Seigneur fait dans son Evangile à ceux qui ont les yeux ouverts sur les fautes des prochains et fermés sur celles qu'ils font.

8º Elles feront en sorte *de se faire craindre et aimer* en même temps, afin que les écolières *se portent librement* à la retenue, à la modestie, au silence, à l'obéissance, à l'étude et à tous les autres exercices, et n'y soient pas forcées par une crainte servile.

9º Elles s'observeront avec tant de précaution dans leurs paroles et dans leurs actions, qu'elles ne donneront aucun mauvais exemple, et se souviendront toujours des grandes malédictions, dont Dieu a menacé ceux qui scandalisent les enfants.

10º Leurs corrections et réprimandes seront *douces et fortes* ; elles témoigneront aux filles qu'elles espèrent du changement à l'avenir, par le secours de la grâce et de la miséricorde de Dieu sur elles.

11º Elles puniront plus sévèrement *les mauvaises habitudes*, ne donneront le fouet que rarement, sans excès, pour des *fautes notables*, dans un coin de l'école éloigné des autres écolières, sans impatience et sans colère.

12º Les châtiments dont elles pourront user ordinairement seront de leur faire *demander pardon* à Dieu, et aux personnes ou écolières qu'elles auront offensées, de baiser la terre, de les priver d'une partie de leur collation, de les faire tenir à genoux pendant un *Miserere*, de leur donner quelques coups de verges dans la main, et autres semblables petites peines ; elles prendront garde de ne les frapper jamais ni à la tête ni au visage, ni ailleurs, soit avec les verges, soit avec la main, et encore moins avec des disciplines.

13º Elles loueront publiquement et récompenseront de temps en temps de quelques petits prix les écolières qui *sçauront mieux leurs leçons*, le Catéchisme, et principalement *les plus vertueuses*.

14º Elles recommanderont souvent aux filles de *prier Dieu* le matin et le soir à genoux, leur feront apprendre *le Catéchisme par mémoire*, le leur feront réciter les Lundis, Mercredis et Vendredis et en feront faire la répétition le lendemain de ces jours ; les Vendredis et veilles des fêtes, elles feront le Catéchisme autant qu'elles le pourront sur la matière dont M. le Curé doit parler le dimanche ou la fête qui suit dans son Catéchisme.

15º Pour faire le Catéchisme, elles le tiendront à la main, afin de s'arrêter aux questions et aux termes qui y sont marqués ; elles ne feront guère d'autres questions et s'attacheront seulement à *faire bien entendre les termes* dont le Catéchisme se sert par d'autres semblables, afin que les enfants comprennent *par jugement*. Avant de faire quelque demande du Catéchisme, elles répèteront deux ou trois fois la demande et la réponse, afin qu'elles la fassent comprendre et retenir aux enfants.

16° Tous les Vendredis, après-midy, elles s'appliqueront pendant une heure à apprendre aux enfants à faire *l'examen de conscience* pour se bien confesser.

17° Lorsque les grandes fêtes de l'année approchent, comme les fêtes de Pâques, de la Pentecôte, du Saint-Sacrement, de tous les Saints, de la Nativité de N. S., du Patron, de la dédicace et les fêtes de la Sainte Vierge, les maîtresses d'école diront *familièrement* aux enfants *le sujet et le mystère* de la fête, feront le Catéchisme aux enfants qui ne communient point sur *le Sacrement de Pénitence*, afin de les disposer à faire leur confession, leur apprendront encore à faire leur examen de conscience et la *manière de se confesser*, demanderont à M. le Curé le jour qu'elles pourront luy conduire les enfants à l'Eglise, les avertiront entre autres choses de ne pas se présenter ensemble au Prêtre, mais l'une après l'autre, quoique quelques-unes ou plusieurs n'en puissent recevoir que la Bénédiction, n'étant pas encore capables d'Absolution.

18° Les maîtresses d'école s'appliqueront en toutes occasions, particulièrement depuis la Septuagésime et pendant le Carême, à instruire les filles qui sont destinées à faire leur première communion et mêmes celles qui l'ont faite l'année précédente, autant qu'il se pourra; elles le feront même venir en particulier pour leur apprendre ce qu'elles *doivent scavoir et pratiquer pour vivre chrétiennement* et se disposer à une sainte communion ; en quoy elles n'écouteront ni la voix de leurs inclinations particulières, ni celle des empressements des enfants ou des parents, et n'auront aucune autre vue que celle *du mérite et de la sagesse* des filles les plus pieuses, dont elles feront un fidèle et sincere récit à M. le Curé ou à celui qui sera préposé pour en examiner les dispositions.

19° Lorsque les enfants prendront leur déjeûner et leur goûter, les maîtresses auront soin qu'elles disent le *Benedicite* auparavant et les *Grâces* après, et qu'elles mangent *modestement et proprement*. — Elles s'appliqueront à faire garder dans l'école le *silence* et la *retenue* et à faire toujours tenir les enfants dans une disposition de corps fort modeste.

20° Entre toutes vertus chrétiennes, il faut souvent recommander aux filles le *respect* et *l'obéissance* envers leurs parents et leurs supérieurs ecclésiastiques et séculiers, l'*humilité*, la *modestie* et la *pureté* ; il faut leur donner une grande horreur de tous les péchés, particulièrement de ceux qui sont opposés à la pureté, dont cependant il ne faut parler *qu'en termes fort chastes* ; mais il n'y a pas de danger à leur faire entendre qu'on regarde comme *des filles perdues* celles qui fréquentent ou écoutent les garçons ; il faut même leur enseigner à garder *une grande modestie* les unes avec les autres, et ne jamais se découvrir, quand même il n'y aurait que des filles ; à ne point badiner ni se toucher quand elles couchent ensemble ; à ne jamais coucher avec leurs frères, à quelque âge que ce soit, mais à *coucher plutôt sur la paille*.

21° Les Maîtresses n'enseigneront point à lire d'autres livres que ceux qui contiennent les prières de l'Eglise, comme sont l'Oraison Dominicale, la Salutation Angélique, le Symbole des Apôtres, le Psautier, les Offices de Notre Seigneur, de la Sainte Vierge et des Saints, et dans *les livres de langue Française* qui renferment une *doctrine approuvée de l'Eglise* ; elles prendront garde très soigneusement de ne laisser aux enfants aucun livre suspect d'hérésie, ni des romans et autres semblables, dont la lecture est non seulement inutile, mais périlleuse, et préjudiciable au salut de la jeunesse.

22° Dans les lieux où il y aura plusieurs maîtresses d'école, aucune ne pourra recevoir aucune fille qui ait commencé le mois sous une autre maîtresse, qu'elle n'ait achevé le mois, ou que du moins, il ne paraisse que la maîtresse sous laquelle elle a commencé, ait été satisfaite de son salaire.

23° A la fin des classes du matin, avant de congédier les écolières, les maîtresses leur feront dire tout haut le *Confiteor* pour demander pardon à Dieu des fautes qu'elles peuvent avoir commises ; elles remercieront Dieu des grâces qu'Il leur a faites de les instruire, Luy en offriront tout le prix, et Luy demanderont la grâce d'en faire un bon usage et diront une fois : *Domine, salvum fac regem* et *Exaudi nos in die quâ invocaverimus Te* et trois fois : « *Loué soit le Très Saint Sacrement de l'Autel* ». A la fin des classes d'après-midi, on récitera le *Confiteor* en français, en demandant pardon à Dieu des fautes commises dans l'école, *Notre Père qui êtes dans les Cieux, Je vous salue, Marie, Je crois en Dieu*, un *Acte de remerciement, l'Angelus* ; une fois, *Domine, salvum fac regem* et *Exaudi nos in die quâ invocaverimus Te*, et trois fois : « *Loué soit le Très Sacrement de l'Autel* ».

Les Maîtresses donneront leurs soins à ce que les écolières sortent de l'école *en silence*, et qu'elles s'en retournent chez leurs parents, avec la modestie que des filles chrétiennes doivent toujours conserver ; et elles s'informeront de temps en temps de leur conduite auprès de leurs parents, pour leur donner les avis nécessaires et même les corriger, s'il en est besoin. »

Suit la partie du règlement qui concerne les « *Pensionnaires* », et finalement celle qui a pour titre : « *Des Assemblées des filles et femmes de la paroisse et des Veilles* ». Ces assemblées ont reçu ailleurs le nom d'*Ecoles dominicales*.

Les articles relatifs à ces sortes d'Assemblées nous feront comprendre leur objet, leur but et leurs avantages.

Des Assemblées des filles et femmes de la paroisse ou Ecoles dominicales.

1° Les Maîtresses d'école ne borneront point leurs soins et leur travail à l'instruction des petites filles ; elles employeront tous les moyens pour l'instruction et le salut *de toutes les personnes de leur sexe* ; dans cette vue, elles tâcheront de gagner leur amitié par leur douceur, leur charité et leur patience, afin de les porter à aimer et servir Dieu ; elles travailleront avec humilité et avec prudence à les détourner de la fréquentation des personnes de différent sexe, des danses, des jeux, des promenades et des pèlerinages avec les garçons ; elles leur montreront par leur exemple *à s'habiller modestement et sans vanité*.

2° Elles feront en sorte de les *assembler dans l'école les dimanches et les fêtes avant et après les Vêpres* ; elles les instruiront, avant Vêpres, sur la matière du Catéchisme que M. le Curé fera ce jour-là entre Vêpres et Complies, et sur d'autres matières de piété. Après Vêpres, elles leur feront une lecture de l'Evangile ou de l'Epître du jour et du Catéchisme ; d'un chapitre de l'Imitation de Jésus-Christ, avec quelques réflexions *par manière de Conférence* ; ensuite, elles diront toutes ensemble le Chapelet à haute voix et alternativement et *chanteront quelques cantiques spirituels* ; on finira par la *prière du soir*, après laquelle toutes se retireront en *silence* et avec modestie.

Des Veilles

3° Elles les assembleront aussi les *jours ouvriers*, après 6 h. du soir, *depuis la Saint Rémy jusqu'à Pâques, pour travailler ensemble*. On fera d'abord la lecture d'un Chapitre de l'Imitation de Jésus-Christ, après laquelle on gardera le silence pendant un 1/4 d'heure, afin de repasser dans sa mémoire ce qui aura été lu ; après quoy la Maîtresse fera le Catéchisme pendant une demi-heure, parlant toujours simplement et avec humilité, sans contrister personne ; ensuite, on fera une lecture spirituelle pendant un bon quart d'heure ; après quelques réflexions sur la lecture, on fera la *prière du soir* à haute voix et on se retirera *sur les 10 heures,* en *silence* et avec modestie.

4° On ne recevra dans ces deux sortes d'Assemblées aucune personne *accoutumée à médire* ou à rapporter des nouvelles *contraires à la modestie et à la charité* ; elle sera congédiée des Assemblées, si elle ne se corrige après que la Maîtresse l'aura avertie charitablement une fois ou deux fois. Ces Assemblées dans lesquelles il ne se trouvera jamais aucun homme ou garçon, se tiendront toujours, quand même il ne se trouverait que *deux filles ou femmes ou une seule,* et commenceront toujours par la *prière* et l'invocation du Saint-Esprit, et finiront par des *Actions de grâces.* »

Ces dernières dispositions avaient évidemment pour but de prévenir ou même d'abolir la *perverse coutume* que prenaient en certains lieux les hommes ou jeunes gens d'aller « *aux Veilles des Caves* » où s'assemblaient, l'hiver, pour travailler ensemble, les femmes et les filles, coutume dont se plaignent en particulier dans notre Province, les Ordonnances Synodales de Laon, de 1696, et celles de Châlons, de 1684.

En même temps, ces documents établissent que, *sous une forme adaptée* aux exigences du temps, les œuvres de *persévérance* que l'on désigne encore sous le nom d' « *œuvres post-scolaires* », ne datent pas précisément de notre époque.

L'évêque de Noyon termine par les considérations qui suivent :

« Après avoir réfléchi sur ces règlements, nous avons considéré que si *Dieu* n'ouvre les lèvres, n'éclaire l'esprit, et ne touche *intérieurement* le cœur des filles, pour *y faire germer la semence* de sa connaissance, de sa crainte et de son amour, le travail des Maîtresses d'école qui ne peuvent que planter et arroser, sera inutile ; il faut donc que, par *des prières ferventes et continuelles,* elles attirent le *secours nécessaire* des lumières et des grâces du Ciel sur elles, et sur les personnes qu'elles sont chargées d'instruire, pour en espérer *un heureux succès.*

Enfin, pour rendre l'établissement des maîtresses d'école *plus utile et plus solide*, il est nécessaire qu'elles soient *uniformes* en tous leurs exercices, et qu'elles aient en tout la même conduite. C'est pourquoy *nous n'en admettons aucunes* à cet employ, qu'elles n'aient été *instruites* et *formées* dans la *Communauté des « Nouvelles Catholiques de la Sainte Famille de Jésus »*, que nous avons établie en la ville de Noyon, dont les filles qui la composent ont un talent et une bénédiction particulière pour instruire la jeunesse de leur sexe et pour former les Maîtresses d'école comme dans un séminaire.

Nous y recevons avec joye *toutes les filles et femmes veuves de piété*, au-dessus de 18 ans, qui auront *de bonnes dispositions* ; et toutes les maîtresses d'école ainsi formées feront tous les ans dans cette Communauté une *retraite spirituelle* pour y reprendre l'esprit de leur état, se fortifier dans leur vocation contre tous les efforts que le monde et le démon renouvellent tous les jours pour les décourager, et recevoir la *continuation de notre approbation,* si nous le jugeons à propos, suivant notre mandement du 22 novembre 1689. Et comme les classes des petites écoles cessent *pour la moisson* dans presque toutes les paroisses de la campagne de notre diocèse, et qu'elles ne recommencent que dans *le cours du mois de septembre ou au 1er octobre, nous* jugeons que le temps le plus convenable pour faire cette retraite est des premiers jours du mois de septembre. Ainsi, *nous* ordonnons qu'elle commencera chaque année le 5e jour de septembre, après-midi, et finira le 12 au matin ; et pour profiter de tous les exercices qui s'y font régulièrement et participer à toutes les grâces qui y sont attachées, les maîtresses d'école seront exactes à se rendre le 4 de septembre *dans cette Communauté,* quand même elles n'en recevraient aucun avis particulier.

Nous espérons de leur zèle et de leur amour pour leur état qu'elles ne manqueront point de se trouver au jour fixé de cette retraite générale et qu'elles ne s'en dispenseront point, sous quelque prétexte que ce soit, sinon elles seront obligées de se présenter au mois d'octobre pour faire la retraite *en particulier* dans cette Communauté, ou bien *elles ne seront point continuées dans leur employ,* auquel *nous pourvoirons.*

En conséquence, nous réitérons expressément les deffenses par nous cy-devant faites à toutes personnes de quelque sexe, condition et qualité que ce soit, de s'ingérer dans l'instruction de la jeunesse, *sans notre approbation, par écrit.*

Et d'autant que la *distinction* des écoles pour les garçons et les filles a toujours paru d'une *très grande importance* à l'Eglise, tant par la crainte du péril que par les raisons de la bienséance et de la modestie ; que plusieurs Conciles, notamment ceux de Bourges et d'Aix, des années 1584 et 1585 l'ont ordonnée, ainsi qu'il a été fait par plusieurs déclarations et arrêts ; et que *la piété du Roy* l'a fortement recommandée à tous les Évêques du Royaume, particulièrement *à nous*, par la Lettre expresse que sa Majesté nous a fait l'honneur de nous écrire le 16 may 1667 (Lettre rapportée ci-dessus) ; qu'ainsi les deux Puissances du Sacerdoce et de l'Empire réunies concourent également à l'exécution d'un si louable dessein ; *nous*, en renouvelant l'art. 5 du 1er titre de nos statuts synodaux de l'an 1673, *ordonnons* que *toutes les écoles de garçons* seront tenues par des *hommes de capacité et de piété* requises, et que *toutes celles des filles* ne seront confiées qu'à *des filles ou veuves* qui ayent les mêmes qualités ; en conséquence nous réitérons les défenses par nous faites à tous les maîtres d'école d'enseigner les filles, et aux maîtresses d'école d'enseigner les garçons, sous quelque prétexte que ce soit, *sous peine d'interdit* pour toujours dans notre diocèse, et en cas de contravention, nous enjoignons aux curés de nous en donner avis ou à notre promoteur, afin de faire procéder contre les contrevenants, suivants les déclarations du Roy et les arrêts rendus sur ce sujet.

Nous attendons de la piété des Seigneurs et du zèle des Officiers de justice, une entière protection pour cette œuvre si avantageuse au bien des paroisses : nous conjurons instamment les pères et les mères de s'en servir soigneusement comme d'un moyen très favorable que Dieu leur envoie pour *bien régler* leur famille et y attirer ses bénédictions. Nous exhortons les filles et les femmes de profiter comme elles le doivent d'une occasion si utile à leur salut ; et nous espérons que les communautés des paroisses pourvoiront à la subsistance des maîtresses d'école, *Enjoignons* aux maîtresses d'école de lire attentivement, au moins une fois le mois, notre présent *règlement*, afin qu'elles le sachent exactement, qu'elles le méditent souvent et qu'elles l'observent fidèlement ; et nous leur recommandons de s'appliquer à *choisir et instruire* les filles qu'elles trouveront avec les meilleures dispositions pour *l'état de maîtresses d'école*, et de les envoyer au-dessus de 18 ans, en la Communauté de la « Sainte Famille de Jésus », pour y être formées à cet employ, si elles en sont trouvées capables.

C'est ainsi que nous espérons de *pourvoir toutes les paroisses* de notre diocèse *de maîtresses d'école* pieuses, capables, zélées, et que les filles, après avoir été élevées et instruites par le soin de dignes maîtresses d'école, deviendront ou *des vierges exemplaires dans le monde*, ou des *vierges consacrées* au service de J.-C., leur divin Epoux, *hors du monde*, ou des *femmes fidèles du monde*, et de ces *fameuses mères* d'Israël, qui *sanctifient leurs familles*, que la bonne odeur de leurs vertus se répandra sur tous notre diocèse et que nous recueillerons les fruits immortels dont nous avons semé les fleurs dans le temps.

Nous sommes assurés, sur la parole de l'apôtre Saint Jacques, que les *maîtresses d'école* qui se consacrent à Dieu pour l'instruction, la conversion et le salut des âmes, recevront *le pardon de leurs péchés* (JAC., 5, 20).

... Elles n'oublieront jamais l'avantage qu'elles ont de *participer au ministère et aux fonctions des Apôtres*, des Pasteurs et des Prédicateurs de l'Évangile, pour faire connaître aux personnes de leur sexe les grandeurs, les perfections et les bontés infinies de Dieu ; qu'ainsi, suivant les promesses de la sagesse divine, elles mériteront, par la fidélité de leur employ, *un bonheur éternel* dans le ciel. (Eccl., 24, 31) etc.

. . . . , ...

Donné à Noyon, dans notre Synode général, sous notre seing. etc., le 5ᵉ jour du mois d'octobre 1700.

Signé : *F. Évêque C. de Noyon.*

L'étude de ces règlements nous montre jusqu'à l'évidence que l'église se préoccupait vivement de la *formation intellectuelle* et *morale* des *enfants du peuple*, dans le *passé*. Dans cette œuvre capitale, elle mettait, comme de juste, *l'enseignement du Catéchisme* en tête de son programme. Elle savait que la science humaine, sans la *Science de Dieu à sa base*, est vaine et périlleuse pour la vie et le bonheur des sociétés et des familles ; ce qu'elle voulait, avant tout, c'était former des *générations saines de corps et d'âme*, des jeunes gens et des jeunes filles souverainement *aptes*, par les réserves de vie amassées dans leurs cœurs et dans leurs veines, sous l'action d'une vertueuse et *chaste adolescence*, à remplir les grands devoirs qui les attendent communément à leur entrée dans la vie, particulièrement dans l'état de mariage. On juge d'un arbre par ses fruits *b)* — *L'Ordonnance de Mgr de Rochebonne.*

L'intervention de M. de Clermont-Tonnerre n'est pas un cas isolé. Son successeur sur le siège épiscopal de Noyon ne fut pas moins zélé pour l'œuvre si ardemment poursuivie par le digne évêque, pendant le cours de ses 40 années d'épiscopat.

Les *Archives départementales* de la Somme conservent, en effet, une copie de l'*Ordonnance* que *Mgr de Rochebonne*, évêque de Noyon, adressa aux Curés et aux fidèles de son diocèse, en 1724. En voici le dispositif :

« *Charles François de Châteauneuf de Rochebonne*, par la grâce de Dieu, évêque, comte de *Noyon*, Pair de France, aux Curés et aux Fidèles de notre diocèse, salut et bénédiction ».

« Comme *l'instruction de la jeunesse* est l'un des plus importants devoirs de la sollicitude pastorale et qu'un des principaux moyens de la procurer est d'établir des *petites écoles* où il en manque, et de soutenir celles qui sont établies, Nous sommes obligé d'employer tout ce qui peut contribuer à ce grand œuvre. Nous avons des *écoles suffisantes* dans toutes les villes de notre diocèse ; *toutes les paroisses* de la campagne ont aussi des *maîtres d'école* pour l'instruction des garçons, auxquels les fabriques et les habitants fournissent la subsistance. Le plus grand besoin est l'instruction *des filles de la campagne*, où *nous avons établi plusieurs maîtresses d'école*, que nous faisons former dans une « Communauté de filles » de cette ville, comme dans un séminaire (les « Nouvelles Catholiques de la Sainte Famille de Jésus », dont il a été fait mention précédemment) ; *plusieurs paroisses* en manquent encore par le *défaut de moyens de les faire subsister*. Nous désirons cependant d'éviter une imposition annuelle de la somme de cent livres sur les habitants de chaque paroisse, pour la subsistance d'une maîtresse d'école, comme le Roy l'a ordonnée par sa déclaration du 14 may 1724, à moins que cette imposition ne devienne absolument nécessaire dans quelques paroisses. Nous aimons mieux, pour le soulagement des peuples, essayer de trouver de quoy donner du pain à une maîtresse d'école, et quelque somme modique, pour se procurer un logement et quelques douceurs, sur *les revenus des fabriques*, et sur le *bien des pauvres*, où il y en a, à la charge d'enseigner *gratuitement* les *pauvres filles*, sans préjudice à un honoraire plus grand, dans les lieux où il y a des biens de la commune. C'est pourquoy, *nous or-*

donnons que les *marguilliers et receveurs* du bien des pauvres, des paroisses de notre diocèse de la Généralité d'Amiens, contenues au *présent état, payeront chaque année à la maîtresse d'école*, approuvée de Nous, le bled et l'argent cy-après marqués, en deux termes égaux de la Toussaint et de Pâques, à commencer à la Toussaint mil sept cent vingt quatre ».

Suit l'état des paroisses et doyennés de Saint-Quentin, Péronne, Athies, Curchy, Nelle, Ham (de la Généralité d'Amiens).

Conclusion.... « Ce qui sera exécuté, jusqu'à ce qu'il y ait d'autres fonds ou qu'il ait été autrement pourvu et ordonné ; et, en cas que, dans quelques-unes des paroisses contenues au présent état, il n'y ait pas encore de maîtresse d'école, l'argent avec le prix du bled cy-ordonné pour sa subsistance restera entre les mains des marguilliers solvables, pour être employés à l'acquisition d'une petite maison pour l'école des filles, sauf à pourvoir en la manière cy-dessus ou autrement à l'établissement des maîtresses d'école dans les autres paroisses qui en manquent et qui ne sont pas comprises au présent état, et à augmenter ou diminuer l'honoraire cy-dessus réglé, suivant les besoins et les moyens qui se trouveront ».

Donné à Noyon dans notre Palais Episcopal, le 28 octobre 1724.

Ch. F., évêque C. de Noyon,
p^r Monseigneur, Monterrat.

Cette Ordonnance était conforme et répondait à une déclaration de Louis XV, datée de Versailles, le 14 mai 1724, où nous lisons ce passage significatif : art. V.

« Voulons qu'il soit établi, autant qu'il sera possible, des *Maîtres et Maîtresses d'école* dans *toutes les paroisses* où il n'y en a point, pour instruire *tous les enfants* de l'un et de l'autre sexe des principaux mystères et devoirs de la Religion Catholique, Apostolique et Romaine »..., « comme aussi pour y apprendre *à lire*, et même à *écrire* à ceux qui pourront en avoir besoin ». Ps. de Noyon, 1770, p. LXII.

Il est à remarquer que le diocèse de Noyon contenait 350 paroisses et 20 églises succursales, dont 145 de la Généralité de Soissons et 225 de la Généralité d'Amiens.

L'Ordonnance se rapporte donc à la fondation d'écoles de filles dans 76 paroisses de ce diocèse (partie de la Généralité d'Amiens), parmi lesquels 53 font aujourd'hui partie du département de la

Somme et du nouveau diocèse d'Amiens. — La paroisse de Saint-Christ n'est pas mentionnée dans cet état, par ce que, déjà, elle possédait son école de filles. — Les « Productions de M. de Rochebonne » de l'an 1726 portent, en effet, qu'à cette date, la Maîtresse d'école de Saint-Christ recevait 5 setiers de bled, mesure de Péronne.

L'évêque de Noyon, ayant prié les *Intendants* de Soissons et d'Amiens d'ordonner que le surplus des dépenses fût payé sur le produit du revenu des *usages des Communautés*, — ou de leurs *biens communaux*, — ceux-ci rendirent une ordonnance, à l'effet d'évaluer la contribution de chacune des paroisses de leur ressort, entre le tiers et le 1/4 du produit de leurs revenus, avec ordre pour les subdélégués de veiller à son exécution.

c) — *Les règlements de Mgr de Bourzac.*

En 1746, Mgr de Bourzac promulgua de nouveau les Réglements en vigueur, avec les *adjonctions* et modifications suivantes :

I. — *Règlements pour les Maîtresses d'école du diocèse de Noyon.*

Jean François de la Cropte de Bourzac, par la miséricorde de Dieu et la grâce du Saint-Siège apostolique, Evêque, Comte *de Noyon*, Pair de France ; Vu le Règlement cy-dessus de Mgr de Clermont, l'un de nos prédécesseurs, évêque de Noyon, *Nous ordonnons* qu'il sera observé dans tous ses points, selon sa forme et teneur, et en y *ajoutant, enjoignons* aux maîtresses d'école de notre diocèse :

1º D'ouvrir et commencer chaque jour les écoles de 8 h. du matin jusqu'à 11 h. 1/2, excepté les dimanches et fêtes, et de ne donner de congé que le Jeudi après-midy, lequel ne sera pas accordé, quand il y aura quelque fête dans la Semaine ;

2º De conduire chaque jour leurs écolières et Pensionnaires à la Messe, avec ordre et sans confusion, et de ne les laisser sortir de l'Eglise qu'après en avoir reçu d'elles le signal ;

3º D'avoir une attention particulière pour que ces jeunes filles soient dans le *silence* et la *modestie* tant à l'Eglise qu'aux Ecoles :

4º D'avoir un grand soin de les empêcher de contracter la *mauvaise habitude* de *faire mal* le signe de la Croix ;

5º De faire réciter chaque jour, dans les écoles, à genoux, le matin à l'entrée d'icelles, et après l'invocation du Saint Esprit, la *prière du matin* ; et le soir, à la fin, la *prière du soir*, imprimées ensuite à la fin de notre Catéchisme, avec les Commandements de Dieu et ceux de l'Eglise, les actes de foy, d'espérance, de charité, de contrition et l'Angelus ;

6º D'enseigner aussi chaque jour le *petit Catéchisme* aux *plus petites filles*, et à toutes indistinctement chaque semaine, une *Instruction* ou article du *Grand Catéchisme*, imprimé par notre ordre en l'année 1743, en faisant répéter plusieurs fois par celles qui n'auraient pas bien répondu, de sorte que toutes soient en état de bien répondre à leur curé qui leur demandera chaque dimanche de l'année, entre Vêpres et Complies, l'Instruction ou article qu'elles auront appris, pendant la semaine, à l'école ;

7º De s'appliquer à ce que les jeunes filles profitent dans *la lecture, l'écriture, l'orthographe*, et *l'arithmétique* ; — de les reprendre exactement des fautes qu'elles y feront ; — de leur apprendre à *compter* avec de la *monnaie* ; de leur faire chaque jour au soir de *bons exemples d'écriture*, et pour que ces enfants imitent mieux ces exemples, ils n'écriront que quatre ou cinq lignes le matin, et autant l'après-midy ;

8º De n'enseigner et de ne faire lire dans les écoles que de *bons livres*, tels que sont le Psautier, le demi-Psautier, les Sages Entretiens, et l'Instruction de la jeunesse ; d'engager les pères et mères à pourvoir les enfants de ces livres que l'on trouvera chez notre Imprimeur à Noyon, afin qu'il ne soit enseigné qu'une même doctrine dans toutes les écoles de notre diocèse ;

9º De tenir dans la propreté convenable les *nefs et chapelles* des Eglises, de les balayer toutes les semaines, et d'avoir soin que les *autels* des dites chapelles soient décemment parés ;

10º D'observer plus exactement que quelques-unes n'ont fait jusqu'à présent l'art. VII, concernant la *fréquentation des Sacrements*, et de se rendre dignes, par leur piété et leur ferveur, de participer souvent à ces sources de grâces ;

11º De *ne pas s'absenter* des paroisses où elles sont établies, et d'y être *extrêmement assidues* aux Offices et aux Ecoles ;

12º De faire chaque année un *catalogue exact* contenant les *noms et surnoms* des filles en âge d'aller aux écoles, depuis 4 ans jusqu'à ce qu'elles ayent fait leur première communion ; de les *appeler* chaque jour le matin et le soir, l'une après l'autre dans l'école et de *marquer absentes* celles qui ne s'y trouveront pas ; d'avertir leurs mères de ces absences et leur en demander les raisons ; d'en donner *tous les quinze jours* une *liste* à leurs curés, pour qu'ils soient informés de celles qui manquent aux écoles, et qu'ils en parlent en public ou en particulier aux pères et mères qui négligeraient ce devoir si essentiel envers leurs enfants ;

13° De se rendre exactement et annuellement à la *retraite* qui se fait en la Communauté de la Sainte-Famille de la ville de Noyon, et qui commence le 23 du mois de septembre après-midy ;

Et sera le présent règlement, ainsi que celui ci-dessus, exactement observé par toutes les maîtresses d'école de notre diocèse, à *peine d'interdit*.

Donné à Noyon, en notre Palais Episcopal, le 24 septembre 1746.

Signé : † Jean François, Ev. C. de Noyon,
pr Mgr, des Cotes.

II. — *Règlements pour les maîtres d'école du diocèse de Noyon.*

Le préambule comme ci-dessus : *Jean François de la Cropte de Bourzac..., enjoignons* aux clercs séculiers, maîtres d'école de notre diocèse :

1° De nous envoyer exactement chaque année, au temps de notre Synode, *leurs institutions* pour être *renouvelées*, avec *certificats* de leurs curés, contenant qu'ils se sont bien acquittés de leurs obligations, et qu'ils auront mené une vie exemplaire ; et faute, par eux, de se conformer à notre présente ordonnance, ils ne pourront, en l'année qu'ils y auront manqué, continuer leurs fonctions que jusqu'au lendemain de la Toussaint de la dite année inclusivement ;

2ᵈ D'ouvrir et de commencer chaque jour les écoles à 8 heures du matin jusqu'à midy, et à 2 heures après-midy jusqu'à 5 heures, excepté les dimanches et fêtes ; de ne donner de congé que le jeudy, etc., (le reste comme ci-dessus) ;

3° De conduire chaque jour les enfants à la messe, etc., (comme dessus) ;

4° D'avoir une attention particulière pour que les enfants soient dans le *silence* et la *modestie*, tant à l'Eglise qu'aux écoles ;

5° D'avoir un grand soin de les empêcher de contracter la *mauvaise habitude* de faire mal le signe de la Croix ;

6° De leur faire réciter chaque jour dans les écoles, à genoux, le matin, à l'entrée d'icelles, l'invocation du Saint-Esprit, la prière du matin, etc., comme ci-dessus ;

7° D'enseigner aussi chaque jour le *petit Catéchisme* aux plus petits enfants, et à tous indistinctement, chaque semaine, une instruction ou article du *grand Catéchisme*, etc. ;

8° De s'appliquer à ce que les enfants profitent dans la *lecture*, *l'écriture*, *l'orthographe*, *l'arithmétique* et le *chant* ; de leur apprendre à bien prononcer le *Latin* et le *Français* ; de les reprendre exactement des fautes qu'ils y feront ; de leur faire chaque jour, au soir, de *bons exemples d'écriture*, etc.

9° De n'enseigner et de ne faire lire, dans leurs écoles, que de *bons livres*, tels que... etc., (comme ci-dessus ;)

10° D'apprendre chaque jour, à la fin de l'école du matin et avant la prière de celle du soir, pendant environ 1/2 heure, *le chant de l'Eglise* aux enfants de chœur et autres qui auront quelques bonnes dispositions ;

11° D'avoir soin qu'il y ait toujours dans chaque paroisse *quatre enfants de chœur* bien instruits pour servir la Messe, faire les génuflexions ou inclinations au temps et de la manière convenable, chanter les Versets des Vêpres, qui leur seront donnés par écrit, quand il y en aura plusieurs, ainsi que ceux des Matines, et à mesure que ces enfants profiteront, il les placeront *au lutrin*, où ils leur feront chanter le verset de l'Introït, celui du Graduel, le Sanctus, l'Agnus Dei et le « Domine Salvum », alternativement avec le chœur, les Versets des Répons de Matines et des Processions, les Répons brefs des petites Heures, entonner les Antiennes des Laudes et des Vêpres, et ils en choisiront d'autres pour les remplacer au Sanctuaire ; les enfants seront, les dimanches et fêtes, revêtus de robes de serge rouge sans manches, d'aubes, bonnets carrés ou camail, aux dépens des fabriques ; et le tout sera tenu proprement, ainsi que les livres, linges et ornement, par les clercs, qui seront obligés de cirer, tous les samedis, le marchepied de l'autel, d'écurer souvent les bassins et burettes ; d'ouvrir et de fermer, aux heures convenables, les portes tant de l'Eglise que du Cimetière, et de prendre garde que ce dernier ne soit profané par l'entrée des bestiaux ;

12° De faire *chanter aux écoles* aux temps cy-dessus marqués, principalement ce que les enfants devront chanter à l'Eglise le dimanche suivant ou fête de la semaine, comme les leçons de Matines, les Versets, Epîtres, Antiennes, etc. ; d'écouter attentivement ces enfants lorsqu'ils chanteront dans l'Eglise et de les reprendre exactement, dans l'école, des fautes qu'ils y auront faites, pour qu'ils s'en corrigent ;

13° De chanter les Offices avec gravité, mélodie et dévotion ; d'observer dans la Psalmodie, et de faire exactement observer la médiante ; de prendre garde que les uns n'entreprennent sur les autres ; de reprendre ceux qui chanteront avec trop de précipitation ou qui traîneront ; de faire en sorte que toutes les voix s'accordent et ne fassent, pour ainsi dire, qu'une seule et même voix, qui édifie les peuples et excite leur dévotion, en chantant les louanges du Seigneur ; d'avoir soin, en chantant, de bien prononcer, même aux Obits et Commendaces, et de faire bien prononcer par les enfants ; de remarquer avec soin, et de faire remarquer aux enfants de chœur, dans le Missel et les Bréviaires, les syllabes qui apprennent la manière de prononcer en chantant et en lisant ;

14° De conduire, chaque jour, comme dessus, après l'école du soir, les enfants à l'Eglise *pour le Salut*, auquel on chantera une *Antienne à la Sainte-Vierge*, selon le temps, ensuite le *De Profundis*, l'oraison *Fidelium*, l'*Ave Maria*, trois fois, et à la fin, « *Domine miserere nobis, Domine, dona nobis pacem* ». Immédiatement avant le Salut, on sonnera la plus petite cloche et on la tintera avec les autres, pendant quelques minutes seulement ; au lieu duquel Salut, les enfants seront conduits aux Vêpres, quand on les chantera ;

15° De faire, chaque année, un *catalogue exact, contenant les noms et surnoms des garçons en âge d'aller aux écoles*, depuis *4 ans*, etc., (comme ci-dessus) ; d'avertir, en portant l'*eau bénite*, le dimanche suivant, dans les maisons, les pères et mères, etc…(comme plus haut) ;

16° D'observer plus exactement qu'ils n'ont fait jusqu'à présent l'article dudit Règlement, concernant la *fréquentation des Sacrements*, etc ;

17° De ne jamais carillonner *d'airs profanes* sur les cloches, qui ne sont bénites que pour faire retentir les louanges de Dieu ;

18° De ne jamais *s'absenter* des paroisses où ils sont établis, sans une permission spéciale de leurs curés ; de ne point assister aux banquets des noces qui s'y font, et de *s'abstenir* de tout excès de boisson, en quelque temps et lieux que ce puisse être ;

19° D'avoir toujours les cheveux courts, et un porte-collet et jamais de cravates ;

20° De s'appliquer *uniquement* aux devoirs de leur profession et de ne pas les négliger comme il est arrivé à plusieurs, pour s'employer à différents ouvrages ou trafics ;

21° De ne plus se charger de porter aux lieux des Calendes annuellement tenues par les sieurs Curés, ni encore moins de rapporter les vaisseaux des *Saintes-Huiles*, à peine d'être privés pour toujours de leur emploi ;

Et sera le présent Règlement, ainsi que celui ci-dessus, exactement observé par tous les Clercs séculiers, Maîtres d'école de mon diocèse, à peine d'interdit.

Donné à Noyon, en notre Synode général, le 4 Octobre 1746

Signé : Jean François, év. C. de Noyon,
p^r Mgr, des Cotes.

Ces règlements établissent d'une façon péremptoire que la sollicitude des pouvoirs civils et religieux s'étendait alors, avec une insistance particulière, autant et je dirai, plus profondément et plus efficacement qu'aujourd'hui, à l'instruction pratique et à l'éducation du peuple et des classes les plus déshéritées. Nous verrons que les anciennes paroisses de Briost et de Cizancourt, aujourd'hui simples annexes de Saint-Christ, au point de vue religieux et scolaire, avaient également leur école spéciale, ce qui démontre que les foyers d'instruction populaire étaient en somme moins rares que de nos jours.

Prérogatives des Clercs séculiers.

L'article VII des Statuts Synodaux de Noyon de 1673, les fixait comme il suit :

« Le rang du clergé ne pouvant être contesté, sans blesser en même temps le respect dû à l'église, dont les mystérieux ornements, les Saintes Cérémonies et les sacrées fonctions ne doivent jamais être méprisées »,

« *Nous ordonnons* que *tous les Clercs* des paroisses de la campagne revêtus de *chapes* ou *surplis* et faisant actuellement le Divin Service, auront *l'eau bénite*, *l'encens*, *l'Offrande*, le *pain bénit*, et autres *semblables honneurs*, préférablement à toutes personnes laïques, de quelque condition et qualité qu'elles soient, d'autant qu'*ils représentent le clergé* de ces pauvres paroisses et que cette juste raison a servi de fondement aux arrêts contradictoires et règlements communs que la Cour de Parlement de Paris et le Grand Conseil ont religieusement prononcés sur cette matière ».

En l'absence du Curé hors du village, le clerc gardait *la clef du Tabernacle* et celle de l'armoire aux *Saintes Huiles* (Ibidem. art.

Baptême) ; il était chargé du *soin* et de la *propreté de l'Eglise*, là où n'y avait point de serviteurs de l'Œuvre (Ibidem.)

A l'époque dont nous parlons, ces prérogatives étaient certainement de nature à rehausser, dans l'esprit de nos populations moins superficielles, plus sages, et plus foncièrement chrétiennes qu'aujourd'hui, la dignité des Maîtres d'école. Le Curé, par son caractère de prêtre, sa science, ses qualités morales, jouissait sans doute d'un glorieux et universel prestige. Il était l'âme de la Communauté paroissiale ; mais le Clerc séculier, par ses fonctions d'éducateur religieux, par les marques de haute considération que lui témoignait l'Eglise, par les relations qu'il se créait au sein des familles les plus honorables, était réellement la figure la plus sympathique de la famille paroissiale ; *subordonné au Curé* par sa condition même et ses fonctions, il n'était pas son humble serviteur, mais bien plutôt son *associé* et son aide dans l'accomplissement d'une tâche qu'ils devaient poursuivre l'un et l'autre, d'un commun accord, sous la haute direction des Evêques, sous peine de faillir à leur noble mission et de trahir les intérêts vitaux de l'Eglise, aussi bien que ceux de l'Etat et de la Société.

B. — Œuvres d'assistance et de bienfaisance

1. — Administration du Bien des Pauvres ; les Matriculiers.
2. — La Maladrerie de Saint-Christ. — Sa réunion à l'ordre de Notre-Dame du Mont-Carmel et de Saint-Lazare, puis à l'hospice d'Athies, en 1698. — Plaintes de Louis François Deplanque, en 1787.
3. — Le Bureau de bienfaisance. — Œuvres d'assistance.

I. — Administration du Bien des Pauvres ; les Matriculiers.

Les œuvres de charité spirituelle et corporelle ont toujours été considérées par l'Eglise comme l'expression et la manifestation nécessaire de la vertu de charité et comme la forme supérieure et le couronnement de la vertu de justice, celle-ci nous empêchant de nuire au prochain, celle-là nous ordonnant de lui *faire du bien*.

Aussi voyons-nous les premiers chrétiens mettre leurs biens à la disposition des Apôtres pour leurs frères pauvres, les apôtres instituer les diacres pour la distribution quotidienne des aumônes,

Saint Paul organiser des collectes et porter lui-même les secours aux chrétiens indigents.

Au sortir des persécutions et dès le règne de Constantin, c'est l'Eglise qui crée les premiers hôpitaux et centralise les aumônes destinées à pourvoir d'une manière *régulière et permanente* au soulagement des malheureux soit des paroisses, soit des cités. Elle est, de ce fait, la *première organisatrice* des *œuvres d'Assistance*.

Plus tard chaque Paroisse eut son *Bien des Pauvres*, consistant généralement en biens-fonds, don de la générosité des Fidèles. Déjà en 852, les Capitulaires d'Hincmar, archevêque de Reims, nous rappellent que la dîme est partagée en quatre portions, et que l'une de ces portions est réservée aux *Matriculiers*. C'est le nom qu'on donnait, au IXe siècle, aux pauvres qui étaient inscrits sur la matricule de chaque Eglise pour en recevoir des secours. Cette portion était le « denier à Dieu », expression qui indique le motif pour lequel on faisait la charité.

Les statuts de Noyon de l'an 1673, cités plus haut, témoignent de *l'existence du bien des Pauvres* dans chacune des paroisses du diocèse. Ils font une obligation aux curés de dresser, suivant une ancienne coutume du diocèse, un *inventaire* fidèle des papiers, titres, fondations et testaments relatifs aux biens de la cure, de la fabrique et *des Pauvres* de leurs paroisses, puis d'en remettre à l'Evêché une copie signée de leur main et contre-signée par les marguilliers, les officiers de justice et les notables du pays, ces biens représentant « l'offrande des fidèles, le *patrimoine des pauvres*, et le prix des péchés ».

Ils ajoutent : « Puisque tous les Pasteurs ont été chargés du soin du *Bien des pauvres*, en la personne des Apôtres, etc., les curez, après avoir assisté et présidé à l'audition des comptes, seront aussi *présents à la distribution du Bien des Pauvres*, dont ils nous rendront compte exactement, dans le cours de nos visites ».

Les statuts synodaux de 1680 reviennent avec instance sur le même sujet ; ils prescrivent aux curés d'établir partout, par acte authentique, *un Syndic des Pauvres*, qui sera chargé de percevoir les revenus qui leur sont destinés et d'en faire une juste distribution ; et déclarent approuver que, de l'avis des curés et paroissiens, l'on réserve quelque portion de ces biens « *pour l'assistance des pauvres malades* », dont on commettra le soin à quelque personne charitable. (Art. XXVI).

Pour être *juste*, la distribution du Bien des Pauvres demande à être faite avec *prudence* et *discernement*. En conséquence : 1° il ne fallait donner qu'à de *vrais pauvres* ; donner à ceux qui n'ont pas besoin d'assistance, ne serait-ce pas priver d'autant les malheureux qui manquent du nécessaire ? 2° il ne fallait pas non plus, sous prétexte de bienfaisance, *favoriser le vice*, par exemple la paresse et l'ivrognerie, annuler le sentiment de la prévoyance, ni mériter le reproche d'accorder une prime au libertinage.

Sous la *direction de l'Eglise*, l'Assistance n'est pas seulement un moyen de soulager la misère commune, mais encore un *moyen de moralisation* par les rapports fraternels qu'elle crée entre le riche et le pauvre, et les nobles sentiments qu'elle suscite.

C'est par méconnaissance de cette Loi Evangélique que certains économistes en sont toujours « *à trouver la formule de l'assistance* ».

(Cf. Dict.re Larousse — mot assistance).

II. — La Maladrerie de Saint-Christ.

Sa réunion à l'ordre de Notre-Dame du Mont-Carmel et de Saint-Lazare, puis à l'Hôpital d'Athies, en 1698.
Plaintes de Louis François Deplanque, en 1787.

La création des Maladreries ou Hôpitaux destinés aux personnes atteintes de la lèpre remonte au XIIe ou au XIIIe siècle. Cette maladie contagieuse fut importée en Europe par les armées Romaines, mais c'est surtout à l'époque des Croisades qu'elle se propagea d'une façon redoutable ; pour combattre le fléau, et pratiquer l'isolement des malades, on créa des établissements spéciaux appelés léproseries ou *maladreries*. Il en existait un certain nombre dans notre région. On cite celles de Saint-Christ, Cartigny, Monchy-Lagache, (Hôtel-Dieu et Maladrerie), Morchain, Pargny, Pertain, Pottes, Soyécourt, etc...

Au XVIIe siècle, la lèpre ayant disparu, les maladreries devinrent des bénéfices vacants et sans charges ; c'est alors que parut un Edit du Roi, daté du mois de décembre 1672, registré en février 1673, les *réunissant à l'Ordre de Notre-Dame du Mont-Carmel* et de *Saint Lazare*.

C'est en vertu de cette ordonnance que l'Ordre susdit prit possession de la *maladrerie* de Saint-Christ, comme il appert par l'acte suivant, conservé aux Archives Nationales, sous la cote S. 4862, dos. 1.

Prise de possession de la Maladrerie de Saint-Christ.

L'an M° VI° soixante treise le VIII° jour de juillet après midy, en vertu de l'arrest de nos seigneurs de la Chambre roial séant à l'Arsenal à Paris en datte du quatriesme jour de mars 1673 signé Massé, donné pour l'exécution de l'ordonnance du mois [de] décembre 1672 et de la Commission du grand sceau de sire rouge sur yceluy du cinquiesme desd. mois et an signé par le roy Dauphin, comte de Provence : Du Jardin en la requeste de *Cristophe Cavalos*, fondé de procuration de *M° Michel Micoquelle*, bourgois d'Amiens, y demeurant parroisse de Sainct-Michel ayant charge de fondé de procuration de monseigneur le *grand Vicaire général de Messieurs les Commandeurs et chevalier de l'ordre de Nostre Dame du Mont-Carmel de Saint-Lazare de Jérusalem* pour laquelle domicille est esleu en la ville de Paris à l'hostel d'Argenson, rue de Poullie, parroisse Saint-Germain l'Auxerois et pour la validité des présentes seulement pour satisfaire à l'ordonnance de la maison de *Anthoine Foulloy*, demeurant au village de Sainct-Christ, j'avoy *Anthoine Cudefer*, huissier et archier résident [a] Amiens, parroisse de Sainct-Sulpice soubzsigné, certiffie m'estre transporté avecq le dit Cuvalot dans *la Maladerye de Sainct-Christ*, ses circonstances et dépendances du diocèse de Noion distante de la ville d'Amiens ma demeure ordinaire de quinze lieues ou estant et après en avoir faict la visite, *le dict Cuvalos* au nom du dict *ordre de Nostre-Dame du Mont-Carmel de Saint-Lasare de Jérusalem a estay par moy mis en possession réelle et actuelle* de la dicte *Maladerye* et de ses dépendances, faict et observé à ce sujet les formalités requises et accoutumées selon les usages ordinaires dont et de quoy il en a requis et demandé acte à moy Cudefer, huissier soubzsigné, quy luy ay octroyé le present pour servir au dict Ordre ce que de raison. Ce faict et à l'instant le dict Cuvalot m'auroit requis de me vouloir transporter dans le lieu ou estoit la dicte Maladerye où estant et après laquelle a fais par le dict de Foulloy que la dicte masure contenoit trente vergès quy fesoit partie du domaine de la dicte Maladerye, dont il m'en a requis acte que je luy auroit octroyé, faute de par le dict Bouchers de me vouloir déclarer ny venir avecq moy sur la dicte pièce de terre avecq le dict Cuvalot de me déclarer la teneur borne et cotte de toute la maladerye et ces dépendances, et après lecture sommé par le dit lieu et diverses fois je luy ay déclaré que j'en dresseroi le présent procès verbal pour servir et valloir au dict ordre et autre qu'il apartiendra ce que de raison, ay et au dict Thomas Boucher laissé coppie les présent, etc.

Signé Cudefer et Chevalot.

Néanmoins, la Maladrerie de Saint-Christ fut peu après, conformément à une déclaration postérieure à la dite Ordonnance, réunie définitivement à l'Hôpital d'Athies.

Voici, en effet, ce que nous lisons dans « l'Etat général des réunions » qui est conservé à la Bibliothèque Mazarine, sous le n° 13.720 :

« Il est ordonné, en conséquence des offres des habitants d'Athies de bâtir une maison à leurs dépens, pour y recevoir les pauvres malades, que l'hospitalité sera rétablie en leur faveur à Athies, et que pour cet effet, il y aura *réunion* à l'hôpital d'Athies des *Maladreries de Saint-Christ*, Morchain, Pottes, Pargny, Pertain, Cartigny, Soyécourt, de l'Hôtel-Dieu et de la Maladrerie de Monchy-Lagache ».

Cet état est daté du *18 Avril 1698*, mais sur le titre même des Archives de l'Hospice d'Athies contenant les Lettres Patentes de Louis XIV, relatives à cette réunion et au rétablissement de l'Hospitalité, on trouve la date de 1699 ; ce dernier titre est en parchemin, scellé en cire verte, aux armes de France, et l'on voit que le Roy impose au nouvel Hôpital l'obligation de *recevoir les malades* des lieux dits, en proportion du revenu de leurs biens respectifs, après la réunion faite.

Nous serions heureux de constater que l'hospice d'Athies a fidèlement et loyalement rempli ses obligations vis-à-vis des malades pauvres de Saint-Christ, mais un document écrit en 1787 nous apprend qu'il n'en fut pas toujours ainsi. Dans une « lettre d'éclaircissements sur les « *Communes* » adressée à Gonnet, greffier du département de Péronne, le 9 décembre 1787, Louis François Deplanque, greffier de la Municipalité de Saint-Christ, écrit en effet :

« Les Pauvres de Saint-Christ n'ont aucun bien, ils doivent tout ce qu'ils reçoivent de la bienfaisance de la paroisse, qui les aide autant qu'elle peut.

Ils ont droit, *en cas de maladie, d'entrer à l'hôpital d'Athies*, mais cette entrée *leur a été refusée* plusieurs fois, par MM les Administrateurs dudit Hôpital. Le refus qui paraît prendre sa source dans une administration qui aurait peut-être besoin de réforme, sera, à quelque occasion favorable, l'objet de nos justes représentations auprès de MM. les Membres de l'Assemblée du département ».

(Arch. départementales de la Somme, C. 905).

D'après l'abbé Decagny, le revenu global des biens-fonds de l'Hospice d'Athies s'élevait, vers 1850, à la somme de 5.982 francs, dont :

2.202 francs provenant de Rentes sur l'Etat, et 3.780 francs provenant du fermage de 83 hectares 64 ares 31 centiares de terre, prix moyen.

Les Maladreries de Monchy-Lagache, Pottes, Morchain, et Cartigny, entraient dans la composition de ces biens pour un total de 39 ha 64a 31 ca.

Les *bureaux de bienfaisance* de ces communes ayant réclamé leur part, des transactions eurent lieu en 1857 et 1858, les autorisant à recevoir les 2/3 du revenu de leurs biens respectifs, l'autre tiers restant à l'Hospice pour les frais généraux.

Cette mesure eut pour résultat de retirer à l'Hospice un revenu annuel de 1.095 fr. 10 c., mais aussi de priver les dites communes de leurs anciens droits dans l'établissement.

Au contraire, les autres communes, comme Pertain, *Saint-Christ*, etc., sont restées dans leur ancienne condition.

III. — Le Bureau de Bienfaisance. — Loi d'assistance.

Les *Bureaux de bienfaisance* sont des administrations purement locales chargées de distribuer aux individus et aux familles, inscrits sur le registre des indigents de la Commune, des secours à domicile, soit en argent, soit en denrées alimentaires et vêtements, soit en médicaments, etc.

La Loi du 7 frimaire an V (28 nov. 1796) avait réorganisé l'assistance à domicile et prescrit dans chaque canton, pour distribuer les secours, la création d'un *Bureau de bienfaisance*, composé de membres élus par les municipalités.

La *Restauration* en compléta l'organisation par les Ordonnances du 31 Octobre 1821 et du 6 Juin 1830, et leur donna le nom de « *Bureaux de Charité* ».

La *Révolution de Juillet* les désigna de nouveau sous le nom de *Bureaux de bienfaisance*.

Aux termes de la Loi de 1879, les Bureaux de bienfaisance sont administrés par une *Commission*, composée du Maire et de six membres renouvelables, dont deux élus par le Conseil municipal et quatre nommés par le Préfet.

Jusqu'en 1884, les Curés de la paroisse faisaient assez ordinairement partie de cette Commission. L'abbé Bataille est le dernier qui en fut membre (1883).

Les revenus du Bureau de bienfaisance.

Les Bureaux de bienfaisance jouissent de la personnalité civile ; ils peuvent donc acquérir ou aliéner, mais sous le contrôle de l'Administration supérieure.

Les principales recettes du Bureau de bienfaisance sont : le prix des baux et fermages des biens qui appartiennent au bureau, les arrérages des rentes qu'il possède ; les intérêts des fonds placés, le produit des coupes de bois, le tiers du produit des concessions dans les Cimetières, le produit des quêtes, des troncs, des ventes, des loteries de bienfaisance ; le droit des pauvres, prélèvement opéré sur les recettes des théâtres, concerts, bals, les dons ou legs faits par des particuliers et la subvention communale.

En 1839, le revenu du Bureau se composait en grande partie de *blé de surcens*. A cette date, nous voyons le Conseil municipal approuver les demandes faites par les Sieurs Lescarcelle, Vinchon et autres propriétaires, à l'effet d'être autorisés à *rembourser la rente annuelle* dont ils étaient débiteurs envers le Bureau de bienfaisance (Délib. n° 118).

En 1849, le revenu du Bureau de bienfaisance s'élevait à la somme de 800 francs. Dans cette somme entraient 91 francs de rente sur l'Etat et le prix de fermage de 4 pièces de terre labourable, d'une contenance de 2 hectares 8 ares 22 centiares, sises sur le terroir de la commune.

De 1880 à 1890, la moyenne des recettes était de 1000 francs ;
De 1890 à 1900,   —   —   de plus de 1300 francs ;
De 1900 à 1910,   —   —   de 1450 francs.

Legs de la famille Vinchon-Musart

Comme legs particulier fait au profit des pauvres de Saint-Christ, les archives municipales mentionnent une *rente annuelle et perpétuelle de quinze francs,* fondée par M. Jean-Baptiste *Vinchon* et madame Marie Elisabeth *Musart*, son épouse, propriétaires, demeurant à Ennemain.

Acte passé par devant Mᵉ Rossignol, notaire à Péronne, le 13 décembre 1828.

Au Registre des délibérations, l'acceptation est signée : Picart, maire ; Cassel, Boulanger, membres du Bureau de bienfaisance.

Legs Meslier.

A ce chapitre se rapporte le legs Meslier, fait en 1887, en faveur des *orphelins* ou *enfants de familles indigentes* du canton de *Nesle*, sur l'acceptation duquel le Conseil municipal fut appelé à donner son avis, le 30 octobre de la même année.

Objet soumis à la délibération du Conseil :

Legs Meslier. — « *Meslier* Edmond Victor a légué à la *Congrégation des Filles de la Charité*, dites *Sœurs de Saint Vincent de Paul*, la somme de 100.000 francs, à la charge d'élever dans l'un ou plusieurs des orphelinats qui lui appartiennent *12 orphelins* ou *enfants de familles indigentes*, moitié filles, moitié garçons, de la ville ou du canton de *Nesle*, mais parmi lesquels deux seront toujours pris de préférence dans les familles de la commune d'Hombleux ; le choix des enfants à placer appartiendra exclusivement à la dite Congrégation, sans qu'aucune autorité puisse lui imposer sa volonté ou sa préférence, entendant qu'elle soit seule juge du degré d'intérêt dont les candidats lui paraîtront dignes ».

Appelé à délibérer sur cet objet, le Conseil municipal a été d'avis d'accepter.

Le Maire : Hausselle Emile.

L'Assistance aux vieillards, infirmes et incurables.

La Loi du 14 Juillet 1905 a organisé, à partir du 1er Janvier 1907, un service d'assistance obligatoire en faveur des vieillards, infirmes ou incurables.

Admission à l'assistance. — « Tout Français privé de ressources, incapable de subvenir par son travail aux nécessités de l'existence et, soit âgé de plus de 70 ans, soit atteint d'une infirmité ou d'une maladie reconnue incurable », reçoit l'assistance instituée par la Loi du 14 Juillet 1905.

L'assistance est donnée par la commune où l'assisté a son domicile de secours ; à défaut de domicile de secours communal, par le département où l'assisté a son domicile de secours départemental ; à défaut de tout domicile de secours, par l'Etat.

Le service est organisé dans chaque département par le Conseil général.

C'est le *bureau d'assistance* qui, chaque année, dresse la liste des vieillards, des infirmes et des incurables qui, dans une demande écrite, ont fait valoir leurs titres au service d'assistance. A défaut par le bureau de dresser la liste, elle est établie d'office par le *Conseil municipal*.

Le Conseil municipal, délibérant en Comité secret sur la totalité des demandes préalablement soumises au bureau d'assistance, propose l'admission des personnes ayant leur domicile de secours dans la commune, et règle les *conditions* dans lesquelles elles seront assistées : à domicile ou dans un établissement hospitalier.

L'assistance à domicile consiste dans une allocation mensuelle, incessible et insaisissable, de 5 francs au moins et, à moins de circonstances exceptionnelles, de 30 francs au plus.

Biens fonciers appartenant aux pauvres de différentes communes des environs, en 1828.

Le Cadastre mentionne, sur le territoire, comme appartenant :

1° Aux *pauvres de Brie*, plusieurs pièces de terre d'une contenance de 1 hectare 12 ares 20 centiares ;

2° Aux *pauvres d'Ennemain*, plusieurs pièces d'une contenance de 1 ha 89 a. 10 ca ;

3° A l'*Hôpital d'Athies*, une pièce de 67a. 90 ca.

Toutes ces œuvres ne sont, en somme, que l'application des grands principes de fraternité et de solidarité chrétiennes apportés sur la terre par Celui qui a dit : « Vous êtes tous frères ».

C. — Œuvres pies.

1. — Confréries.
2. — Calvaires.
3. — Lieux de Pèlerinage.

I. — Confréries.

a) *La Confrérie du Rosaire.*

Une Confrérie du Rosaire fut érigée dans la paroisse, sous le ministère de Me Bourgois, curé, le 8 Août 1736 (abbé Martinval) ;

Une quittance signée : Fouquart, de Nesle, et datée du 7 7bre 1759, relate la fourniture faite par lui d'un châssis destiné à la *Chapelle du Rosaire*, au prix de 4 livres 3 sols 6 deniers.

Il n'est plus fait mention de la Confrérie dans le cours du dernier siècle.

b) *Confrérie de Saint-Sébastien et Compagnie du Jeu d'Arc.*

Les Compagnies d'Archers étaient autrefois très répandues dans le Vermandois et le Santerre. Elles étaient placées sous l'autorité de l'abbé de Saint-Médard de Soissons, *Grand Maître des Archers de France* ; les statuts et règlements généraux qui régissaient toutes les Compagnies de l'Arc et les Confréries de Saint-Sébastien, avaient été renouvelés par l'un des abbés de ce monastère, Arnault de Pomponne, en 1733.

Les Compagnies d'Archers sont encore très répandues. Dans nos contrées, on va, chaque année, *tirer le geai*, dans un des villages de l'Association. Il y a procession, messe solennelle, parfois sermon ; on porte en cérémonie une statue de Saint-Sébastien, des étendards, des *Mais* chargés de fleurs, dits *bourdons*. La commune qui a reçu la statue de Saint-Sébastien devient, l'année suivante, pour toutes les autres, le siège du *tir au geai*.

Suivant le témoignage de l'abbé Corblet, il existait autrefois une Confrérie de ce nom à Saint-Christ.

D'après le détail des tenants et aboutissants d'héritages mentionnés ci-dessus, nous constatons qu'il existait en 1776, un lieu dit : « *l'Ancien Jardin des Archers* », — ou « *l'Ancien Jeu d'Arc* ». — De nos jours on désigne encore sous le nom de « *ruelle du Jeu d'Arc* », la ruelle qui relie les deux chemins de Saint-Christ à Cizancourt, celui de haut et celui de bas, à la sortie du village.

C'est le seul vestige qui en reste.

II. — Calvaires.

a) La Croix Saint-Claude.

Saint-Christ possède une « *Croix Saint-Claude* », comme d'autres localités des environs, par exemple Falvy, Barleux. Un archéologue a supposé que les lieux dits : « *Saint-Claude* et *Croix Saint-Claude* », étaient d'anciennes stations des pèlerins se rendant dans le Jura ; nous pensons, dit l'abbé Corblet, que ces désignations indiquent, le plus ordinairement, l'existence d'*anciennes Confréries*.

La « *Croix Saint-Claude* » existait avant la Révolution. Une délibération du 6 frimaire an II (29 9bre 1793), nous montre la municipalité votant par 8 voix contre 9, le partage des peupliers plantés sur un terrain communal, « *à la butte où était la Croix Saint-Claude* », vis-à-vis la maison Croizille. Cette butte occupait l'emplacement du bâtiment de pompe et se trouvait à l'angle de la Chaussée dite de Saint-Christ (route de Chaulnes à Vermand) et de la rue de l'église ; la Croix Saint-Claude a été rétablie depuis sur un carré compris entre le même bâtiment et la maison voisine ; elle est en fer et porte au-dessous du Crucifix une *petite Châsse vitrée* dans laquelle est renfermée une *Statuette* du saint Archevêque de Besançon.

Saint Claude était invoqué contre l'incendie et le feu du Ciel ; c'est pour ce motif que l'on voyait son image dans beaucoup de maisons villageoises.

Pour faire partie de la Confrérie, il fallait, d'ordinaire, avoir accompli le pèlerinage au monastère de Saint-Claude, dans le Jura, où le corps du célèbre archevêque resta entier, jusqu'en 1794.

Le jour de la fête du Saint, le 6 Juin, les confrères communiaient et se rendaient processionnellement, armés de leur bourdon de pèlerin, à la *Croix Saint-Claude*.

Autrefois, l'église possédait des *Reliques du Saint*. Les comptes de 1744 font, en effet, mention d'une *Châsse de Saint-Claude* pour laquelle Jean Houpin, menuisier à Licourt, façonna un « *étuy* » qui coûta 6 livres 12 sols ; un travail de dorure exécuté la même année, à la dite châsse par le Sr Levêque, doreur à Nesle, coûta 40 livres. La châsse et les reliques ont disparu à la Révolution.

b) Le « Calvaire du Riez ».

C'est le nom qu'on donnait à la Croix située sur le rideau qui fait face au presbytère, à l'extrémité du chemin de l'ancienne école de garçons.

Un compte, daté du 24 9bre 1751 expose qu'il fut remis 6 livres à François Magnier, maçon à Morchain, pour avoir fait le piédestal de la *Croix du Riez* ; une seconde quittance, du 29 9bre 1752, détaille qu'il fut payé 20 sols à Jean Mortelier et Gabriel Bonnard, pour avoir aidé François Magnier, maçon de Morchain, à faire le pied de « *la Croix du Riez* ».

Cette Croix paraît avoir été remplacée dans le premier quart du dernier siècle par un Calvaire érigé au nom de la famille Duchemin, à l'occasion de l'heureux retour, de la guerre d'Espagne, de l'un de ses membres, Honoré Martin Duchemin.

Le Calvaire a été réédifié, en 1892, par la piété et la générosité de Madame Veuve Lescarcelle, née Marotin Duchemin. Il comporte un groupe composé d'une Croix monumentale en bois et de deux personnages représentant, l'un, la Vierge Marie, l'autre, l'Apôtre Saint Jean (Voir dans le compte-rendu de la cérémonie de Bénédiction, p. 92).

c) Le Calvaire du Pont.

Ce Calvaire est placé sur un terrain faisant partie de l'ancienne propriété de la famille Vinchon d'Ennemain, situé à gauche de l'ancien moulin et à proximité de la Chaussée de la Somme. Il a été érigé en 1893 par les soins des familles Vinchon d'Arras et Cadot. Il remplace avantageusement le Calvaire qu'on y vénérait déjà depuis de longues années.

III. — Lieux de Pèlerinage : la Chapelle de Saint-Christ ; Notre-Dame des Joies.

a) Le Pèlerinage de Saint-Christ.

Cet antique pèlerinage a pour siège la *Chapelle du « Saint-Christ »* ou de « l'Ecce Homo ». Les pèlerins avaient la pieuse habitude de faire toucher à la *Statue vénérée* les linges destinés aux enfants atteints de certaines maladies communes à cet âge.

Il est fait mention de ce Pèlerinage dans la déclaration de M. de Bourzac, évêque de Noyon, en 1744.

b) Le Pèlerinage de Notre-Dame des Joies.

1° *Origine et description de la Chapelle.*

La Chapelle de Notre-Dame des Joies est assise sur le territoire d'Ennemain. Elle faisait partie, jusqu'à la Révolution, d'un fief dépendant de la terre et Seigneurie d'Ennemain, laquelle mouvait du Chapitre de Reims. Elle demeure le joyau précieux et enviable de la paroisse de ce nom.

Située presque au centre de la belle plaine qui s'étend entre les villages d'Ennemain, de Saint-Christ et de Falvy, à 1800 mètres environ de chacune de ces localités et à 700 mètres des étangs et marais de la Haute-Somme, elle semble présenter plutôt un *caractère régional*. Les habitants de Saint-Christ et Briost cependant sont tout particulièrement heureux et fiers de pouvoir proclamer que le religieux personnage qui en fut le fondateur, non seulement ne leur était pas étranger, mais était plutôt l'un des leurs, en sa qualité de « *Capitaine du Château-fort de Briot* ». N'est-ce pas du reste en cette qualité, qui lui est attribuée dès 1484, qu'il accomplit le remarquable fait d'armes qui le détermina à élever, en l'honneur de Notre-Dame, cet « *Ex-voto* » mémorable de sa profonde et filiale reconnaissance ?

La « *Croix Comtesse* », voisine du « Val-Bataille » où eut lieu la fameuse rencontre, et vis-à-vis de laquelle fut élevée la Chapelle, ne constituait-elle pas anciennement un point limitrophe de la partie du territoire d'Ennemain dont les seigneurs de Falvy et de Briost étaient avoués, chacun de son côté ? En cette circonstance, Antoine d'Estrées était sur son terrain, et comme capitaine du Château de Briost et comme bailleur à vie, depuis quelques années, de la terre et seigneurie d'Ennemain.

Suivant l'abbé Decagny, le monument élevé par Antoine d'Estrées est surtout remarquable par son élégant portail de style flamboyant, à panneaux ou arcades trilobées. L'archivolte en est surmonté par un haubert, un casque et autres attributs chevaleresques du fondateur. Une tête (probable) de Saint-Jean est sculptée en relief dans le haut du pignon d'où s'élève un simple clocheton à jour, décoré de nombreux chardons comme les ailes de la façade. Il conserve encore sa cloche bénite, en 1712, par Mgr Desquilmar, curé-doyen

Cliché A. Vayssière à Athies

CHAPELLE de NOTRE - DAME des JOIES

de Bully (Nord), bachelier en Sorbonne. A l'intérieur, la corniche de la voûte primitive en bois est parcourue par des branches de chêne qu'interrompaient des sculptures plus saillantes d'écussons héraldiques principalement. On ignore la composition de l'ancien mobilier dont on n'avait conservé que la Statue de Notre-Dame des Joies et celle de Saint Antoine.

On remarque au portail les Armoiries de la Maison d'Estrées-en-Santerre.

La Chapelle a été construite au commencement du xvi° siècle. Elle devait être achevée à la mort du fondateur, en 1527.

2° *Le fondateur de la Chapelle.*

Antoine d'Estrées, II° du nom, chevalier, seigneur de Boulan et « Capitaine du Château de Briot », est le fondateur de la Chapelle de Notre-Dame, connue plus tard sous le nom de Chapelle de Notre Dame des Joies.

Il descendait en ligne droite de *Pierre d'Estrées*, dit Carbonnel, et de *Marie de Beaumont*.

Pierre d'Estrées, dit Carbonnel, était seigneur de Boulan, du Hamel, d'Istres, et de l'enclos Mauroy, à cause de sa femme. Il épousa Marie de Beaumont, fille de Jean de Beaumont, seigneur de Neuvirel, près Corbie, et de Marie de la Houssaye, qui lui donna trois enfants :

1° Antoine d'Estrées, 1ᵉʳ du nom, seigneur de Boulan, qui suit ;
2° Jeanne d'Estrées, mariée au seigneur de Belloy ;
3° Catherine d'Estrées, mariée en 1482 à Jean Merlin, seigneur de Mazancourt, Fresnes, Istres-en-Santerre, et bailli de Nesle.

Le testament de Pierre d'Estrées est du 10 mai 1457, celui de Marie de Beaumont, du 18 janvier 1474.

Antoine d'Estrées, 1ᵉʳ du nom, seigneur de Boulan, leur aîné, fit l'acquisition de Vallieux, près Soyécourt, et en prit le titre ; il figure en qualité d'écuyer dans une enquête faite à Péronne le 25 9bre 1464, touchant un article de la commune concernant les donations où il est spécifié qu'il a alors 42 ans. Son testament est du 19 Décembre 1465. Il était mort, ainsi que sa femme, en 1474, lors du testament de sa mère, Marie de Beaumont, qui institua son fils aîné, Antoine d'Estrées, II° du nom, son principal héritier avec son frère.

Il laissa de *Jeanne d'Aiz*, sa femme, trois enfants :

1º *Antoine d'Estrées*, IIe du nom, le futur fondateur de la Chapelle, qui suit ;

2º *Antoine d'Estrées le Jeune*, qui fit souche et devint le chef des seigneurs et marquis de Cœuvres, *ducs d'Estrées*, Pairs de France, dont est sortie Gabrielle d'Estrées ;

3º *Jean d'Estrées*, dit Jeannet, seigneur de Longavesnes, qui fut religieux de Saint-Pierre de Corbie, puis abbé du Mont Saint-Quentin et mourut en 1506 ;

Antoine d'Estrées, IIe du nom, porta les titres de chevalier, seigneur de Boulan, du Hamel, d'Istres, de Longavesne, de Honcourt et de Fesq. C'est bien lui qui, dans un bail à cens de 15 journaux de terre sis à Athies, fait à son profit, le 14 Juin 1484, par le marquis de Nesle, est qualifié écuyer, « *Capitaine de Briot* » ; c'est lui de même qui, le 28 décembre 1520, constitue une rente en faveur de l'abbaye du Mont-Saint-Quentin, à charge de chanter tous les jours, à la Grand'Messe, l'antienne « O Salutaris Hostia ». Dans l'acte, il est qualifié « Noble Homme Antoine d'Estrées, chevalier, seigneur de Boulan ». Son testament est du 28 Octobre 1526.

En 1484, époque à laquelle ce personnage était capitaine du château-fort de Briost, ce château était un fief noble appartenant à *Bertrand*, VIe du nom, sire de la Tour, Comte d'Auvergne et de Boulogne, seigneur de Briost.

Antoine d'Estrées, marié avec Jeanne de Flandre-Drinckam, laissa six enfants :

1º *Antoine d'Estrées*, IIIe du nom, dit le Jeune, chevalier, qui fut seigneur de Bernes et capitaine du Château de Péronne ; il mourut en 1524, sans laisser de postérité ; sa femme, Marie d'Aunoy, se remaria ;

2º *Antoine d'Estrées*, chanoine de Noyon ;

3º *Jacqueline d'Estrées*, qui épousa : 1º le 10 mai 1498, *Jean de Hennin*, seigneur de Cuvilliers, Pair du Cambrésis ; 2º Jacques d'Isques, seigneur du Breuil, gouverneur de Lucheux ; et 3º, le 18 décembre 1524, Guillain de Quereques, seigneur de Marieux, Capitaine de Boves, près d'Amiens.

4º et 5º, N. et N. d'Estrées, religieuses ;

Par *Antoinette de Hennin*, que Jacqueline eut sans doute de son premier mariage, le fief d'Ennemain passa dans la maison de Bugny, puis dans celle de Bovelles, de la Neuville et de la Broüe.

C'est du Sieur de la Broue que *Charles Antoine Vinchon* fait, par contrat passé à Paris, le 16 février 1727, l'acquisition de divers immeubles, au nombre desquels se trouvent 6 journaux de terre, sur lesquels est bâtie la chapelle de Notre-Dame-des-Joies, réunie précédemment, à ce qu'il paraît, à la Cure. L'acte de saisine et de relief est de 1734.

Antoine d'Estrées avait bien laissé, pour l'entretien de la Chapelle, une rente de 14 livres, à prendre sur son fief de Longavesne ; mais les charges étaient si lourdes que personne n'en voulait C'est ce qui explique sa réunion à la Cure d'Ennemain.

D'après Colliette, les revenus de la Chapellenie étaient, en 1770, de 25 livres de rente ; les charges consistaient en une messe basse à célébrer aux quatre principales fêtes de la Sainte-Vierge ; et une cinquième au jour des Joies de la mère de Dieu. L'évêque de Noyon en était collateur plein et entier.

Un ermite choisi par le curé et les habitants d'Ennemain, et reçu par l'Evêque, la desservait et y cultivait son héritage de 3 quartiers de terre, mesure du Mège.

Le dernier ermite s'appelait frère Raymond de Saint-Tranquille, religieux de Picpus, qui resta jusqu'en 1790.

Armoiries de la maison d'Estrées :

Antoine d'Estrées, IIe du nom, portait :

d'argent, fretté de sable, au chef d'or chargé de trois merlettes de sable.

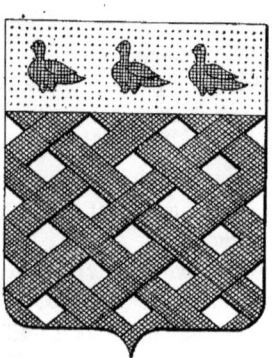

3° Le restaurateur de la Chapelle

Jean Baptiste Vinchon, d'Ennemain, est le *restaurateur* de la chapelle de Notre-Dame des Joies. En 1792, cette chapelle séculaire et vénérable, vendue comme bien national, allait tomber comme tant d'autres sous le marteau révolutionnaire. Déjà la belle habitation des ermites-gardiens avait été démolie par l'acquéreur ; déjà même ses ouvriers étaient montés sur le toit de la chapelle pour entreprendre l'œuvre de destruction, lorsqu'une zélée et courageuse servante de la Sainte-Vierge, nommée *Isabelle Molet*, vint les arrêter par son ardeur religieuse ; elle avait entraîné à sa suite toute la population d'Ennemain, pour s'opposer à cet acte impie de vandalisme ; le précieux Sanctuaire fut conservé.

C'est à la suite de cette imposante manifestation que M. *Jean Baptiste Vinchon*, riche propriétaire de la commune, se décida à faire l'acquisition personnelle de cet immeuble, avec l'intention de le rendre ensuite à sa première destination.

L'acte d'acquisition est du 21 septembre 1809 ; il y est dit que *François Mary*, aubergiste à Eterpigny, a vendu au sieur *Jean-Baptiste Vinchon*, propriétaire à Ennemain, moyennant la somme de 725 livres tournois, la propriété du bâtiment connu sous le nom de Chapelle des Joies, lequel est situé sur un terrain appartenant audit Vinchon, et ce sous réserve « d'un banc et de deux places dans la nef ».

Le terrain en effet, comprenant une maison entourée de murs et de haies, connue sous le nom de Chapelle de Notre-Dame des Joies, avait été cédé, le 30 juillet, audit J.-B. Vinchon, au prix de 512 francs tournois, par Siméon Gambard, cabaretier à Brie ; mais, la cession du terrain ne comportait pas celle de la Chapelle, ledit Gambard ayant vendu celle-ci le 9 juillet précédent à *Abraham Mary*, dit Ledoux, aubergiste à Péronne, moyennant la somme de 700 francs, à charge pour l'acquéreur de la démolir dans le délai d'un an, et de rendre le terrain en bon état de culture ; le vendeur s'était réservé *l'image de la Vierge* et la niche, ainsi que les bancs.

Siméon Gambard avait acquis lui-même la Chapelle, le 6 frimaire an XIII (28 novembre 1804), de *Paul Joachim Gambard*, marchand de vin à Péronne, en échangeant avec ce dernier un journal de terre, sis à Brie, au lieu dit la Cranière, estimé 400 livres, contre les 20 ares ou 50 verges de terrain sur lesquelles étaient bâties la Chapelle Notre-Dame des Joies et ses dépendances, estimées au même prix.

Le précieux monument avait beaucoup souffert pendant les mauvais jours de la Révolution ; M. Jean-Baptiste Vinchon s'empressa de le *restaurer*, afin de pouvoir en concéder *l'usage* à l'Eglise paroissiale. Il y replaça la *statue primitive* de Notre-Dame des Joies, l'orna de l'ancien autel du Château de Chaulnes, d'une chaire et de plusieurs tableaux assez remarquables, et renouvela la fondation du fief d'Estrées, pour en assurer l'entretien à perpétuité, le produit des quêtes et des troncs devant servir à faire dire dès messes pour les donateurs.

Depuis le décès de M. Jean-Baptiste Vinchon vers 1839, sa famille a rempli fidèlement ses pieuses intentions. Une sacristie plus spacieuse a été annexée à la Chapelle ; un plafond solide a remplacé la voûte en planches qui tombait de vétusté ; d'élégantes verrières ont été substituées aux deux fenêtres délabrées ; et l'autel s'est enrichi d'une statue de S. Joseph et de tout le mobilier nécessaire pour la célébration de l'office divin. En même temps s'accomplissait la restauration intelligente de l'élégant portail, tout en lui conservant son cachet de belle architecture d'époque ogivale tertiaire (1876).

La Chapelle appartient aujourd'hui à la famille Objois-Vinchon, de Méricourt, et sert de Chapelle sépulcrale.

Le pèlerinage annuel. — Une guérison.

Dans le cours de l'année, aux dimanches de Carême et autres, les lundis de Pâques et de la Pentecôte, le lendemain des Premières Communions, etc., on se rend à la Chapelle des paroisses environnantes, pour chanter les Vêpres de la Sainte-Vierge et réciter le Chapelet ; on y célèbre principalement le Saint-Sacrifice de la messe aux fêtes de la Sainte-Vierge, les samedis du mois de Marie, et surtout pendant la *Neuvaine annuelle* qui s'ouvre le dimanche après le 4 juillet (fête de la Saint-Martin d'été, patron de la paroisse).

« Alors, écrit M. Hamon, les mères de famille y viennent recommander leurs enfants, les infirmes y viennent chercher la santé, les cœurs affligés la consolation, les faibles la force, tous les grâces dont ils ont besoin, et l'affluence des habitants du pays qui, pendant cette Neuvaine, se rendent successivement avec leurs curés dans ce vénéré Sanctuaire, démontre assez que Notre-Dame des Joies n'a rien perdu de sa puissance et de sa célébrité ».

Voici quel était le dispositif et *l'ordre* des divers pèlerinages de la Neuvaine, en 1912 :

ENNEMAIN. — *Pèlerinage à Notre-Dame des Joies.*

Lundi 8 juillet : Ouverture de la Neuvaine annuelle ; à 8 heures, messe.

Les autres jours de la Neuvaine, à 7 heures et 7 h. 1/2, messes basses.

Lundi 8 : Paroisses d'Ennemain et de Devise.
Mardi 9 : Athies.
Mercredi 10 : Falvy.
Jeudi 11 : Croix, Quivières, Matigny.
Vendredi 12 : *Saint Christ, Briost, Cizancourt.*
Samedi 13 : Licourt, Epénancourt, Pargny.
Dimanche 14 : Messe solennelle à 9 heures, sermon ; vêpres à 3 h.
Lundi 15 : Paroisse de Brie.
Mardi 16 : Clôture de la Neuvaine. A 7 heures, 7 h. 1/2 et 8 heures, messes basses ; à 9 heures, messe solennelle chantée par M. l'abbé Arcelin, curé de Buire-Courcelles, et sermon par M. le chanoine Loyer, archiprêtre, curé-doyen de Péronne. Consécration des pèlerins et de toute la contrée à Notre-Dame des Joies.

Te Deum d'actions de grâces.

Une guérison attribuée à Notre-Dame des Joies

L'abbé De Cagny relate une guérison merveilleuse dont fut l'objet, le 16 juillet 1866, une petite fille nommée Jeanne, originaire de Saint-Christ par sa mère. Elle habitait Amiens avec ses parents, Eugène Lhermite et *Elise Rivière*. Le médecin qui la soignait n'avait plus aucun espoir de la sauver, lorsque, le matin du 16 juillet, son état s'améliora comme tout à coup. C'était le jour où se terminait, à la Chapelle de Notre-Dame des Joies, une Neuvaine qui avait été faite à son intention.

On s'accorda à attribuer cette guérison à l'intervention de la Toute Puissante Mère de Dieu. Adressons-lui souvent cette pieuse invocation : « *Notre-Dame des Joies, priez pour nous* ».

Armoiries de la famille Vinchon

Les *Vinchon*, branche aînée, portent: « de gueules, au pal d'or, chargé d'un écureuil de sable ».

CHAPITRE IV

Démographie religieuse et morale de la paroisse de Saint-Christ.

Faits concernant :

A. — La natalité et les victimes du devoir de la maternité ;
B. — L'éclosion des vocations sacerdotales et religieuses ;
C. — Le choix des noms de Baptême ;
D. — L'occupation des places d'Eglise ;

Le caractère religieux et moral d'une paroisse se déduit d'un *ensemble de faits* qui, par la nature des principes dont ils découlent comme de leur source, démontrent jusqu'à l'évidence dans quelle mesure l'application de ces principes est considérée par l'ensemble de la population *comme un devoir de conscience*, et comme la conséquence rigoureuse d'une religion *bien comprise*.

Parmi ces faits les plus communs, je relève ceux qui concernent :

A. — La Natalité.

I. — *Taux de la Natalité, considérée dans la collectivité paroissiale* :

a) *Depuis 1676 jusqu'en 1802* :

Années	Nombre des mariages	Chiffre des naissances	Moyenne des naissances pour chaque ménage ou famille
De 1676 à 1689	43	156	3.27
De 1690 à 1699	29	163	5.18
De 1700 à 1709	34	184	5.14
De 1710 à 1719	33	168	5.3

De 1720 à 1729	36	188	5.8
De 1730 à 1739	20	168	8.8
De 1740 à 1749	32	148	4.20
De 1750 à 1759	38	135	3.21
De 1760 à 1769	25	139	5.14
De 1770 à 1779	32	165	5.05
De 1780 à 1789	30	135	4.15
De 1790 à 1802	29	118	5.1
	381	1.867	

De ce tableau, il résulte que la moyenne des naissances, pendant cette période, était de cinq environ, par famille (4.95). Dans ce chiffre, il n'est pas tenu compte des naissances illégitimes, celles-ci étant alors fort rares, deux à peine sur cent (1.8).

b) *Depuis 1803 jusqu'en 1912* :

ANNÉES	MARIAGES	NAISSANCES	MOYENNE DE LA NATALITÉ PAR MÉNAGE
De 1803 à 1812	40	133	3.13
De 1813 à 1822	35	152	4.12
De 1823 à 1832	42	140	3.14
De 1833 à 1842	31	129	4.4
De 1843 à 1852	56	165	2.53
De 1853 à 1862	43	132	3.3
De 1863 à 1872	45	177	3.42
De 1873 à 1882	32	169	5 9
De 1883 à 1892	47	132	2.38
De 1893 à 1912	55	132	2.22
	426	1461	

Dans le cours de cette seconde période, issue de l'époque révolutionnaire, le taux moyen de la natalité a subi un mouvement de baisse. Nous trouvons d'abord une moyenne de trois à quatre enfants, puis vers la fin du siècle, de deux à trois, et même de un à deux par ménage (1.94), si l'on tient compte des naissances illégitimes, qui se sont multipliées jusqu'à la proportion de 15 à 20 pour cent.

D'où vient cet affaiblissement de la natalité ?

En général, « on ne saurait en accuser la Législation Française en matière successorale, lit-on dans Larousse, puisque la Belgique et les Pays-Bas ont une Législation semblable. Les difficultés de la vie que l'on voudrait trop *facile* et trop *luxueuse* en seraient plutôt la cause ».

Sans nul doute, les périls et les douleurs de la maternité, les préoccupations d'une éducation à assurer, les charges toujours croissantes de la vie matérielle sont de nature à ébranler le courage et la vertu des pères et mères de famille, qui ont conscience des exigences de la vie sociale, mais leurs appréhensions ne sont-elles pas en réalité *un manque de confiance* en la Providence de Celui qui, après tout, est la source de toute Paternité, le suprême dispensateur du travail et de la richesse, et en tout cas, le juste rémunérateur *du devoir accompli?* Bienheureux celui qui met sa confiance en Dieu !

II. — *Taux de la natalité considérée dans les diverses classes qui composent la Communauté paroissiale.*

Dans la séance de l'Académie des Sciences morales et politiques, du 27 décembre 1902, le lieutenant-colonel Toutée, directeur des Etudes à l'Ecole Supérieure de Guerre, donnant communication d'une note relative « au moyen d'augmenter la natalité des Français », constate que c'est surtout *dans les milieux les plus aisés* que règne le faux et désastreux *état d'esprit* qui fait considérer les enfants non plus comme une joie, mais comme *une charge* ; il n'en a pas toujours été ainsi.

Le relevé suivant nous permet de constater que, dans les siècles passés, de l'an 1700 à 1789 par exemple, nos aïeux avaient une conception plus complète, plus exacte et plus noble de leur responsabilité morale, et se faisaient une loi de remplir dignement ce que le langage chrétien de l'époque appelait couramment le *devoir conjugal.*

Etat des familles qui ont eu cinq enfants et plus, de l'année 1676 à 1789.

a) Classe des laboureurs. — Dans cette classe, que l'on peut considérer comme la plus aisée, on trouve 30 familles qui ont donné ensemble 235 naissances, soit une moyenne de plus de 7 enfants par maison. Je cite plus particulièrement les familles Boitel-Devaux,

Boitel-Darloy et Wargny, Debroy-Hochedé, Deplanque-Gache, Picart-Devaux, Picart-Dottin, etc.

b) Classe des artisans et hommes de métier (charpentiers, couvreurs en chaume, bourreliers, maréchaux, charrons, bergers, tailleurs d'habits, cordonniers, etc). — Dans cette classe figurent 25 familles qui ont fourni ensemble 162 naissances, soit une moyenne de plus de 6 enfants par ménage. Je cite entre autres les familles Darloy-Marotin, Darloy-Demay, Darloy-Daussin, Darloy-Deplanque, Leroy-Maréchal, Marotin-Galand, Bigot-Poitevin, Féret-Debroy, Cardon-Deleau, Rimette, Mortelier, Rivière, Trefcon, Dumeige, etc.

c) Classe des poissonniers. — Dans cette classe, on compte 27 familles qui ont fourni ensemble 196 enfants, soit plus de 7 enfants, en moyenne, par ménage. On peut citer les familles Bonnard-Bigot, Bonnard-Barbier, Bonnard-Lequeux, etc., Broyon, Collache, Caron, Cottin, Fouilloy, Lassalle, Morevette, etc.

d) Classe des employés et ouvriers (gardes-moulin, chasse-mannée, gagne-deniers, employés de la douane, etc). — On compte, dans cette classe, 66 familles qui ont fourni ensemble 425 naissances, soit une moyenne de 6 enfants par maison.

Dans ce total de 148 familles qui ont fourni cinq enfants et plus en moyenne, et les trois cinquièmes environ de la totalité des naissances, la *classe aisée* ne s'est nullement laissée distancer par la moins fortunée. Je crois que la comparaison serait plutôt à son avantage. Cela doit venir de ce que nos gens de la campagne modelaient généralement leur conduite d'après les principes religieux qui servaient alors de base à l'éducation morale et sociale du peuple.

III. — *Les femmes victimes du devoir de la maternité.* — *Sages-femmes*

A une époque où l'antisepsie n'était pas encore devenue l'objet d'une science rationnelle et ne pouvait se pratiquer que d'après des formules trop incertaines, pour qu'on pût y recourir habituellement avec succès, la natalité avait pour résultat de multiplier, dans la mesure de son élévation, les catastrophes les plus imprévues et les plus douloureuses. On peut dire que 15 à 20 pour cent des femmes qui mettaient au monde succombaient aux suites de leur délivrance.

J'ai essayé, par un examen détaillé des registres paroissiaux, de reconstituer la longue liste de ces femmes qui, dans l'état de mariage, ont payé à la mort un tribut plus considérable que les armées en campagne. Mon étude s'étend de l'an 1676 à l'an 1789.

Femmes mortes dans les premiers mois de leur délivrance

1676 Marie Boulan, femme Duflot.
1678 Marie Duflot, f^me Debroy.
1680 Madeleine Fontaine, f^me Delaporte.
1681 Louise Delavigne, f^me Franclin.
  « Marguerite Gaussuin, f^me Vigile.
  « Marguerite Cordelois, f^me Guilbert.
1690 Marguerite Cottin, f^me Bucourt.
1691 Anne Catoire, f^me Franclin.
1692 Anne Gossart, f^me Linque.
1699 Marguerite d'Hallu, f^me Bigot.
  « Françoise Cordelois, f^me Franclin.
1700 Anne Delvaque, f^me Bucourt.
1701 Anne Ducastel, f^me Collache.
  « Catherine Franclin, f^ne Boucher.
1702 Marie Anne Cottin, f^me Pluche.
  « Jeanne Cottin, f^me Lemaire.
1703 Marie Linque, f^me Loix.
1705 Marguerite Dollé, f^me Poirement.
1707 Marie Jeanne Loix, f^me Marotin, 24 ans.
1708 Marguerite Vigile, f^me Franclin, 30 ans.
  « Marie Frizon, f^me Blondel, 36 ans.
1709 Anne Lequeux, f^me Grossin, 40 ans.
  « Madeleine Loix, f^me Trefcon, 23 ans.
1712 Marguerite Lequeux, f^me Lachevé, 23 ans.
1714 Marguerite Baloche, f^me Lassalle, 37 ans.
1715 Marie Anne Broyon, f^me Taupin, 22 ans.
1716 Adrienne Topin, f^me Cardon, 35 ans.
1720 Marie Catherine Bégard, f^me Bonnart, 50 ans.
1721 Marie Madeleine Roger, f^me Baloche, 28 ans.
1723 Antoinette Loffroy, f^me Devaulx, 40 ans.
1726 Marie F^se Froissart, f^me Laschevé, 40 ans.
1727 Marie Dollé f^me Delarue, 15 ans.
1728 Marguerite Collache, f^me Després, 29 ans.
1730 Marguerite Falloux, f^me Fouilloy, 27 ans.

1731 Marie Croisille, f^me Darcourt, 30 ans.
1732 Marie Anne Tassart, f^me Fressart, 30 ans.
1733 Marie Grangy, f^me Lassalle, 38 ans.
1736 Anne Boucher, f^me Mortelier, 29 ans.
1740 Anne Dantin, f^me Debry, 28 ans.
1741 Julle Broyon, f^me Barbier, 40 ans.
1742 Marguerite Beauvarlet, f^me Gérard, 40 ans.
1744 Anne Bonnart, f^me Bigot, 30 ans.
1746 Marie Franclin, f^me Bigot, 30 ans.
1747 Marie-Anne Dupré, f^me Bourlon, 28 ans.
1748 Françoise Leroy, f^me Croisille, 34 ans.
1749 Marie-Anne Fournet, f^me Cottin, 28 ans.
1750 Marie Marguerite Rose Fournet, f^me Deplanque, 26 ans.
1752 Anne Françoise Vasseur, f^me Bigot, 27 ans.
1754 Catherine Monory, f^me Leroy, 30 ans.
1756 Anne Darcourt, f^me Rettevé (fermes), 22 ans.
1757 Marie Rimette, f^me Cottin, 35 ans.
1759 Marie Isabelle Gérart, f^me Bonnart, 25 ans.
1761 Marie Marg. Vasseur, f^me Flamicourt, 32 ans.
1761 Anne Cather^ne Fournet, f^me Formeau, 32 ans.
1762 Marie-Louise Prache, f^me Bourlon, 30 ans.
1762 Marie Marg. Almasse, f^me Bassilier, 40 ans.
1769 Marie-Anne Fournet, f^me Cailleux, 41 ans.
1770 Marie-Anne Daussin, f^me Pingeot, 40 ans.
1773 Madeleine Sophie Félicité Beauvarlet, f^me Fouilloy, 40 ans.
1774 Marie Joseph Martine, f^me Delarue, 37 ans.
1774 Marie Agnès Lebeau, f^me Devienne, 38 ans.
1775 Marie-Madel. Lequeux, f^me Grébert, 24 ans.
1778 Marie Marthe Godefroy, f^me Legras, 33 ans.
1781 Julle Véronique Broyon, f^me Guilbert, 32 ans.
1783 Marie-Madel. Gorlain, f^me Bérenger, 31 ans.

Pendant le même laps de temps, il y a eu environ 352 mariages. On peut donc compter en moyenne 15 à 20 pour cent de femmes qui mouraient alors martyres du devoir accompli. Honneur à ces vaillantes, chez qui la religion et le sentiment du devoir maternel l'emportaient sur l'étroit égoïsme des générations présentes, dominées que sont celles-ci par l'horreur de la souffrance et une recherche exagérée du bien-être temporel.

Institution des Sages-femmes

La péril de mort était alors si fréquent et si évident, que les Conciles s'en étaient alarmés et faisaient une *obligation* aux femmes sur le point de devenir mères, de s'y préparer par la *Confession* et la *Communion*.

Les Statuts Synodaux de Noyon de l'an 1693 défendent même de recevoir à la *Cérémonie des Relevailles* les personnes qui auraient manqué à ce devoir par leur faute et volontairement. (De la Pénitence, art. XII).

Le salut de l'enfant n'importait pas moins, aux yeux de l'Eglise. C'est afin de prévenir tout danger à cet égard que les mêmes Statuts contenaient cette disposition : « Toutes les Sages-femmes, qui peuvent et doivent baptiser dans un péril éminent, seront interrogées par les Curez sur la matière et la forme du Baptême, de la manière de verser l'eau et de l'intention nécessaire ; et étant jugées *capables*, *jureront* de s'acquitter fidèlement *de cette fonction*, et *de toutes les autres* appartenantes à leur charge, dans la forme prescrite par notre Rituel » (du Baptême, art. VII).

Noms des sages-femmes dont il est fait mention dans les Registres paroissiaux :

En 1690, Jeanne Poisier ; en 1694, Marie Franclin ; en 1722, Catherine Bissette ; en 1765, Marie Marguerite Trefcon.

B. — Les Vocations sacerdotales et religieuses

I. *Vocations sacerdotales*. — Depuis le xv⁰ siècle, la paroisse se glorifie d'avoir fourni au service de l'Eglise les enfants dont les noms suivent :

1° En 1468, *Messire Pierre de Sincry*, pour lequel se célébrait un obit annuel dans l'Eglise Saint-Florent, de Roye ; une rente de 40 sols était fondée, à cet effet, sur un fief sis à Villers-lès-Roye.

2° En 1631, *Michel Guislain*, lequel se distingua comme curé de Vauchelles ; une pierre tombale, placée dans l'église du lieu, portait une inscription latine, relatant son décès à la date du 28 8bre 1631. Deux obits avaient été fondés par lui, dans l'église de Saint-Christ.

3° En 1693, *François Adrien Devaulx*, curé de Puzeaux, dont le père, Maître Vincent Devaulx, était Procureur fiscal de la Justice du duché de Chaulnes, en 1677. Il était l'aîné de dix enfants. Son nom figure, aux Actes de l'Eglise de Saint-Christ, en diverses circonstances, par exemple, en 1707, au mariage de Françoise, sa sœur, avec Jean Gauguet ; en 1710, à celui de son autre sœur, Anne Ursule, avec Jean Picart, de Champien ; en 1711, au baptême de Vincent Picart, son neveu et filleul.

Il mourut curé de Chaulnes, comme l'indique son acte de décès que voici : « Le 24 Janvier 1754, le corps de Maître Adrien Devaulx, âgé de 89 ans, 10 mois 14 jours, prêtre cy-devant *curé de Puzeau* pendant 38 ans, et de *Chaulnes*, pendant 15 ans, décédé en cette paroisse, après avoir reçu les Sacrements de l'Eglise et avoir rempli avec édification tous les devoirs d'un très digne Pasteur, a été inhumé dans le cimetière du lieu, conformément à ses désirs et ses volontés, par nous, curé de Punchy, en présence du sieur curé de Chaulnes, son neveu, du curé de Puzeau, son cousin, et des vicaires de Chaulnes, qui ont signé avec nous, dûment requis et interpellés ». Suivent les signatures :

Canel, curé de Punchy,
Léger, curé de Puzeau,
Devaulx, curé de Chaulnes,
Lesage, prêtre habitué,
Dalongeville, vicaire.

4° En 1763, *Maître Vincent Daniel Devaulx*, curé de Chaulnes, dont le père, Mᵉ Adrien Devaulx, était fermier des eaux et moulin de Saint-Christ, et receveur du duc de Chaulnes. Il était diacre lorsque son père mourut en 1736. En 1742, il remplaçait son oncle comme curé de Chaulnes. C'est en cette qualité qu'il bénit, en 1745, le mariage de Marie Anne Julle, sa sœur, du second lit, avec Antoine Poupart, de Saint-Cren (paroisse de Mons-en-Chaussée) et celui de sa nièce, Marie Catherine Ursule Picart, avec Pierre Rousé, de Billancourt. En 1761, il était parrain de Vincent-Daniel, née Picart-Dottin, son petit-neveu.

A sa mort, en 1763, un service solennel fut célébré pour le repos de son âme, *dans l'Eglise de Saint-Christ*, (25 août). Le registre mentionne qu'il était originaire de la paroisse. Voici son acte de décès :

« Le 3 Janvier 1763, le Corps de *Maître Vincent Daniel Devaulx*, prestre-curé de cette paroisse, vice-gérent du doyenné de Curchy, décédé assez précipitamment d'une attaque d'apoplexie le 1ᵒ jour desdits mois et an, muni du Sacrement d'Extrême-Onction, âgé de 49 ans, après avoir gouverné cette paroisse l'espace de 20 ans, avec beaucoup d'édification, et universellement regretté, fut inhumé dans le Chœur de l'Eglise par nous, Charles François Bourgois, prestre curé de la paroisse de Saint-Christ, et doyen rural du doyenné de Curchy, en présence de Charles Stanislas Devaulx, son frère, laboureur, demeurant à Morchain et d'Antoine Poupart, son beau-frère à cause de Marie Anne Julle Devaulx, son épouse, laboureur, demeurant en la paroisse de Mons-en-Chaussée ; de Jean Vasset, aussi son beau-frère à cause de Madeleine Devaulx, son épouse, laboureur à Soyécourt, et de plusieurs autres curés voisins, qui ont signé tous avec nous :

Bayard, curé de Mesnil-Saint-Nicaise,

Devaulx, Vasset, Poupart, Picart,

Darcourt, de Briot,

Desmarets, vicaire de Chaulnes ».

C'est ce curé, notre compatriote, qui fut le *bâtisseur de la belle Eglise de Chaulnes*, dans la construction de laquelle les ducs firent entrer d'importants matériaux provenant des ruines du *Château- fort de Briot* (1742-1752).

Une petite dalle gravée marque sa tombe.

Dans le cours du xixe siècle, le seul prêtre fourni par la paroisse, est :

5° L'Abbé *François Alfred Evariste Arcelin*, né le 18 octobre 1857, de François Maxime Evariste Arcelin, charpentier, et de Catherine Héloïse Demay, brodeuse, ordonné prêtre, en qualité de religieux franciscain, à Downside, diocèse de Clifton-Bristol (Angleterre), le 23 Décembre 1882, nommé curé de Béthencourt-s.-Somme, en 1894, de Buire-Courcelles, le 28 août 1897, lauréat de la Société des Antiquaires de Picardie (Prix Le Prince).

II. *Vocations religieuses.* — Ont fait partie :

a) *De l'Institut des Frères des Ecoles Chrétiennes :*

1° *Eugène Duchemin*, né Duchemin-Darloy, qui quitta la Congrégation après un séjour de sept ans, se maria et mourut à Licourt, en 1904.

2° *Charles Rivière*, né en 1836, de Rivière Onésime et de Sailly Catherine, connu en religion sous le nom de Frère Flavinien. Voici l'article nécrologique qui a été publié à son sujet dans le *Bulletin des Frères d'Annapes*, par Ascq (Nord), en 1910 :

« Après avoir consacré les dix-huit premières années de sa vie religieuse à l'enseignement chrétien dans les villes de Roubaix, Douai, Lille et Cambrai, le *Frère Flavinien* passa à Valenciennes, où il séjourna 12 ans, de 1868 à 1880. Il fut chargé presque exclusivement des cours de dessin, soit dans les classes du jour, soit dans les classes du soir. Il excellait dans cette spécialité et sut former de bons élèves qui obtinrent, dans diverses expositions, de nombreuses récompenses.

Doué d'aptitudes peu communes pour la peinture, il prêtait volontiers le concours de son talent à la décoration des chapelles de nos communautés. Il était heureux de pouvoir donner ainsi un témoignage d'amour et de reconnaissance à l'Hôte Divin de nos autels.

Pendant les 26 années qu'il vécut ensuite dans notre communauté d'Armentières, il fut constamment, pour les directeurs qui s'y succédèrent, un auxiliaire dévoué, et pour ses confrères un modèle accompli de fidélité au devoir.

Lorsque, en 1906, un arrêté de fermeture atteignît notre maison d'Armentières, le Frère Flavinien prit place à notre maison de retraite d'Annappes. Il s'y montra ce qu'il avait été toute sa vie : régulier, pieux, serviable, discret, heureux de se faire oublier des hommes pour s'occuper de Dieu seul.

Il semblait jouir d'une santé satisfaisante, lorsque le jeudi 29 juillet, au cours de sa promenade réglementaire, une hémorragie cérébrale le terrassa. Il put cependant recevoir l'Extrême-Onction. Le fervent religieux qui, le matin même, avait fait la Sainte Communion, était prêt à paraître devant le Souverain Juge, et nous avons la ferme confiance qu'il entendit la sentence réservée au bon et fidèle serviteur.

Aux funérailles qui eurent lieu à Annappes, le Comité des Ecoles Libres d'Armentières était représenté par son Trésorier, M. Woussen, banquier, insigne bienfaiteur de nos Ecoles ».

b) *De la Congrégation de la Sainte-Famille d'Amiens :*

1° *Sophie Darloy*, née en 1820 de Georges Darloy et de Sophie Daussin. Elle prit en religion le nom de Sœur Clotilde. Après avoir passé 18 ans de sa vie religieuse comme directrice du pensionnat de Saint-Omer, elle fut rappelée à Amiens pour remplir des fonctions plus importantes. Ses conseils étaient appréciés et ses inspections étaient empreintes d'une grande fermeté, mais d'une exquise bonté.

Elle est morte à Amiens, en 1880, à l'âge de 60 ans et a été inhumée au Cimetière de Cagny.

2° *Florice Duchemin*, née en 1828, de Casimir Duchemin et de Marguerite Alexandrine Darloy, connue sous le nom de Sœur Casimir.

3° *Marie Julie Clotilde Arcelin*, née le 23 Mars 1836, de François Joseph Arcelin et de Catherine Darloy, en religion Sœur Clotilde, institutrice communale à Caix, avec la Sœur Marie-Thérèse, pendant de longues années. C'était une religieuse d'une profonde piété et d'une grande modestie. Elle est décédée à Cagny, en 1910.

C. — Les noms de Baptême.

C'est une règle formulée par le Catéchisme du Concile de Trente que les *noms de Baptême* doivent être pris au Catalogue des Saints. Un Saint est un Patron dont les exemples s'imposent à notre imitation. C'est un Protecteur pendant la vie, un ami fidèle et assuré pour la dernière heure. Aussi les familles chrétiennes se faisaient-elles une loi jadis d'adopter un *nom de Saint* que les enfants se transmettaient religieusement comme un héritage de la foi de leurs pères et une marque de leur respectueux hommage et de leur gratitude.

D'après les mêmes principes, le Catéchisme blâme énergiquement les parents peu soucieux qui imposent à leurs enfants des noms puisés dans la mythologie et les romans du jour, noms qui ne peuvent rappeler à l'esprit que des célébrités malsaines, des nullités et souvent des exemples pervers. Un nom est un enseignement.

Le caractère du choix des noms de Baptême est donc un *indice* nullement négligeable des sentiments qui le déterminent.

Suivant cette théorie, il semble bien que l'époque qui précéda 1789 se montra moins frivole que celle qui suivit, et partant plus fidèle à cette tradition familiale, dont l'un des avantages était encore de perpétuer en quelque sorte, avec le nom des aïeux disparus, l'image toujours rajeunie de leurs traits effacés.

Voici une statistique onomatique, dont les divers éléments pourront servir de termes de comparaison :

Périodes allant :

1° *De l'an 1676 à 1700* ;

Dans cette période, sur 148 noms de garçons, François est donné 20 fois ; Antoine, 15 fois ; Jean, 14 fois ; Louis, 13 fois ; Jacques, 12 fois ; Nicolas, 9 fois ; Pierre, 8 fois ; Charles, 6 fois ; Vincent et Thomas, 4 fois ; Adrien, Claude et Martin, 3 fois ; André, Augustin, Etienne, Firmin, Germain, Henry, Hubert, Laurent, Matthieu, Noël, Sébastien, 2 fois, etc. — On trouve d'autres noms, comme Bruno, Eloi, Florent, Léger, Loup, Michel, Médard, Philippe, etc., mais aucun nom purement mythologique ou autres.

Sur 223 noms de filles, Marie est donnée 73 fois ; Anne, 44 fois ; Catherine, 22 fois ; Marguerite, 19 fois ; Françoise, 17 fois ; Jeanne, 11 fois ; Antoinette, Barbe, Marie-Madeleine, 5 fois ; Elisabeth, Julle, 4 fois ; Hélène, 3 fois ; Charlotte, Geneviève, Louise, 2 fois ; etc. — Autres noms : Cécile, Benoîte, Eustachie, Ursule, etc...

2° *De l'an 1776 à 1792* ;

Sur 239 noms de garçons, Pierre est donné 39 fois ; Louis, 33 fois ; François, 31 fois ; Jean, 26 fois ; Charles, 24 fois ; Antoine, 18 fois ; Joseph, 10 fois ; Augustin, 7 fois ; Jean-Baptiste, 6 fois ; Benoit, Constant, 4 fois ; Callixte, Désiré, Eloi, Ferdinand, Théodore, Vincent, 2 fois ; etc... Autres noms : Arsène, Alexandre, Auguste, César, Didier, Frédéric, Flavien, etc.

Sur 262 noms de filles, Marie est donnée 88 fois ; Julle et Julie, 13 fois ; Marie-Josèphe, 12 fois ; Anne, 11 fois ; Adélaïde, Marie-Madeleine, Marguerite, 8 fois ; Victoire, 7 fois ; Catherine, 6 fois ; Augustine, Euphroisine, Thérèse, 5 fois ; Alexandrine, Elizabeth, Félicité, Joséphine, Louise, Sophie, 4 fois ; Amélie, Françoise, Florence, Constance, Véronique, Prudence, 3 fois, Agnès, Angélique, Antoinette, Aimable, Bernardine, Dorothée, Florentine, Geneviève, Renée, Rose, Pélagie, Scholastique, 2 fois, etc.

Autres noms d'un caractère nouveau : Armandine, Caroline, Nathalie, Pacifique, Rosalie, Séraphine, etc...

3° *De l'an 1833 à 1842* ;

Sur 229 noms de garçons, celui de Jules est donné 14 fois ; Emile et François, 9 fois ; Joseph, 7 fois ; Alfred, Charles, 7 fois ; Louis, 5 fois ; Adolphe, 4 fois ; Alexandre, Ferdinand, Hippolyte, Jean-Baptiste, Pierre, Zéphir, Auguste, Antoine, Benoit, Césaire, César,

Désiré, Edmond, Florentin, Gustave, Léonard, Omer, Onésime, Pascal, 2 fois, etc...

Autres noms d'un caractère nouveau : Arthur, Armand, Altemire, Alphride, Euphride, Evrard, Fleurice, Vilmont, etc.

Sur 169 noms de filles, celui de Marie est donné 41 fois ; Julie, 10 fois ; Catherine, Rose, 6 fois ; Léonisse, 5 fois ; Célina, Sophie, 4 fois ; Désirée, Emérantine, 3 fois ; Anaïse, Adéline, Adèle, Adélina, Augustine, Alphonsine, Armandine, Amarante, Adelphie, Clarisse, Clémence, Claire, Florine, Florence, Ismérie, Joséphine, Joacine, Léopoldine, Marcelline, Marguerite, Odile, Sylvie, 2 fois, etc.

Autres noms de l'époque : Athanaïse, Ambroisine, Alexandrine, Alzire, Argentine, Adélaïde, Aloiska, Césarine, Clore, Constance, Céleste, Damarisse, Euphrasie, Flore, Florida, Gratia, Héloïse, Honorine, Hirma, Izoline, Malvina, Organthe, Octavie, Olide, Palmyre, Rosine, Uranie, Zana, etc.

4° *De l'an 1893 à 1902 ;*

Sur 189 noms de garçons, Jules est donné 11 fois ; Alfred, Arthur, 10 fois ; Charles, 9 fois ; Maurice, 8 fois ; Albert, Georges, 7 fois ; Ferdinand, Léon, 5 fois ; André, Emile, Etienne, Joseph, Louis, 4 fois ; Clodomir, François, Gaston, Marcel, 3 fois ; Adrien, Eugène, Gustave, Henri, Jean-Baptiste, Pierre, Paul, Victor, 2 fois ; etc.

Autres noms : Adolphe, Aurèle, Amédée, Anatole, Clotaire, Edgar, Hector, Kléber, Léandre, Roger, Zéphir, etc.

Sur 163 noms de filles, Marie ou Maria est donnée 43 fois ; Julie ou Julia, 6 fois ; Gabrielle, Jeanne, Blanche, 5 fois ; Berthe, Henriette, Léontine, 4 fois ; Anna, Adèle, Camille, Charlotte, Louise, 3 fois ; Angélina, Célina, Eugénie, Germaine, Fernande, Félicie, Florine, Irma, Isabelle, Juliette, Octavie, Valérie, Zélia, 2 fois, etc.

Autres noms : Adoëse, Adeline, Albertine, Argentine, Bernadette, Celia, Enasta, Firmine, Georgette, Léa, Oliphie, Olympe, Zoé, etc.

Ces divers états font voir suffisamment que chaque époque a ses préférences marquées, et que cette préférence résulte de l'ambiance générale et, semble-t-il, du genre de lecture dont se nourrit habituellement l'esprit des jeunes femmes et surtout leur sentimentalité.

Veuillent les épouses et mères de famille ne pas oublier que le foyer est un sanctuaire, et que, dans ce sanctuaire, rien de léger ne doit figurer ni dans les noms, ni dans les gravures, ni dans les lectures, sous peine d'affaiblir ou d'éteindre en elles et dans le cœur de leurs enfants la flamme sacrée des pures et saines affections, et le sentiment du devoir et de l'honneur, en même temps que celui de leur dignité.

D. — L'occupation des places d'Eglise.

Comme complément au chapitre de la démographie religieuse de la paroisse, j'ajoute ici un état de l'occupation des Places d'Eglise en 1834. Cet état nous remet sous les yeux des noms amis et vénérés, et nous permet de constater que, si tout ne fut point parfait chez nos pères, cependant nous ne gagnons pas toujours à nous comparer à eux.

Etat de l'occupation des Places d'Eglise en 1834-35.

I. — *Côté de l'Epître, en descendant* :

1. Cosme Liévin, de Briost,
2. (J. L^{is} Wargnier, 1834),
3. Casimir Duchemin,
4. Théodore Leclercq,
5. J. L^{is} Rocquit,
6. Jos. Rivière,
7. Fidèle Fache,
8. Ant^{ne} Fache,
9. L^{is} Darloy,
10. Alexandre Duchemin (Cizanc.),
11. Honré Martin Duchemin,
12. Stanislas Chevalier (Briot),
13. Cosme Duflos,
14. (Jos. Cassel père, 1834).
15. Jos. Désiré Cassel.

II. — *Côté de l'Evangile.*

16. (Prosper Cassel, 1834),
17. Casimir Legras,
18. Joseph Legrand,
19. Désiré Grébert,
20. J. B. Cailleux,
21. Isidore Demay,
22. Alexandre Boulanger,
23. Antoine Marotin,
24. J.-B. Legras,
25. Franç. Legras,
26. J. L^{is} Ledoux,
27. Ch. Ledoux,
28. Omer Boulanger,
29. Ant^{ne} Marotin (Alexis),
30. P^{re} Franç. Daussin,
31. (Devaux Stanislas, 1834),
32. Isidore Lequeux.

III. — *Chapelle de la Sainte-Vierge,*
(derrière l'arcade à gauche)

33. (Fr. Bec. 1834),
34. Georges Demay,
35. (Casimir Demay, 1834),
36. Césaire   —   »),
37. (Auguste Feret,   1834),
38. (Charlemagne Bonnard »),
39. Charlemagne Longuet,
40. P^{re} Franç. Rivière,
41. (Théophile Henry, 1834),
42. P^{re} »   »),
43. Ant^{ne} Leroy,
44. Damase Lebouchez,
45. (Aimé Véret, 1834),
46. (Aug. Grimaux, 1834),
47. Franç. Récopé,
48. (Cosme Césaire Duflos, 1834),
49. Honoré Duclaux,
50. (Callixte Grébert, Cizanc. 1834),
51. Désiré Cailleux,
derrière l'arcade, en sortant :
52. Florentin Lacroix,
dans l'arcade à gauche, en sortant :
53. Corentin Ledoux,
54. Honoré Ant^{ne} Duchemin,
dans l'arcade à droite en sortant :
55. Omer Lenin.

IV. — *Chapelle de St-Christ*

56. Nic. Barbarre, (Cizanc.),
dans l'arcade à gauche, en entrant :
57. Ch. Vasset, de Briot.
58. L^{is} Parfait Amand,
dans l'arcade à droite :
59. Célestin Liévin, de Briot,
60. Archange   »   »
dans l'intérieur de la Chapelle,
derrière l'arcade à droite :
61. Théodore Poiret,
62. Franç. Toriot,
63. (Aug. Herbert, 1834),
64. (Vincent Mortelier »),
65. (Jos. Grimaux   »),
66. Jérôme Cardon,
67.   »   »,
68. (Ferdinand Vasseur, 1834),
69. (Aug. Leclercq, 1834),
70. Ferdinand Darloy,
71. Aimé Stantesky (Cizanc.),
72. (Victor Félix Leroy, 1834),
73. Jean Bouttion.

V. — *La nef.* — *Bancs des femmes.*

a) *Côté de l'épître.*

1re
1. Vve Baloche, pour Julie, sa fille,
2. Franç. Leclerc, p. Julie Castel, sa femme,
3. L^{is} Darloy, p. Adéline, sa fille,
4.   —   p. Eusébie Deplanque, sa fme,

2^{e}
1. Côme Liévin, p. Aimable Lespine, sa fme,

2. Célestin Liévin, p. Luce Flament, sa fme,
3. Vve Baloche,
4. Jos. Pingeot, p. Marine, sa fille,

3^{e}
1. Cassel, p. Sophie, sa fme (1834),
2.   —   p. Rose, sa fille,
3.   —   p. Gudrin, sa belle-mère,
4.   —   p. Alphonsine, sa fille,

4^{e}
1. Césaire Picart, de Cizancourt, p. Prudence Barré,

15

2. Ch. Antne Darloy, p. Césarine, sa fille,
3. Pre Fache, p. Eusébie Darloy, sa fme,
4. Jos. Rivière, p. Catherine Leclercq, sa fme,

5ᵉ
1. J.-B. Cholet, p. Josephne Cardon, sa fme,
2. Franç. Féret, p. Marguerite Cardon, sa fme,
3. Jos. Legrand, p. Angélique Cardon, sa fme,
4 Cath. Lacroix, Vve Bigot,

6ᵉ
1. Armand Feret, p. Leleux, sa fme,
2. Victorine Pingeot,
3. Armand Féret, p. Julia, sa fille,
4. Honoré Duclaux, p. sa fille, Sophie, (1834),

7ᵉ
1. Florimond Demay, de Cizanc., p. Julie, sa fille,
2. Ferdinand Vasseur, p. Honorine, sa fille,
3. Jos. Pingeot, p. Aimable, sa fme,
4. Alexandrine Lebouchez (Vve),

8ᵉ
1. Aug. Ledoux, p. Josephne Cholet, sa fme,
2. Pre Boulanger, p. Félicité Marotin, sa fme,
3. Franç. Arcelin, p. Catherine Darloy, sa fme,
4. Ch. Longuet, p. Marguerite Ledoux, sa fme,

9ᵉ
1. Georges Demay, p. Madel. Vasseur, sa fme,
2. Jos. Parcheval, de Cizanc., p. Emélie Cailleux, »,
3. Jos. Legrand, p. Severine, sa fille,
4. Aimé Bœuf, p. Adélaïde Capelle, sa fme,

10ᵉ
1. Callixte Gontier, (Cizanc.), p. Généreuse Demay, sa femme,
2. Chrysost. Lacroix, p. Détentine Loir, sa fme,
3. Constantine Senith,
4. Pre Beauvarlet, p. Jos. Lemaire, sa fme,

11ᵉ
1. Martin Fache, p. Madel. Darloy, sa fme,
2. — p. Julie, sa fille,
3. J.-B. Legras, p. Madel. Lequeux, sa fme,
4. Isidore Lequeux, p. Julie Pingeot,

12ᵉ
1. Omer Boulanger, p. Cécile Labbé, sa fme,
2. Théodore Poiret, p. Marg. Lefebvre, sa fme,

13ᵉ
1. Franç. Legras, p. Suzanne Grobert, orpheline,
2. Cosme Duflot, p. Seraphne Darloy, sa fme,

14ᵉ (1834),
1. Césarine Loir, Vve Théophile Mortellier,
2. Jérôme Cardon, p. Hortense, sa fille,
3. Pre Henry, p. Modeste Pingeot, sa fme.

b) Côté de l'Evangile.

1. Hon. Martin Duchemin, p. M. Anne Legras, sa fme,
2. Joachim Lequeux, p. Mélanie Récopé, sa fme,
3. Florimond Demay, de Cizanc., p. Julie Boitel, sa fme,

15ᵉ
1. Pre Bellier, p. Hyacinthe, sa fille,
2. Vve Baloche, pour Alexandrine, sa fille,
3. Casimir Duchemin, p. Alexandrine Darloy, sa fme,

— 227 —

4. Léocalde Bassilier, Vve Vasseur, p. Alphonsine Charlet, orpheline.

16ᵉ 1. Ch. Ledoux, p Caroline, sa fille,
2. Alexis Marotin, p. Madel. Duchemin, sa fme.
3. Nic. Barbare (Cizanc.), p. Désirée Emprun, sa fme,
4. Alexandre Duchemin, Cizanc., p. Félicité Ledoux, sa fme,

17ᵉ (1835)
1. Ch. Gauchin, pour Virginie, sa fme,
2. Madel. Wargnier, Vve Remy Boitel,
3. Franç. Rivière, p. Alexandne, sa fille,
4. — p. Thérèse Cander, sa fme,

18ᵉ 1. Stanislas Chevalier, de Briost, p. Eléon. Roquit, sa fme,
2. Martin Fache, p. Ludivine, sa fille,
3. — p. Aline, sa fille,
4. Prudence Mortellier, p. Julie, sa fille,

19ᵉ 1. Prudent Caron, p. Julie Cardon, sa fme,
2. Georges Darloy, p. Sophie, sa fille,
3. La domestique de M. Guillain, (Rosalie),
4. Franç. Récopé, p. Joséphine Denys, sa fme,

20ᵉ 1. J.-B. Cailleux. p. Eléon. Mortellier, sa fme,
2. Pʳᵉ Boulanger, de Briot, p. Alphonsine, sa fille,
3. Georges Darloy, p. Joséphne, sa fille,
4. Franç. Toriot, p. Armanthine, sa fille,

21ᵉ 1. Lⁱˢ Cardon, p. Désirée Bécu, sa fme.
2. César Barbare, p. Florine Gambart, sa fme,
3. Parfait Amand, p. Mézélique Degenne, sa fme,
4. J.-B. Duclaux, p. Adèle Barbare, sa fme,

22ᵉ 1. Isidore Demay, p. Alexandrine Boitel, sa fme,
2. Anastasie Boitel, Vve Joseph Boitel,
3. Lⁱˢ Ledoux, p. Cather. Boitel, sa fme,
4. Corentin Ledoux, p. Adélaïde, sa fme,

23ᵉ 1. Franç. Aug. Daussin, p. Emélie Casier, sa fme,
2. Etienne Véret, p. Augustine Rivière, sa fme,
3. Franç. Aug. Daussin, p. Rosine Darloy, sa belle-fille,
4. Louis Dursace, p. Julie, sa fille,

24ᵉ 1. Georges Darloy, p. Félicité, sa fille,
2. Pʳᵉ Duflot, p. Constance, sa fille,
3. Théophile Héry, p. Geneviève Cailleux, sa fme,
4. Franç. Becque, p. Clémentine, sa fille,

25ᵉ 1. Franç. Becque, p. Honorine, sa fille,
2. Vve Leroy, p. Julie, sa fille,
3. — p. Sophie, sa fille,
4. Auguste Cras, p. Cath. Duflot, sa fme,

26ᵉ 1. Franç. Becque, p. Clémentine, sa fme,
2. Vve Marg. Namont, Vve Devaux Quentin,
3. Lⁱˢ Rocquit, p. Anastasie Lefebvre, sa fme,

- 4. L^is Gaudefroy, de Briot, p. Augustue Caron, sa fme,
- 27ᵉ
  - 1. Joachim Lequeux, pour Alexandrine Boucher, sa fme,
  - 2. Rose Ennuyer, de Cizanc.,
- 28ᵉ
  - 1. L^is Leffroy, p. Séverine, sa fille,
  - 2. Vve Antne Maxence, Cath. Demay, sa fille,
- 29ᵉ
  - 1. Franç. Leroy, pour Albertine, sa fille,
  - 2. Vve Geneviève Rubin, de Cizanc.,
  - 3. P^re Dejenne, p. Arthémise, sa fille,
- 30ᵉ
  - 1. Ch. Longuet, p. Armandine, sa fille,
  - 2. Armand Féret, p. Luzence, sa fme,
- 3. J. L^is Cailleux, p. Alexandrine, sa fme,
- 31ᵉ
  - 1. Madel. Courçon, Vve Bigot,
  - 2. Constant Larue, p. Félicité Cardon, sa fme,
  - 3. J. L^is Bonnard, p. Rosette Lemoine, sa fme,
- 32ᵉ
  - 1. Laurent Betermin, p. Marg. Mortelier, sa fme,
  - 2. P^re Maillard, p. Honorine Mortellier, sa fme,
  - 3. Ch. Grimaux, p. Julie, sa fille,
- 33ᵉ
  - 1. Ch. Rivière,
  - 2. Rose, sa femme,
  - 3. Joseph Vary, Vve Lefèvre,

Selon les règlements, les places étaient vendues à vie, et retournaient à la fabrique au décès de l'acquéreur.

Quant aux places de femmes, il fut décidé qu'au décès des occupantes, les filles aînées auraient, à défaut de place personnelle, le droit de succéder à leur mère. Ce droit passait à la puînée, si l'aînée avait sa place, et même aux petites filles.

La redevance annuelle était, pour les bancs de la nef, de 0,75 à partir de la petite porte, et de 0,50 au dessous.

Les adjudicataires perdaient leur place, après une année de résidence hors de la paroisse.

Section B. — **LA PAROISSE DE BRIOST**

CHAPITRE PREMIER

Etablissement et Organisation de la Paroisse

I. — Faits relatifs à son érection ;
II. — Faits relatifs à son organisation ;
III. — Faits relatifs à son développement.

I. — **Faits relatifs à son érection.**

A) *Donation de l'autel à l'Abbaye Saint-Barthélémy de Noyon par Radbod II. — Charte et Bulle de Confirmation. — Cession à l'abbaye de Jouarre du droit de présentation à la Cure. — Armoiries de Saint-Barthélemy.*

Nous ne possédons pas l'acte par lequel Radbod II, qui était évêque de Noyon de 1068 à 1098, érigea l'autel de Briost et en fit *donation* aux Chanoines de l'Abbaye Saint-Barthélemy de Noyon, mais par contre, nous avons la Charte de confirmation qui en fut délivrée par Baudry, son successeur immédiat.

Dans cette charte, qui est du mois d'Avril 1103, Baudry déclare confirmer au monastère les différents autels qui lui ont été concédés par son prédécesseur Radbod et par lui-même.

Ces autels sont ceux de : *Ongnes, Vraignes, Ginchy, Curlu, Ablaincourt, Misery* et *Briost*.

Aux termes de la Charte, l'abbé de Saint-Barthélemy prend à sa charge le service et le personnat (droit de rachat) de ces autels, ainsi que le cens synodal, dont le paiement doit être fait à l'évêque de Noyon ou à ses officiers, au jour de la Saint-Remi, ou pendant l'octave de cette fête ; chacun des *autels* est tarifé comme il suit :

Ongnes, Vraignes, Curlu, Ginchy, à raison de *deux sols* ; Ablaincourt, Misery et *Briost*, à raison de *12 deniers* ; et ce, à perpétuité.

Ces dispositions, que l'évêque déclare confirmer du consentement de son archidiacre, Gérard, et des clercs qui forment son Conseil, sont corroborées par la signature et le sceau de Baudry.

Ont signé : Roscelin, doyen ; Gérard, archidiacre ; Lambert, archidiacre de Tournai ; Rorigon, prévôt ; Pierre, chantre ; Landri, sous-chantre ; Nicolas, écolâtre ; Désiré ; Robert ; Hagenon ; Fer ; Raoul ; Ansel ; Araulf ; Odon ; Bauduin ; Luvilfus ; Landri ; Pierre ; Arnulf ; Hugues ; Guillain, doyen de Péronne ; Goislan ; Gedulf, de Tournai ; Amalric, doyen de Lille (Islensis) ; Tancrède et Gummad, de Bruges (Brugensium) ; Geoffroi, doyen ; Gui, chancelier.

En 1115, le Pape Pascal II approuvait, de son autorité apostolique, le genre de vie que les Abbé et Chanoines de Saint-Barthélemy professaient sous la règle de Saint-Augustin, les plaçait sous la juridiction exclusive de l'évêque et confirmait les donations faites précédemment à leur Congrégation par Baudry, relativement aux autels ou cures de : Ongnes, Vraignes, Ginchy, Curlu, Ablaincourt, Misery, Briost, Villers in Calceia (Villers-Carbonnel), Dompierre, Tombes, Bavincove (Bovent), et Courcelles sur l'Oise.

L'abbé de Saint-Barthélemy nommait encore à la cure de Briost, en 1596, mais il n'en était plus de même en 1648 ; à cette date, d'après un Pouillé du diocèse de Noyon, c'est l'abbesse de Jouarre qui présente à cette Cure. L'Abbesse usa de ce droit jusqu'en 1789.

L'Abbaye de Saint-Barthélemy portait :

« d'azur, semé de fleurs de lys d'or » ;

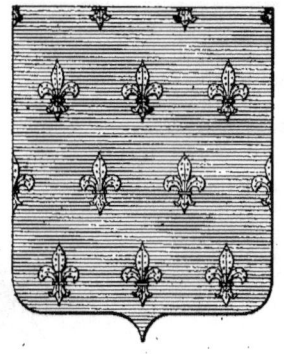

Elle devait son nom à une petite église que l'archidiacre Garnier avait fait construire, au commencement du xie siècle, hors des murs de Noyon, aux abords du cimetière des pauvres, *sous le vocable de Saint-Barthélemy, apôtre.*

L'Abbaye fut érigée, en 1064, par l'évêque Baudoin, puis transférée, en 1557, dans l'enceinte de la ville.

Cliché A. Vayssière à Athies

EGLISE de BRIOST

Elle était occupée par des Chanoines réguliers de l'Ordre de Saint-Augustin qui se réformèrent en 1654, et prirent le nom de Chanoines réguliers de la Congrégation de France L'Abbaye subsista jusqu'à la Révolution.

B) *Notre-Dame de Septembre, titulaire de l'Eglise et Patronne de la paroisse.*

L'église de Briost est, de temps immémorial, sous le vocable de la Nativité de la Très Sainte Vierge ou de Notre-Dame de Septembre (8 septembre). La fête locale se célèbre toujours le dimanche qui suit. Le lendemain, les habitants continuent de se rendre à l'antique église pour y prier pour leurs chers trépassés ; après la messe et les prières récitées pour les morts, a lieu l'aspersion des tombes.

Sur les 343 paroisses du diocèse de Noyon, 23 étaient sous le vocable de la Nativité, 20 autres sous le vocable de l'Assomption ; un grand nombre de Prieurés, d'Abbayes et de Chapellenies était de même placé sous le vocable de Notre-Dame.

C) *Attribution de la paroisse au doyenné de Curchy ; sa réunion, en 1803, à la paroisse de Saint-Christ.*

Comme la paroisse de Saint-Christ, celle de Briost est attribuée, dès l'an 1166, au doyenné de Curchy. Après le Concordat de 1801, elle est réunie à la paroisse de Saint-Christ, en qualité d'annexe.

II. — Faits relatifs à son organisation

A) *L'Eglise Notre-Dame de Briost.*

1° *Sa construction.* — Il existait autrefois, sous une arcade pratiquée dans le mur latéral de la nef, du côté de l'Evangile, et près de la balustrade, une tombe qui portait cette inscription :

« Chi-gist *Jehan de Roie*, chevalier, sire de Briot, qui cheste Eglise fit faire à sen tins (de son temps), et qui le premier pierre y mis. — Priez Dieu pour s'âme (son âme) ».

L'écriture était du xiiie siècle, suivant la remarque de D. Grenier.

Nous verrons, dans la 3e partie de ce travail, que *Raoul de Clermont-Nesle*, connétable de France, fit l'acquisition de la *Seigneurie de Briot* en 1293, *de Pierre de Roie*. Le fondateur de l'église serait donc l'un des ascendants de Pierre de Roie, *le seigneur du lieu*.

2° *Description archéologique de l'édifice.* — Suivant la description étudiée qu'en a fait M. Duhamel-Decéjean, de Nesle, *l'église de Briost*, dans ses dimensions restreintes, n'est dépourvue ni d'harmonie, ni d'élégance. Elle mesure intérieurement un peu moins de 12 mètres de longueur sur 7 m. 20 de largeur. Elle était primitivement de forme rectangulaire, comme celle de Cizancourt ; aujourd'hui l'abside présente un polygone à trois côtés.

C'est le type du xve siècle réalisé lors d'une restauration générale qui a modifié sur plusieurs points l'agencement du xiiie siècle. La construction de l'église, en effet, doit être placé entre 1250 et 1270, et sa restauration, vers 1510.

Façade. — La façade se compose d'un portail central à tympan uni, dont l'archivolte en ogive à deux retraits, repose de chaque côté sur deux colonnes à chapiteaux du xiiie siècle. Les moulures de cet archivolte sont de même style, accusé principalement par le tore sur les arêtes. Les astragales, au lieu d'être rondes, sont prismatiques. La porte d'entrée est basse. Elle a 2 mètres à peine sous linteau.

Au-dessus du *Portail* règne un larmier en forme de Corniche, sur lequel s'appuie une haute fenêtre ogivale actuellement murée. On voit encore, figurés dans la partie supérieure, les meneaux en pierre sculptée qui dessinaient une arcade trilobée dans le goût des dernières années du xve siècle. Deux contreforts rectangulaires soutiennent les extrémités de la façade et montent jusqu'à la naissance du comble.

Clocher. — Le clocher est un édicule carré en charpente, surmonté d'un toit à quatre pans et couvert en ardoises.

Fenêtres. — Les fenêtres latérales de la nef sont d'une forme unique, dans le canton de Nesle : c'est la lancette ogivale du xiiie siècle dans son originalité première, très étroite (0 m. 60), fort élevée (près de 4 m.), et dépourvue de moulures. Les retraits en chanfrein forment son ébrasement, et son ogive est couronnée par le profil du larmier qui la suit tout autour. C'est un type très réussi, d'une simplicité majestueuse et d'une gracieuse énergie qui mérite à l'église de Briost une mention particulière.

Les six fenêtres de l'édifice sont exactement pareilles et bien conservées. Huit contreforts en séparent les intervalles.

Intérieur. — L'intérieur est confortable. La nef réservée aux fidèles occupe une longueur de 8 mètres, et le Sanctuaire élevé de deux degrés remplit le reste. L'autel principal en boiserie est placé au milieu de l'abside ; deux petits autels sont apposés aux parois du polygone. Le confessionnal est au bas de la nef à droite, et les fonts baptismaux à gauche. Ces fonts en pierre se composent d'une cuve ronde montée sur un pédicule en balustre qui émerge d'un large socle rond. C'est un ouvrage du xive siècle.

La voûte fut autrefois une charpente avec tirants et poinçons ; elle a été remplacée par un cintre en plâtre.

Statues. - Plusieurs statues sont curieuses à voir, d'abord celle de *Sainte Anne*, qui est représentée assise tenant de la main droite un livre ouvert et soutenant de la main gauche *la Sainte-Vierge* debout sur les genoux de sa mère. La Sainte-Vierge tient elle-même à son tour, sur son bras, *l'Enfant Jésus*. Malgré la complication de cette triple superposition de personnages, le sculpteur a tout tiré d'un seul bloc de pierre. Il est vrai de dire qu'à part cette singularité, le travail n'est pas très remarquable, les draperies et l'agencement sont peu artistiques.

En regard de ce groupe se présente *le Christ à la flagellation*, les mains liées reposant sur les genoux, la couronne d'épines sur la tête. C'est la reproduction de *l'Ecce Homo* ou du « Saint-Christ » de la paroisse de ce nom.

Au-dessus et en arrière du maître-autel se trouvait, également sculptée en pierre, *la Sainte-Vierge* avec *l'Enfant Jésus* sur le bras gauche, les pieds sur le globe où rampe le serpent, et portant dans la main droite un sceptre doré. Cette statue est remplacée aujourd'hui par une statue polychromée du Sacré-Cœur, d'un caractère tout moderne.

De la même facture et du même temps que la statue de la Sainte-Vierge sont deux statues de *Saint Pierre et de Saint Paul*, placées sur des consoles de chaque côté du Sanctuaire.

L'Eglise de Briost, en somme, est un monument intéressant, elle est *le seul échantillon* debout à l'heure actuelle du style ogival primitif, dans le canton de Nesle.

3° *Etat de l'ancien mobilier de l'Eglise*, d'après l'acte de vente qui en a été fait le 25 frimaire an III (15 décembre 1794). — Comme à Saint-Christ, *l'état estimatif* des effets mobiliers des « *ci-devant établissements Ecclésiastiques, Eglise et maison presbytérale* », fut dressé par *Jean Louis Victor Polleux*, cultivateur, agent national de la commune d'Athies, en vertu d'une commission spéciale à lui confiée par le directeur de Péronne, le 3 messidor..., en présence de deux membres de la municipalité requis à cette fin.

La Vente fut faite par *Louis Médard Milet*, juge de paix du canton d'Athies, le 25 frimaire an III (le 15 décembre 1794).

Nature des objets vendus	Prix de vente	Acquéreurs
1 Autel et le haut d'icelle,	6 l.	Jean Beauvarlet ;
2 Marche-pieds de l'autel,	8 l. 10 s.	J.-Baptiste Legrand ;
3 Lambris du Sanctuaire (côté épître),	7 l.	Antoine Josse ;
4 Lambris dans le chœur (même côté),	8 l.	Pierre Boulanger ;
5 Contre-partie du lambris du Sanctuaire,	3 l.	François Leroy ;
6 Contre-partie dans le chœur,	15 l.	Pierre Louis Leroy ;
7 Deux marche-pieds pour entrer dans le Sanctuaire,	6 l. 10 s.	J.-Baptiste Legrand ;
8 Plancher du lutrin et 3 escabelles,	8 l. 10 s.	Citoyen Vasset ;
9 Balustrade qui sépare le chœur de la nef (côté épître), le cintre avec,	8 l.	Pierre Boulanger ;
10 Contre-partie avec marche-pied pour entrer dans le chœur,	8 l.	Louis Amand ;
11 Morceau de lambris, avec la *Chaire dite de vérité*,	9 l.	Antoine Josse ;
12 Morceau de lambris, confessionnal,	18 l. 10 s.	Adrien Thoriot ;
13 2 bancs,	3 l.	Jean Beauvarlet ;
14 2 bancs,	2 l.	Antoine Rocquier ;
15 2 »	1 l. 10 s.	Antoine Josse ;
16 2 »	2 l.	Pierre Boulanger ;
17 2 » (côté Évangile),	1 l. 10 s.	Antoine Josse ;
18 2 » »	1 l. 10 s.	Antoine Rocquier ;
19 3 »	2 l. 10 s.	Louis Amand ;
20 1 fauteuil en bois,	3 l. 10 s.	Louis Rocquier ;
21 1 » »	3 l. 10 s.	Charles Ant^{ne} Vasset,
22 Coffre et petite cassette,	12 l. 10 s.	Jean Beauvarlet ;
23 Tabernacle,	7 l. 10 s.	Ch. Antoine Vasset ;
24 Armoire,	11 l. 10 s.	Louis Rocquier ;

25 Morceau de lambris,	10 l.	Jean-B. Legrand ;
26 Autre morceau,	11 l. 10 s.	Louis Amand ;
27 Balustrade sous le clocher,	15 l. 10 s.	Antoine Josse ;
28 2 bancs,	2 l.	Marie Anne Lefort ;
29 2 »	1 l. 10 s.	Vve Gaussuin ;
30 2 »	3 l. 10 s.	Pierre Boulanger ;
31 2 »	4 l. 10 s.	Quentin Caplet ;
32 2 »	4 l. 10 s.	Quentin Caplet ;
33 2 »	6 l. 10 s.	Quentin Caplet ;
Prix total :	215 l.	

Le procès-verbal de la dite vente a été arrêté en la maison commune, et est signé : Vasset, maire,

    Josse, officier municipal,

    Caplet, agent national.

Cet état nous permet de reconstituer l'ancien mobilier de l'Eglise et de constater, à l'honneur des acquéreurs, que la plupart d'entre eux ne firent l'acquisition des divers objets qui le composaient qu'avec la pensée formelle de les rendre plus tard à leur destination.

4° *La cloche.* — La cloche de Briost porte l'inscription suivante :

« L'an 1839, fondue sous l'invocation de la Sainte-Vierge et bénite par *M. Guillain,* desservant de St-Christ et Briost ;

Je suis nommée *Célestine Aimable* par M. Célestin *Liévin* avec Mme Joséphine Aimable *Lépine,* épouse de Cosme Liévin, et Cosme Liévin avec Geneviève Flament, épouse de Célestin Liévin ».

                                      Florentin Cavillier,
                                      L. Ch. à Solente.

Puisse la voix de cette cloche bénite, destinée à célébrer les joies, les alarmes et les tristesses, ainsi que les espérances de tous, vibrer aux oreilles et surtout jusqu'au cœur de tous ceux qui ont l'avantage de pouvoir se dire les *enfants de Notre-Dame de Briost.*

5° *Inhumations faites dans l'Eglise depuis 1693 jusqu'en 1789.* — Personnes inhumées :

1° En 1702, *Antoine Léger,* fermier du château de Briost, décédé à l'âge de 60 ans, inhumé dans l'Eglise devant l'autel Saint-Nicolas ;

2° En 1708, *Anne Ponthieu,* veuve Léger Antoine, fermier de Briost, décédée à l'âge de 36 ou 37 ans, inhumée dans l'Eglise de Briost par le doyen de Berny, avec la permission de Claude, curé de la paroisse, en présence de Franç. Huguet, curé de Saint-Christ, de Poulain, curé de Cizancourt, de maître Cl. Hacquart, curé de Briost, et de ses proches ;

3° En 1727, *Antoine Martin*, marchand bourgeois de Paris, inhumé dans le chœur de l'Eglise, en présence de Gervais Martin, son fils, curé de la paroisse, et de Pierre Beauvarlet, marguillier et clerc séculier au même lieu ;

4° En 1748, *maître Gervais Martin*, curé de la paroisse, décédé à l'âge de 65 ans, après avoir reçu les Sacrements de l'Eglise, inhumé dans le chœur de l'Eglise par Jean Cauet, curé de Licourt, doyen rural du doyenné de Curchy, en présence de Ch. Franç. Bourgeois, curé de Saint-Christ, vice-gérant dudit doyenné, et de J. Caron, curé de Cizancourt ;

5° En 1751, *maître Jean Faure*, curé de la paroisse, décédé à l'âge de 40 ans, après avoir reçu les Sacrements de l'Eglise, inhumé dans l'Eglise du dit lieu par J. Cauet, curé de Licourt, doyen rural, en présence de Bourgeois, curé de Saint-Christ et de Poupart, curé de Brye ;

6° En 1764, *dame Marie Le Picart*, veuve Bertrand Mansalle, âgée de 65 ans, décédée chez M. le Curé, son neveu, inhumée dans l'Eglise, en présence de Robert et Nicolas Darcourt, bourgeois de Saint-Quentin, ses neveux, de Madeleine Darcourt, de Marchélepot, et des curés de Cizancourt, Villers, Misery et Saint-Christ ;

7° En 1772, *maître Jean-Baptiste Darcourt*, ancien bourgeois de la ville de Saint-Quentin, veuf de dame Marie Jeanne Le Picart, âgé de 70 ans, décédé dans la maison presbytérale de la paroisse, muni des Sacrements de Pénitence et de l'Extrême-Onction, inhumé dans la nef de l'Eglise, vis-à-vis de la chaire de vérité, par Demilly, curé de Villers-Carbonnel, en présence de : Jean-Baptiste Franç. Darcourt, curé, maître Jean Caron, curé de la paroisse de Cizancourt, Alexandre Vinchon, licencié en théologie, curé de Saint-Christ, Jacques Lemaire, curé de Chaulnes, Robert Castel, curé de Misery, doyen rural, Henry Darcourt, laboureur à Marchélepot, cousin du défunt.

B) Le Cimetière.

Le cimetière de Briost est situé autour de l'Eglise ; sa superficie est de 8 ares 90 cª.

Parmi les inhumations faites de 1692 à 1789, je relève entre autres celles de :

1° *Madeleine Caudron*, femme de Claude Malézieux, fermier du Château de Briost, inhumée le long de la Croix du cimetière, côté du midi, en 1717.

2° *Anne Marie Antoinette Malézieux*, décédée quelques jours après sa mère, et inhumée au pied de la même Croix.

C) Les curés de Briost et le Presbytère.

La paroisse de Briost eut l'avantage de posséder un curé, dès la fin du xIe siècle, date probable de son érection ; mais la liste de ceux que nous connaissons ne remonte guère au-delà de 1689.

Liste des curés de Briost de 1689 à 1803

1° *Louis Godefroy*, lequel exerçait en 1689 ; nous le voyons bénir un mariage, à cette date, à Saint-Christ, en l'absence de Chappus, qui en était le curé.

En 1694, il signe sur le registre de la paroisse de Briost, comme parrain de Suzanne Beauvarlet, née de Pierre Beauvarlet, clerc séculier de la paroisse et de Jeanne Godefroy, sa parente. En 1696, il est curé de Marchélepot ; mais il revient volontiers dans son ancienne paroisse, dont il n'était distant du reste que de quelques kilomètres, par exemple, en 1701, à l'occasion du baptême de Louis Nicolas, né Beauvais-Godefroy, dont il est le parrain, avec Marguerite Hacquart, de Vendeuil, parente de son successeur, comme marraine ; de même, en 1708, où il assiste à l'inhumation de Jeanne Godefroy, sa parente. Sa mort arriva en 1714 (28 Juillet).

2° *Claude Hacquart*, 1697-1721 ; ce prêtre était originaire de la paroisse Saint-Jean-Baptiste de Vendeuil. Antoinette Hacquart, l'une de ses parentes, est marraine d'Antoinette Bertin, en 1700, et Anne

Hacquart l'est, en 1705, de Marie-Jeanne Ponchon, puis en 1706, de Pierre Beauvarlet, né Beauvarlet-Gaudefroy, et en 1707, de Marie Cath. Amand ; François Legras, de Foucaucourt, est parrain de cette dernière.

3° *Maître Gervais Martin*, 1721-1748. Nous avons vu que son père, marchand bourgeois à Paris, fut inhumé dans le chœur de l'Eglise, en 1727. En 1723, il bénissait le mariage de *Jean Jacques Witasse*, seigneur de Bayencourt, Villecourt, etc., demeurant à Sainte-Croix de D'Omisy (Omissy), au diocèse de Noyon, et de *Marie Jeanne des Fontaines,* fille de Nicolas Joachim des Fontaines, seigneur d'Ouincourt (Woincourt), et de dame Léonore Damerval, de la paroisse Saint-Martin d'Ouincourt.

Assistaient au mariage : *Alexandre Béchon*, seigneur de Bussu, Soyécourt. etc. ; *Philippe Damerval*, chevalier, seigneur d'Aplincourt, Pœuilly, Brule, etc., oncle maternel de la mariée ; *Suzanne Boitel*, épouse de messire Damervalle, demeurant à Aplincourt, sa tante ; *Messire Hubert de Fontaines*, chevalier, seigneur de Boisgelin, demeurant à Elogny, au diocèse de Rouen, oncle paternel de la mariée ; *Louis de Fontaine*, son frère ; son père et sa mère.

Signèrent : *Marie Jeanne de Fontaines* ; *Léonore Witasse de Fontaines*, à Woincourt ; *Damerval* d'Asseviliers ; *Boitel* ; *Witasse de Bayancourt* ; *de Fontaine Bocathelin* ; *de Fontenne-Serisy* ; *Louis Damerval* ; *Martin*, curé de Briost.

Le mariage eut lieu avec la dispense et la permission de Mgr l'évêque d'Amiens, la paroisse de l'épouse dépendant de son diocèse.

Le Château d'Aplincourt, où se firent les noces, est à 1200 mètres environ de Briost.

En 1725, le curé de Briot était parrain de Martin Beauvarlet, né Beauvarlet-Ponchon, avec Marie-Anne Ursule Devaulx, femme Picart, de Saint-Christ, comme marraine ; en 1735, de Ch. Franç. de Boitel, fils de Ch. Franç. de Boitel, écuyer du Val.

Il mourut en 1748, âgé de 65 ans, et fut inhumé, comme il a été dit plus haut, dans le Chœur de l'Eglise.

L'intérim fut fait par les curés de Saint-Christ et de Cizancourt, Bourgois et Caron.

4° *Maître Jean François Faure*, prêtre du diocèse du Puy, curé de Notre-Dame de Bryot, de 1749 à 1751, mort le 8 juin 1751, à l'âge de 40 ans, et inhumé dans l'église, comme il a été dit ci-dessus.

L'intérim est fait par le Fr. Cambron, cordelier, gardien du Couvent de Péronne, et par Bourgois, curé de Saint-Christ et doyen rural.

A signaler, pendant l'intérim, le mariage d'Adrien Baligant de la Feuilliez, receveur des Fermes du Roy, à Saint-Christ, avec Marie-Anne Pelletier, née Pelletier-Guilbert, de la paroisse de Saint-Christ. Adrien Baligant était né à Guise de François Baligant, ancien capitaine de cavalerie, chevalier de l'Ordre royal de Saint-Louis, pensionnaire du Roy, et de Marie Françoise Lescarbotte.

5º *Jean Ribaux*, 1755-1756 ;

6º *Magnier*, 1757, lequel fut « pourvu de la Cure de Bryot, et commis *par l'Evêque de Noyon* » ; il ne fit que passer ;

7º *Jean-Baptiste Darcourt* (d'Arcourt), 1757-1785, maître-ès-arts à l'Université de Paris, chapelain de l'église Notre-Dame et de Saint-Louis. Son père, Maître Jean-Baptiste Darcourt, ancien bourgeois de la ville de Saint-Quentin. mourut à Briost et fut inhumé, ainsi qu'il a été dit, dans la nef de l'Eglise, en novembre 1772. Il était veuf de dame Marie Jeanne Le Picard. Déjà, en 1764, avait eu lieu dans la même église, l'inhumation de Marie Le Picart, veuve Mansalle, tante du curé.

En 1770, le curé de Briost était titulaire, dans l'église collégiale de Nesle, de la Chapellenie de Saint-Thomas de Cantorbéry. Cette Chapellenie, fondée par Raoul de Nesle en 1297, rapportait 12 muids de blé, à prendre sur la terre et seigneurie de Roiglise, plus 3 livres parisis (3 livres 15 sols), et le commun. A ce sujet, il est utile de faire remarquer que les Chapelains n'étaient pas tenus à la résidence pour gagner *le gros* de leurs Chapellenies, mais seulement pour les distributions des biens de la Communauté

Suivant un document communiqué par M. L. Cardon, vicaire à Albert, maître J. B. Darcourt était titulaire, en 1758, *de la Chapelle Saint-Eloy du Plouy.*

Le Petit-Plouis (Le Plouy-lès-Fins), était un hameau dépendant de la paroisse de Fins. Les biens de la chapelle consistaient en 4 journaux de terre, mes. de Péronne, affermés à raison de 5 setiers de blé, même mesure, à l'époque de Colliette, (1770 ; les charges consistaient à faire célébrer solennellement l'Office du Saint, le 25 juin. Le titre était à la présentation de l'abbé d'Honnecourt.

Dans le présent acte le curé de Briost reconnaît en qualité de chapelain de Saint-Eloy, qu'il existe au terroir d'Equancourt un terrain appartenant à la dite Chapelle, lequel est mouvant de la seigneurie dudit lieu et demande à être reçu pour homme vivant et mourant et non confisquant, pour pouvoir en jouir à l'avenir sous son nom.

Voici le texte :

Ce jourd'hui, seize Décembre mil sept cent cinquante-huit, pardevant nous, Edme Jean-Baptiste Massey, bailli et garde de justice de la terre et seigneurie d'Equencourt, pour Messire Louis Alexandre Le Fournier, chevalier, seigneur baron des Grand et Petit Equencourt, est comparu *Maître Jean-Baptiste Darcourt*, prêtre curé de la paroisse de Briot, près Péronne, et *titulaire de la Chapelle Saint-Eloy, du Plouy*, lequel, en cette qualité, a volontairement reconnu qu'il appartient à la dite chapelle plusieurs immeubles et, entre autres, la quantité de cent cinquante verges de terres labourables situées au terroir d'Equencourt, tenant d'un long, aux sieurs Choquel et Bréda, de Péronne, d'autre long, au seigneur d'Equencourt, et aux terres occupées par Fiacre Cardon, d'un bout à Michel Denisart, à cause de sa femme, et d'autre bout à Jean Henne, aussy à cause de sa femme, pourquoy ledit comparant nous requérait vouloir le recevoir *pour homme vivant et mourant* et non confisquant pour, sous son nom, jouir dudit bien cy-devant déclaré, pour raison de laquelle, ladite chapelle n'avait pas donné d'homme pour le décès du dernier homme, tenue en mouvance de la seigneurie dudit Equencourt, vers elle chargée et redevable du droit de plein champart, tel que de huit gerbes du cent, de telle nature de grains que ladite terre peut porter par chaque dépouille, de cens primitial et seigneurial, et sujet à tous les droits voulus par la coutume de Péronne, en matière d'ouverture de bien de mainmorte, aux offres qu'il faisait de payer à mondit Seigneur Baron un droit de chambellage de vingt-cinq sols, et un revenu d'année pour sa mutation, seulement, et continuer ledit champart à mondit, Seigneur Baron d'Equencourt, ses receveurs ou préposés, comme encore de comparoir tous les ans aux plaids généraux qui se tiendront par nous audit Equencourt, à peine de douze sols sept deniers d'amende, faute de comparaître, reconnaissant que mondit Seigneur baron a toute haute, moyenne et basse justice sur ladite terre sus déclarée, Nous, après avoir ouï le procureur fiscal de la dite seigneurie en son consentement, et ledit sieur comparant nous ayant remontré que le droit de chambellage et revenu d'année contre lui prétendu n'étant point justifié par aucun titre, et que même par la coutume de ce gouvernement, ces deux droits ne sont point attribués au Seigneur, offrant au surplus, en cas de justification de titre à s'y conformer ; *avons reçu et recevons pour nouvel homme vivant et mourant et non confisquant de la dite terre* sus déclarée, la personne dudit *sieur Darcourt* pour par la dite chapelle en jouir à l'avenir sous son nom, à la charge par luy de satisfaire aux offres cy-dessus énoncés, à l'exécution desquelles nous l'avons, de son consentement, condamné et accordé le présent acte sauf et sans préjudice au blâme de mondit Seigneur, auquel ces présentes ne pouvant nuire ny préjudicier, et en conséquence des offres cy-dessus faites par ledit sieur comparant, n'a point été payé par yceluy le droit de chambellage et revenu d'année dont s'agit.

Fait à Equencourt, les jour et an que dessus, et a ledit sieur comparant signé avec nous, ensemble notre procureur fiscal et notre greffier, le contrôle notifié.

        Darcourt, curé de Briot,

                                    Delevacque,

    Massey,

C^{le} à Péronne le 20 Xbre 1758.
Reçu 12 sols.
                    Leriche.

(Archives du Château de Manancourt. Fonds d'Equancourt, Registre côté L, p. 8).

Jean-Baptiste Darcourt dut quitter Briost vers 1785. A cette date, l'intérim est assuré par Desains, curé de Cizancourt ;

8° *Jean François Lenoir*, 1785-1792-1803 ; Lenoir ne paraît pas avoir fait le serment constitutionnel. Son dernier acte officiel et public, comme curé de Briost, est du mois d'août 1792.

L'abbé de Cagny atteste qu'il demeura fidèle à son troupeau, même aux jours de la Terreur. Il se retira au village de Breuil, près de Nesle, lorsque Briost perdit définitivement son titre de paroisse, en 1803.

Le Presbytère de Briost était bâti sur un terrain d'une contenance de 1 are 63 centiares ; il est aujourd'hui la propriété de la famille Liévin.

D) *Le Temporel de l'Eglise.* — *Les Marguilliers.*

a) *Biens de la fabrique et de la cure.*

En 1789, le temporel de la Cure se composait de 32 journaux de terre labourable en 12 pièces, sises sur les terroirs de Briost, Saint-Christ, Cizancourt et environs ; ils étaient affermés alors à Eloy Liévin, poissonnier et laboureur, demeurant audit Briost, moyennant une redevance annuelle de 33 setiers de blé, mesure de Péronne. (Bail de 1787 passé par devant Caron).

Ces 32 journaux de terre furent vendus, comme Biens Nationaux, en 1791, sur une mise à prix de 10.003 livres, et adjugés, à raison de 10.000 livres, à Charles M. Danicourt, de Péronne, qui nomma command. Louis Caron.

En 1688, le revenu *de la cure* se composait de : 77 setiers de blé, 100 livres d'augmentation, 30 livres de menues dîmes, 10 livres d'obits, 18 livres de casuel.

A la même date, le revenu *de la fabrique* était de 30 setiers de blé et 4 livres.

(Visite de M. de Clermont, évêque de Noyon).

En 1704, le revenu de la cure était de 34 setiers de blé, mes. de Péronne et de 25 livres de surcens et rentes.

(Journal de M. d'Aubigné, 15 Juin 1704).

Signé : Cl. HACQUART, curé.

Ces dernières indications, surtout celles de 1688, témoignent qu'il existait d'autres biens-fonds, appartenant à la fabrique et à la cure, que ceux indiqués dans l'acte de vente de 1791.

Les Archives départementales font mention d'une donation faite à la Cure de Briost, de deux pièces de terre sises au même lieu, par Marie Debroy, veuve de Pierre Garnier, en 1743. (Arch. dép. B. 123).

b) *La dîme.*

La dîme de Briost avait été inféodée à la maison de Chaulnes par suite de la cession à elle faite des Biens du Prieuré de Saint-Christ, en 1571, par Charlotte de Bourbon-Montpensier, abbesse de Jouarre.

Un acte de l'officialité de Noyon nous apprend que, en 1224, Wautier Harnas et Adam, son fils aîné, donnèrent aux frères hospitaliers de Saint-Jean de Jérusalem, d'Eterpigny, pour le repos de leurs âmes et de celles de leurs ancêtres, les dîmes qu'ils possédaient sur les territoires d'Eterpigny, de Cléry et *de Briost* (Brios).

En 1225, Gérard, évêque de Noyon, notifie de même que Robert Rocelin a donné, du consentement de sa femme, aux Hospitaliers d'Eterpigny, ses dîmes de *Briost* (Broz), Misery et Fresnes, en échange de 11 arpents de terre, près de Péronne et à charge d'un muid de froment et de 11 deniers de cens. (Cartulaire d'Eterpigny, f°s 10-11 et 31-32).

En 1770, les revenus de l'église de Briost s'élevaient à 600 livres.

Les Marguilliers.

La complète disparition des anciens comptes de fabrique nous met dans l'impossibilité de reconstituer la liste de ceux qui remplirent précédemment, à Briost, la fonction de marguillier. Je n'ai pu recueillir que les trois noms qui suivent, ceux de :

1° Pierre Desjardin, décédé en 1697 ;
2° François Cochois, décédé en 1711 ;
3° Pierre Beauvarlet, décédé en 1727.

III. — **Faits relatifs à son développement.**

A) — *Œuvres d'éducation et d'enseignement.*

Briost, comme Saint-Christ, avait son école paroissiale, et son *Clerc séculier*, chargé par l'évêque du soin d'instruire les enfants.

Voici la liste de ceux qui exercèrent cette fonction de 1681 à 1789 :

1° *Maître Martin Beauvarlet*, 1681 ; sa qualité de Clerc séculier de Briost est mentionnée au bas de l'acte d'inhumation de sa fille Marie, qui eut lieu à St-Christ en 1681. Il avait épousé Marie Anne Suzanne Barbier, qui lui donna plusieurs enfants.

2° *Pierre Beauvarlet*, 1662-1727 ; veuf à 30 ans de Marguerite Desjardin, il se remarie, en 1694, avec Marie Jeanne Godefroy, de Cartigny, proche parente du curé. Antoine Berrier, curé de Misery, et Adrien Devaulx, curé de Puzeaux, assistent à son mariage. Il eut six enfants du second lit, entre autres, Suzanne, qui eut pour parrain

Louis Godefroy, curé de Briost, et mourut à 16 ans ; Marguerite, qui eut pour parrain Macdonagh, « lieutenant du régiment de l'aide Hirlandais » (1697), et épousa plus tard Gérard, de Saint-Christ ; Pierre, qui succéda à son père, en qualité de Clerc séculier ;

Il mourut en 1727, âgé de 65 ans ;

3° *Pierre Beauvarlet* fils, 1727-1764 ; il épousa successivement Adrienne Mauroy, en 1722, et Marie Jeanne Ponchon, en 1724 ; celle-ci lui donna 12 enfants, entre autres, Gervais Martin, dont le parrain fut Gervais Martin, curé de Briost et la marraine, Marie-Anne Ursule Devaulx, femme Picart, de Saint-Christ ; Martin, qui fut huissier royal à Péronne ;

Il mourut en 1764, à l'âge de 58 ans ;

4° *Pierre Lefèvre*, 1765-1772 ; marié, en 1763, avec Marie Marguerite Pingeot ;

5° *Pierre Corbeau*, 1773-1776 ;

6° *Antoine Nicolas Duclaux*, 1777-1779 ;

7° *Alexis Plonquet*, 1779-1780 ;

8° *Jean-Baptiste Broy*, 1780-81 ;

9° *Ambroise Victor Louis*, 1782 ;

10° *Jean Chrysostôme Duclaux*, 1782-93 ; ce dernier était originaire de la Neuville-lès-Bray ; il épousa, en 1787, Geneviève Pingeot, née Pingeot-Beauvais, dont il eut plusieurs enfants. Il fut Instituteur de Saint-Christ, après la tourmente révolutionnaire.

Traitement du Clerc séculier.

En 1688, le revenu du Clerc séculier se composait de 7 setiers de blé et de 6 livres de casuel. Le traitement était prélevé sur les biens de la fabrique de l'Eglise.

B) — *Institutions pieuses.*

1° *La Chapelle castrale dite de Sainte-Anne.*

a) Son érection. — Un titre de l'évêché de Noyon nous apprend qu'il existait *au château de Briost* une *chapelle* érigée au cours du XIVe siècle par Quentin de Nesle, sous l'invocation de la Sainte-Vierge. L'érection de cette chapelle fut confirmée par Gilles, évêque de Noyon, en 1365.

A cette date, le château appartenait à Jehan Ier, comte de Boulogne et d'Auvergne. L'acte de fondation porte que le droit *de présentation* au bénéfice de la chapellenie appartient au Seigneur de

Briost et le droit de *collation* à l'Evêque de Noyon. Il en est encore ainsi en 1596 et 1648.

b) Biens et charges de la chapellenie.

D'après le même titre, les biens de la chapelle consistaient en 7 muids de bled et 9 muids d'avoine, à prendre sur un fief du sire de Briost, et les charges dans la célébration de 3 messes par semaine.

En 1385, la chapelle était pourvue de plusieurs chapellenies ou titres, pour lesquels il était dû : 1° *au Curé de l'Eglise Notre-Dame de Briost*, pour 2 messes à dire chaque semaine dans la chapelle « du Chastel », 10 livres parisis, payables par moitié à Pâques et à la Toussaint ; 2° au « *capellain* », chapelain de la chapellenie, 20 livres parisis ; 3° pour une autre « capellenie » fondée en la même chapelle, il existait des terres et rentes amorties à charges d'y célébrer 6 messes par semaine, dont quatre par le chapelain, une par le curé de Briost, et une autre par le curé de Cizancourt ; ce qui faisait 11 messes par semaine en tout.

En 1669, la Chapelle Castrale est désignée sous le vocable *de Sainte-Anne* ; ses biens se composent alors de 61 setiers de blé, mesure de Lihons, 5 setiers de blé, mesure de Nesle, et de 54 livres 10 sols d'argent.

Suivant un procès-verbal d'arpentage du 17 mars 1762, la Chapelle Sainte-Anne de Briot possédait des terres sur divers terroirs, soit : sur celui de Punchy, 39 journaux 82 verges, en 4 pièces, et sur celui d'Hyencourt-le-Petit, 4 journaux 52 verges ; plus nombre de surcens aux terroirs dudit Hyencourt-le-Petit, de Cizancourt, et sur une maison à Saint-Christ.

c) Chapelains de Sainte-Anne de Briost.

On retrouve dans les archives le nom de deux d'entre eux, celui du Sr *Vinet*, en 1389, et celui de *Jean de Sorel*, en 1606 ;

d) Réunion de la Chapelle Sainte-Anne à la fabrique de Chaulnes, en 1669.

Cette réunion eut lieu en vertu d'une sentence portée par le sieur Ch. Bourdin, chanoine et archidiacre de Noyon, vicaire général de M. de Clermont, le 11 novembre 1669. Elle s'explique par le fait que les Comtes et ducs de Chaulnes ayant fait l'acquisition de la Châtellenie et Baronnie de Briost, en 1566, en étaient devenus les Seigneurs temporels. Cette translation avait pour objet d'assurer l'établissement d'un vicaire à Chaulnes, moyennant l'obligation, pour ce dernier : 1° de *célébrer deux messes* par semaine, dans la *Chapelle du Château*, en la présence du Duc et de la Duchesse, ou dans l'Eglise paroissiale, en leur absence ; 2° *d'enseigner gratuitement* aux enfants pauvres de la paroisse, à lire et à écrire, comme aussi de leur apprendre le Catéchisme du diocèse.

Du fait de la suppression de la Chapellenie de Sainte-Anne, et de son transfert à Chaulnes, l'importance de la cure de Briost se trouva considérablement affaiblie. Au lieu de 2.000 livres qu'il était autrefois, son revenu n'était plus, en 1770, que de 600 livres.

2° *Le Pèlerinage de Sainte-Anne.*

L'Eglise Notre-Dame de Briost possède une statue de Sainte-Anne, fort ancienne, dont la description a été donnée ci-devant.

Cette statue est l'objet d'un pèlerinage toujours bien fréquenté ; les mamans y portent leurs enfants pour mettre leurs premiers pas sous la haute protection de celle qui fut la mère de la Très-Sainte-Vierge et l'aïeule de l'Enfant-Dieu.

3° *Le Calvaire.*

On doit sa restauration à la pieuse générosité de Madame Reuet, d'Hombleux, née Célina Liévin.

CHAPITRE II

DÉMOGRAPHIE RELIGIEUSE ET MORALE DE LA PAROISSE DE BRIOST.

I. — Faits concernant la natalité ;
II. — Caractère des noms de Baptême donnés aux enfants ;
III. — Etat de l'occupation des places d'Eglise, en 1833.

I. — Faits relatifs à la natalité.

1° *Moyenne de la natalité genérale :*
a) *De 1693 à 1792 ;*

ANNÉES	MARIAGES	NAISSANCES	MOYENNE DE LA NATALITÉ PAR MÉNAGE OU FAMILLE	
1693-1702	8	46	5 à 6 enfants	5.6
1703-1712	3	29	9 »	9.2
1713-1722	6	24	4 »	4
1723-1732	10	45	4 à 5 »	4.5
1733-1742	7	40	5 à 6 »	5.5
1743-1752	8	16	2 »	2.
1753-1762	13	40	3 »	3.
1763-1772	10	38	3 à 4 »	3.8
1773-1782	8	30	3 à 4 »	3.6
1783-1792	15	47	3 à 4 »	3.2
	88	355		

Durant cette période, *88 mariages* ont produit 355 enfants, soit une moyenne de plus de 4 enfants par ménage. La moyenne des naissances *illégitimes* est alors de moins de 3 pour cent.

b) De 1793 à 1842 :

ANNÉES	MARIAGES	NAISSANCES	MOYENNE DE LA NATALITÉ PAR MÉNAGE OU FAMILLE	
1793-1802	8	64	8 enfants	8.
1803-1812	11	35	3 à 4 »	3.12
1813-1822	9	41	4 à 5 »	4.5
1823-1832	14	49	4 à 4 »	3.7
1833-1842	16	37	2 à 3 »	2.5
	58	226		

De 1793 à 1842, 58 mariages donnent 226 naissances, soit une moyenne de 3 à 4 enfants par ménage ; elle est moindre cependant si l'on considère que les naissances illégitimes s'élèvent à près de 20 *pour cent*, et que les naissances légitimes ont diminué en proportion.

A partir de 1842, époque de la réunion définitive de la commune ou section de Briost à la commune de Saint-Christ, il n'existe plus qu'*un seul registre* pour les actes civils et religieux des deux localités.

2° *Taux de la natalité dans les différentes classes de la société paroissiale avant 1789 ; — Familles de 5 enfants et plus.*

a) Parmi les *clercs séculiers*, on cite :

Nombre d'enfants.

La famille Beauvarlet-Desjardin et Godefroy,   9 enfants.
dont 6 du 2ᵉ lit;
    La famille Beauvarlet-Ponchon,   12 »
        »   Lefèvre-Pingeot,   6 »
        »   Duclaux-Pingeot,   7 »

b) Parmi les *laboureurs* et *fermiers* du Château :
    La famille Léger-Ponthieu,   (nombreuse famille).
        »   Vasset-Polleux,   6 enfants.
        »   Liévin-Vinchon,   7 »

c) Parmi les *poissonniers* :
    La famille Amand-Lalau,   5 enfants.
        »   Beauvais-Godefroy,   5 »

La famille Beauvarlet-Hennon, 14 enfants.
» Beauvarlet-Vinchon, 5 »
» Boulanger-Carlier, 5 »
» Benjamin-Barbet, 5 »
» Benjamin-Fouilloy, 7 »
» Dubord-Lefort, 5 »
» Dubord-Benjamin, 7 »
» Gaussuin-Amand, 6 »
» Gossuin-Beauvais, 5 »
» Gossuin-Mauroy, 5 »
» Lefort-Cottin, 7 »
» Lefort-Debrye, 6 »
» Leroy-Beauvarlet, 8 »
» Leroy-Dubord, 9 »
» Pingeot-Beauvais, 9 »
» Rimette-Desjardins, 5 »

d) Parmi les *professionnels* et *gens de métier* ; familles de *bergers* :

Nombre d'enfants.

Amand-Roger et Pronier, 7 »
Demay-Lefort, 5 »
Gontier-Roger, »
De *tisserand* :
Beauvais-Trefcon et Féret, 6 »
De *cordonnier* :
Dinyon-Fouilloy, 5 »
D'*horloger* :
Caplet-Beauvarlet, 6 »
D'*employés des fermes du Roy*, au poste de Briost :
Darloy-Bouvel et Debroye, 5 »
Devanchy-Janvier, 5 »
Letellier-Fieux, 7 »
De *manouvriers, gagne-deniers, domestiques, char-
retiers*, etc. :
Beauvais-Deplanque, 11 »
Catoire-Paillot, 8 »
Cottery-Demay, 5 »
Cras-Demay, 5 »
Morevette-Catoire, 8 »

Cet état nous montre que les familles nombreuses se rencontraient alors dans les *classes aisées* aussi bien que dans les classes les plus modestes.

3° *Les femmes victimes ou martyres du devoir de la maternité*, de 1693 à 1792.

On peut citer :
1700 Marie Catty, f^me Bleuet, 45 ans d'âge ;
1701 Anne Bertin, f^me Benjamin, 30 ans ;
1708 Jeanne Godefroy, f^me Beauvarlet Pierre ;
1711 Marie Dinion, 20 ans ;
1716 Madeleine Caudron, f^me Malézieux ;
1733 Madeleine Duroisel. f^me Leroy Fursy, tonnelier, 36 ans ;
1741 Anne Benjamin, 32 ans ;
1743 Marie-Anne Beauvais, f^me Benjamin, 34 ans ;
1744 Marie Hurier, f^me Benjamin, 21 ans ;
1745 Marie Madeleine Catherine Trefcon, f^me Beauvais, 32 ans ;
1749 Marie Madeleine Gille, f^me Benjamin, 28 ans ;
1763 Louise Grossin, f^me Dubord, 36 ans ;
1780 Marie-Josèphe Châtelain, f^me Carpentier, 28 ans.

Soit, pour les 80 ménages de la même période, une moyenne de 12 à 13 pour cent de femmes mortes victimes du devoir accompli.

De nos jours, grâce à l'emploi des *antiseptiques*, les cas de mortalité sont beaucoup moins fréquents ; mais la diminution est due également à l'affaiblissement de la natalité. On constate, en général, que la population actuelle est *moins jeune* qu'autrefois.

II. — Les noms de Baptême.

Caractère des noms de Baptême imposés aux enfants,
à différentes époques.

1° *De 1693 à 1725.*

Parmi les *noms de garçons* les plus communément donnés, on trouve ceux de : Louis, Antoine, François, Claude, Pierre, Jean, Fursy, Jacques, Martin, Charles, etc. ; on ne rencontre aucun nom hétérogène.

Parmi les *noms de filles*, celui de Marie est donné 23 fois ; les noms d'Anne et de Marguerite sont donnés 11 fois ; viennent ensuite ceux de Catherine, Madeleine, Antoinette, Françoise, Marie-Madeleine, Charlotte, Geneviève, Louise, etc.

2° *De 1751 à 1775.*

Le nom de Louis est donné 14 fois ; celui de Charles, 11 fois ; viennent ensuite ceux de Jean, François, Pierre, Antoine, Jean-Baptiste, Joseph, Claude, André, etc.

Le nom de Marie est donné 37 fois ; celui d'Anne, 10 fois ; viennent après ceux de Marguerite, Marie-Madeleine, Madeleine, Françoise, Marie-Josèphe, Catherine, Adélaïde, Félicie, Julle, Pétronille, Rose, Thérèse, etc. ; comme noms nouveaux, ceux de Victoire, Euphrasine, Florence, Joséphine, Reine, Sophie, etc.

3° *De 1793 à 1802.*

Les noms de Louis et Jean sont donnés 7 fois, ceux de Pierre et Charles, 4 fois ; on trouve ensuite : François, Vincent, Amand, Stanislas, Théophile, etc., puis des noms nouveaux, comme Auguste, Constant, etc.

Le nom de Marie est donné 22 fois, celui de Marie-Josèphe, 6 fois ; celui de Caroline, 5 fois ; viennent après, ceux de Marguerite, Anne, Aimable, Blandine, Elizabeth, Emélie, Florentine, Luce, Rose, Thérèse, etc., puis des noms nouveaux, comme Cézarine, Dauphine, Pascaline, Secondine, etc.

4° *De 1833 à 1842.*

Le nom de François est donné 5 fois, celui de Charles, 4 fois, ceux de Louis, Jean et Auguste, 3 fois ; celui de Jules, 2 fois.

Après viennent des noms nouveaux, comme Alphride, Achille, Alpha-Oméga, Adolphe, Bucors, Casimir, Hector, Hildegon, Iscart, etc.

Le nom de Marie est donné 9 fois ; ceux d'Adèle, Léopoldine, Rose, Sidonie, 2 fois ; Anna se rencontre 1 fois ; puis viennent des noms comme Ambroisine, Célina et Céline, Clarisse, Constantine, Estelle, Mismoli, Néomie, Olype, etc.

La meilleure règle, *pour le choix des noms*, est encore celle qui s'inspire de l'esprit du Catéchisme du Concile de Trente, et s'en tient aux noms *traditionnels* de la famille.

III. — Les places d'Eglise.

Etat de l'occupation des places d'Eglise, d'après l'acte de vente qui eut lieu le 24 novembre 1833.

Bancs du côté de l'Epitre :		Bancs du côté de l'Evangile :	
Nos des places	Noms des acquéreurs (Hommes)	Nos des places	Noms des acquéreurs (Femmes)
1	Cosme Liévin ;	1	Mme Cosme Liévin ;
2	Stanislas Chevalier ;	2	Mme Cassel, de St-Christ ;
3	Joseph Désiré Cassel, de Saint-Christ ;	3	Angélique Legrand ;
		4	Eugénie —
4	Joseph Legrand ;	5	Félicité Boulanger ;
5	Pierre Boulanger ;	6	Eléonore Roquet ;
6	Jean Beauvarlet ;	7	Florentine Josse ;
7	Pierre Josse ;	8	Constance Senith ;
8	Louis Rocquit ;	9	Apolline Boulanger ;
9	Stanislas Beauvarlet ;	10	Augustine Beauvarlet ;
10	Vincent Mortelier, de St-Christ ;	11	Mme Célestin Liévin ;
11		12	Secondine Duclaux ;
12	Chrysostome Torillot, fils ;	13	Caroline Mauroy ;
13	Cavel ;	14	Victorine Cotry ;
14	Jean Louis Leroy :	15	Marcelline Legrand ;
15	Charles Jean Beauvarlet ;	16	Catherine Torillot ;
16	Louis Gaudefroy ;	17	Séverine Legrand ;
17	Vincent Cras ;	18	Caroline Croix ;
18	Pierre Beauvarlet ;	19	Séraphine Cavel ;
19	Félix Leroy ;	20	Louise Croix, (de Torsincourt) au lieu de Virginie Mauroy ;
20	Charles Beauvarlet ;		
21	Isidore »		
22		21	Augustine Caron ;
23	Célestin Liévin ;	22	Ludivine Josse ;
24	Désiré Cotry ;	23	Madelon Céry ;
25	Callixte Boulanger ;	24	Alphonsine Leturq ;
26	Martial Leroy, de St-Christ ;	25	Augustine Boulanger ;
27	Amand Caron ;	26	Mme Vasset, de Cizancourt ;
28	Eugène Caron ;	27	Elise Amand ;
29	Simon Leturcq ;	28	Stéphanie Cotry ;
30	Ferdinand Boulanger ;	29	Flore Cotry.
31	Jean Beauvarlet ;		
32	Charles Antoine Vasset ;		
33	Jean Louis Leroy.		

Cet état est, par lui-même, un témoignage éloquent des sentiments religieux qui animaient le cœur et l'âme des générations précédentes. Il est une leçon pour la génération actuelle. Les fidèles de Briost n'oublient pas que leur église, aujourd'hui vieille de plus de 600 ans, n'est pas seulement la *maison de Dieu* et *la leur*, mais encore *l'écrin précieux*, qui conserve le souvenir des joies et des tristesses de toute une longue série d'aïeux, et le secret de leurs chrétiennes et communes espérances.

Section C. — **LA PAROISSE DE CIZANCOURT**

CHAPITRE PREMIER

Etablissement et Organisation de la Paroisse

I. — Faits relatifs à son érection ;
II. — Faits relatifs à son organisation ;
III. — Faits relatifs à son développement.

I. — Érection de la paroisse.

a) Date d'érection.

Selon toute vraisemblance, l'érection de la paroisse de Cizancourt date de l'époque même de la construction de son église, c'est-à-dire de la fin du xie siècle ou du commencement du xiie.

b) Sainte Marie-Madeleine, Patronne de la paroisse, et titulaire de l'Église.

Sainte Marie-Madeleine est patronne du lieu ; c'est sous son vocable que l'église fut dédiée primitivement.

c) Droit de nomination à la Cure.

Ce droit appartenait au Chapitre de la Collégiale Notre-Dame de Nesle. On sait que le vénérable Chapitre *nommait* aux différentes Cures et Chapellenies de sa dépendance, suivant un régime de partitions formées de plusieurs Chanoines, trois régulièrement. Le droit de *nommer à la cure de Cizancourt* revenait au premier Chanoine de la seconde partition. Comme premier, il exerçait ce droit pendant les quatre premiers mois de l'année.

L'église collégiale de Nesle avait été fondée en 1021. En 1787, son

Cliché A. Vayssière à Athies

EGLISE de CIZANCOURT

Chapitre se composait de 24 prébendes canoniales, dont une unie au décanat.

Comme armoiries, le Chapitre de la Collégiale de Nesle portait : d'azur, à une Vierge tenant l'Enfant Jésus, posée sur un croissant d'argent, accostée de 2 poissons posés en pal, de même.

Possessions du Chapitre de Nesle à Cizancourt.

Il existe au chapitre du département *un plan terrien* des possessions du Chapitre de Nesle à Cizancourt. Ces possessions comprennent en plusieurs pièces : 93 v. 1/3 ; 4 jx. 39 v. 3/4, au chemin de Cizancourt à Nesle ; 3 jx. 32 v. ; 1 jal. 35 v. ; 2 jx. 23 v. 1/2, au chemin de Licourt, et d'Epénancourt à Cizancourt ; 2 jx. 23 v. 1/2 et 7 jx 45 v. 3/8 ; 6 jx. 80 v., à la rue de Cizancourt à St-Christ ; en tout : 28 journaux environ de terre labourable.

II. — **Organisation de la Paroisse.**

1° *L'Eglise et le Cimetière*

a) *Construction et description archéologique de l'Eglise.*

Suivant l'abbé Decagny et M. Duhamel-Decéjean, l'église de Cizancourt est une construction *d'époque romane secondaire*, du XIIe siècle. Elle en a conservé les caractères à deux fenêtres de l'abside qu'on distingue à l'extérieur, à l'entablement du nord, et dans une sculpture qui se remarque à droite du pignon, à la naissance du toit.

L'édifice est *de forme rectangulaire et droite*, il n'y a point de contreforts à la nef ; à gauche, au contraire, il en existe deux, fait qui caractérise, paraît-il, les anciennes Eglises Romanes où l'on remarque encore que, lorsqu'il y a des contreforts de chaque côté, ceux de gauche sont souvent plus puissants que ceux de droite.

La façade est *un pignon* dans lequel s'ouvre le portail en plein cintre, surmonté d'une fenêtre du même style.

On distingue, à gauche du portail, *une inscription* gravée sur la pierre, mais presque entièrement effacée. C'est, croit-on, l'épitaphe d'un curé de l'endroit, mort au xve siècle.

Plus haut se dresse *le clocher* de charpente élevé au xvie siècle. Ce clocher servait à une époque de point de repère, avec la Croix Comtesse, la Chapelle de Notre-Dame-des-Joies et la borne du Bois de Licourt, à la délimitation des justices seigneuriales de Saint-Christ, Ennemain et Falvy.

Les réparations qui eurent lieu dans ce temps et plus tard, en 1672 par exemple, n'ont point modifié sensiblement l'aspect du monument. Le plafond intérieur a gardé sa physionomie véritable ; on lui a laissé son *cintre en planches*, avec tirants et poinçons.

Au-dessous du clocher, la voûte se termine par un large tympan sur lequel une peinture de grande dimension représente *Sainte Marie-Madeleine*, patronne de la paroisse,

L'intérieur est orné de boiseries sculptées et peintes avec goût ; il faut citer principalement l'*autel*, un vaste *rétable* contenant plusieurs tableaux et plusieurs statues, entre autres celle *de la Sainte-Vierge*, avec l'inscription « *Ecce mater tua* », et celle de *Saint Jean l'Evangéliste*, toutes deux en bois. Cette dernière porte comme inscription correspondante : « *Ecce filius tuus* », « Voilà votre fils ». Un Jubé également sculpté sépare le chœur de la nef. Ces divers ornements sont du xvie siècle.

Grâce au zèle religieux des habitants, observe l'abbé Decagny, on a pu soustraire à la spoliation révolutionnaire quelques-unes des peintures et boiseries qui décoraient le Sanctuaire.

On remarque, dans la nef, une statue de *Saint-Sébastien*, en pierre polychromée et aujourd'hui, dans un coin de l'Eglise, un *lutrin* en bois de style Louis XV, lequel offre, sur les trois côtés de la base, des médaillons où sont sculptés Sainte Marie-Madeleine, Saint Jean, apôtre, et les attributs de la musique. Un aigle supporte les livres de chant.

Les *fonts-baptismaux* sont octogones à l'extérieur et l'intérieur est circulaire. On sait que la forme octogone extérieure date du xiiie siècle et qu'à partir du xve, l'intérieur jusqu'alors circulaire, devint lui-même polygonal. Ils remontraient donc au XIIIe ou au XIVe siècle. La base est moderne.

b) Etat du mobilier, en 1795 :

Les Archives départementales de la Somme conservent l'*état estimatif* et l'*acte de vente* dont le mobilier du ci-devant *établissement Ecclésiastique, Eglise et maison presbytérale* de Cizancourt fut l'objet à la Révolution.

L'*état estimatif* fut dressé en présence de deux membres de la municipalité requis à cet effet, par Jean Louis Polleux, cultivateur, agent national de la commune d'Athies, qui en avait reçu commission du directoire de Péronne, le 3 messidor ; l'*acte de vente* eut lieu le 21 mars 1795, par le ministère de Louis Médard Milet, juge de paix du canton d'Athies, à ce commis par le même directoire.

Acte de vente

Nature de l'objet vendu	Prix de vente	Nom de l'acquéreur
1 Autel, marchepied, parquet du Sanctuaire,	30 l. 10 s.	François Daussin ;
2 Lambris derrière l'autel, contre le pignon,	30 l.	Césaire Picart ;
3 Lambris du Sanctuaire, côté épître,	30 l.	Jérôme Demay ;
côté Évangile,	20 l.	Duchemin :
4 Lutrin avec un banc du Sanctuaire et escabelle,	20 l.	François Daussin ;
5 Un banc avec dossier,	10 l.	Marie Anne Emprun ;
6 Deux bancs dans la nef (côté épître),	3 l.	Picart ;
7 2 bancs,	4 l.	François Brunet ;
8 1 banc,	4 l.	Jérôme Demay ;
9 Un confessionnal,	6 l.	J.-B. Emprun ;
10 Le tour des fonts et 1 banc,	3 l. 10 s.	J. M. Duchemin ;
Côté Évangile.		
11 2 bancs,	3 l.	Pierre Demay ;
12 2 bancs,	5 l. 10 s.	Jérôme Demay ;
13 Le banc à l'entrée du chœur,	19 l.	Sulpice Brunet ;
14 Chaire de vérité,	8 l.	Jérôme Demay ;
15 Cornet en fer blanc,	7 l. 10 s.	Citoyen Décamp ;
16 Devanture d'armoire et bois de chêne,	17 l.	Jérôme Demay ;
17 Dessus de 3 armoires,	10 l. 10 s.	» » »

18 3 petites armoires,	228 l.	Citoyen Picart, de Cizancourt ;
19 armoire avec son marchepied,	206 l.	« » »

Total :   765 l.

L'acte est signé : Daussin, agent ; Picart, maire ; Demay.

Cet état nous permet de constater, à l'honneur des habitants de Cizancourt, que la plupart des objets vendus alors furent rendus plus tard à l'Eglise par leurs détenteurs.

c) *La Cloche actuelle.*

La cloche actuelle porte l'inscription suivante :

« L'an de N. S. J. C. 1875, l'année du Jubilé universel, Pie IX pape, Mgr Bataille évêque d'Amiens, j'ai été été bénite dans l'Eglise Ste Marie-Madeleine de Cizancourt, par M. Bataille, le curé de la paroisse de Saint Christ-Briost et Cizancourt, spécialement délégué à cet effet, et nommée Marie-Madeleine Caroline-Henriette, par M. Charles Gaûchin et sa sœur, Mlle Henriette Gauchin ».

Cuvillier, fondeur,
à Carrépuits.

d) *Inhumations faites dans l'intérieur de l'Eglise de 1693 à 1789.*

1. — En 1704. — Mlle François X..., de Saincry, décédée à l'âge de 81 ans, inhumée dans l'Eglise par Huguet, curé de Saint-Christ, chargé du service de Cizancourt par intérim. Assistait : de Barle, châtelain.

2. — En 1707. — François de Barle, écuyer, sieur de Saint-Antoine, gendarme de la garde du Roy, époux de damoiselle Anne Bourlon, inhumé dans l'Eglise.

3. — En 1715. — Marguerite Françoise Bernard, épouse de Sire Vaillant Charles, laboureur, inhumée dans l'Eglise, en présence de Jean Claude Vaillant, prêtre, son beau-frère.

4. — En 1722. — Mlle Marguerite Castel, née Castel-Bourdon, de Pertain, veuve de Charles Vaillant, de Cizancourt, morte à 29 ans, et inhumée dans l'Eglise en présence de maître Castel, chirurgien à Pertain, et de maître Antoine Bertaux, laboureur à Potte.

5. — En 1779. — Maître Jean Caron, prêtre, curé de la paroisse pendant 33 ans, décédé à l'âge de 73 ans, muni des Sacrements de l'Eglise, en la maison presbytérale, inhumé dans le chœur de l'Eglise

par Demilly, curé de Villers-Carbonnel, doyen rural du doyenné de Curchy, en présence de Charles-François Terlez, magicien, son neveu, de Matigny ; de Jean Louis Lecocq et Christophe Lecocq, bergers à Ollezy et Offoy ; de Marie-Claude Joseph Croizet, vicaire de Saint-Quentin-Capelle, à Péronne ; et de plusieurs curés du voisinage : Demilly, curé de Barleux ; Lemaire, curé de Chaulnes ; Francière, curé de Morchain ; Havet, curé de Misery ; Vasset, curé de Marchélepot ; Guillot, curé d'Epénancourt ; Carlier, curé de Pargny.

Le Cimetière est situé autour de l'Eglise. Sa superficie est de 8 ares 50 centiares.

Parmi les inhumations faites de l'an 1698 à 1789, je relève celles de :

1° La famille de Barle, 1717-25-27-28.

2° Maître Jean Lalou, curé de la paroisse, décédé, en 1745, à l'âge de 62 ans, après avoir reçu les Sacrements de notre mère la Sainte Eglise avec beaucoup de piété, dit l'acte d'inhumation, et une parfaite soumission aux ordres de Dieu. Son corps fut inhumé, selon ses dernières volontés, au pied de la *Croix du Cimetière*, par Jean Cauet, curé de Licourt, doyen rural du doyenné de Curchy, en présence de : Charles-François Bourgeois, curé de Saint-Christ, vice-gérant du doyenné, maître Gervais Martin, curé de Briost, Charles Lhomond, curé de Misery, Thomas Houssard, curé de Brie, sire Gérault de Mont-Royal, curé d'Epénancourt, Jacques Regnard, curé de Fay, et Charles Joseph Charlard, cousins du défunt.

3° Marie-Anne de Barle, Veuve Picart, en 1763 ;

4° Marie-Madeleine Berteaux, Veuve en 1ères noces de Philibert de Barle, en 1771.

5° A mentionner aussi : le *décès* de Claude de Barle, né de François de Barle et d'Anne Bourlon, mort à l'hôpital de Sarlouis, archevêché de Trèves, en 1728, à l'âge de 32 ans. Il était soldat de la Compagnie de M. de Crépy, au régiment de Wallier ; il a reçu les Sacrements de Notre Mère la Sainte Eglise et a été inhumé dans le Cimetière de la ville. (Note de l'aumônier militaire).

Les *concessions à perpétuité* sont celles des familles Gauchin, Waré et Ledoux.

2° Les Curés de la paroisse et le Presbytère.

Voici la liste des curés de Cizancourt, dont le nom a échappé à l'oubli. La liste est complète depuis 1698 jusqu'en 1792.

1° *Vincent Dollé*, 1569.

2° *Sire Isaac Cotterel*, prêtre-vicaire de l'église de Cizancourt, 1590 ; son nom figure à cette date, dans une vente de terres faite à Mazancourt, par lui et par Gaspard Lemaire, en son nom et comme receveur et marguillier de la dite église, « de l'avis d'Adrien Denisart, Jean Caron, Sébastien Gaudeffroy, Louis Bydault, Médard Marchandise, Alexandre Mouton ; tous habitants et paroissiens de l'église Sainte Marie-Madeleine de Cizancourt, *aisant* (gens à l'aise), et représentant la plus saine partie de la communauté dudit lieu ». Cette vente fut faite au profit de Nicolas de la Porte. (Arch. départementales, E. 841).

3° *Messire Nicaise Lerouge*, 1642 ; on lit dans le registre de la paroisse de Cressy, ancien doyenné de Nesle : « Le 17 mars 1642, fut inhumé dans la nef de l'église de Cressy, Messire Nicaise Lerouge, natif dudit lieu, diacre-curé de Aizecourt-le-Bas et de *Chizancourt*, proche de Saint-Christ, âgé de 24 ans, ayant été trouvé dans une fosse à roches, près la grande rivière dudit Saint-Christ, après y avoir séjourné 14 jours et 14 nuicts ».

4° *Messire François Paillot*, 1651 ;

5° *Charles Maillard*, 1688 ; c'est lui qui reçut M. de Clermont, évêque de Noyon, lors de sa visite, en 1688. On trouve un nommé Maillard, curé de Brie, en 1691.

6° *Jean Lebrethon*, 1693 ; son nom figure, à cette date, sur le registre de la paroisse de Saint-Christ, où il remplit quelques actes de son ministère, en l'absence de J.-B. Chappus, titulaire du lieu.

7° *Philippe Bosquin*, 1697 ; il est fait mention de son nom sur les Registres de Saint-Christ.

8° *A. Corbizet*, « Commis à la desservitude », 1698.

9° *Jean Lefranq*, 1699, lequel assiste, en qualité de curé de Cizancourt, à l'inhumation de Pierre Guesdon, curé de Saint-Christ, en 1702.

10° *Nicolas Huguet*, curé de Saint-Christ ; « commis, en 1704, pour desservir la paroisse de Cizancourt ».

11° *C. Leuet*, « commis à la même cure par l'évêque de Noyon », en 1707.

12° *André Poullain*, 1707-1713 ; il assiste, en 1708, à l'inhumation, dans l'église de Briost, d'Anne Ponthieu, femme de défunt Antoine Léger, fermier du Château de Briost.

Le registre de l'époque porte cette prescription :

« Chaque paroisse aura deux registres pareils, l'un pour servir de minute ou original, dans lequel les actes seront écrits de suite en suivant, sans aucun blanc, signé du curé et témoins ; l'autre, pour servir de grosse ou de copie, dans lequel tous les actes de la minute, même les signatures, seront transcrits et certifiés véritables par la signature du Sieur Curé à la fin du registre ; lesquels seront apportés six semaines après l'année expirée, à peine de 20 livres d'amende, pour être collationnés ; la minute rendue au Sieur Curé, et la grosse remise et gardée au greffe établi en la ville de Noyon pour tout le diocèse. Chaque paroisse ne payera que six sols pour tous les frais, et même le port des deux registres, outre le prix du papier timbré ».

Plus loin, les curés sont priés de ne plus acheter de papier timbré pour les registres, pour la raison qu'on les trouvera tout faits chez l'imprimeur-libraire à Péronne.

13° *Jean Lalou*, 1713-1745 ; mort le 1er septembre 1745, à l'âge de 62 ans ; son corps fut inhumé, selon son désir, au pied de la Croix du cimetière.

14° *Antoine Delacroix*, 1745-1746.

15° *Jean Caron*, 1746-1779 ; il assiste, en 1748, à l'inhumation de Mre Gervais Martin, curé de Briost ; en 1758, Jeanne Caron, femme d'Antoine Terlez, gantier à Matigny, sa parente, meurt au presbytère de Cizancourt, à l'âge de 65 ans, et est inhumée dans la paroisse de son mari ; en 1779, il marie sa nièce, Marie-Louise Caron, avec Eloy Boudoux, bourrelier au dit Matigny ; Joachim Emprun, syndic de la paroisse et fermier de la maison Saint-Antoine, assiste au mariage.

En 1771, le Registre de paroisse porte la déclaration suivante, signée du curé :

« Je certifie que l'Edit du Roi Henri II, de 1556, a été publié au prône de notre messe paroissiale, le dimanche qui a précédé les IV Temps de chaque saison de l'année dernière ».

Il est présent, en 1772, à l'inhumation, dans l'église de Briost, de Maître Jean-Baptiste d'Arcourt, ancien bourgeois de Saint-Quentin, décédé chez le curé de l'endroit, son fils ; sa mort arriva le 22 Janvier 1779 ; il avait 73 ans. Il est inhumé dans le chœur de l'église. Ses obsèques furent présidées par Demilly, curé de Villers-Carbonnel, doyen rural du doyenné de Curchy.

16° *Charles Antoine Dercheu*, 1779 ; mort à Roye, chez son frère, à l'âge de 36 ans ; il est inhumé à Saint-Pierre de Roye ; l'intérim est fait par Olivier Louis Laurent, prêtre desservant en l'absence de sire L. J. L. Desains, nommé curé de la paroisse.

17° *Louis Joseph Laurent Desains*, 1779-86 ; en 1785, il bénit le mariage de Michel Césaire Picart, son paroissien, avec Marie Elizabeth Picart, de Saint-Christ. Au mariage est présent : Messire Jean Marie Auguste Bernard de Cizancourt, receveur particulier des Finances, en l'élection de Péronne. Ce dernier avait assisté, l'année précédente, au mariage de la fille de son fermier, Joachim Emprun, et se qualifiait, à cette date, écuyer, conseiller, secrétaire du Roy, seigneur en partie de cette paroisse, et seigneur du fief St-Antoine y situé. Un des derniers actes du curé fut le mariage, à Cizancourt, de Madeleine Catherine Hélène Desains, sa parente, avec Antoine Joseph Berger. Le père de la mariée, Jacques Joseph Desains, était maître en chirurgie à Saint-Pierre de Ham. Dans l'assistance, on trouve : Claude Laurent Olivier Desains, sergent au Corps royal de la Marine, division de Rochefort, son frère ; Maître Jean Hilaire Desains, notaire et procureur au Bailliage de Chauny, son cousin.

Desains quitta Cizancourt, en 1786 ; on le revoit, en 1787, comme parrain de Louise Marie Demay, née Demay-Odelot, fille du fermier ; c'est Legrand, curé de Saint-Christ, qui fait le Baptême ; Tourlet y assiste, en qualité de curé de Cizancourt.

18° *Louis Jean Tourlet*, 1787-1792 ; il était curé de Marteville, quand il fut nommé à Cizancourt; en 1792, il se qualifie curé de Saint-Christ et de Cizancourt.

Le Presbytère

Une déclaration faite par Jérôme Demay, le 1er germinal an III (21 mars 1795), nous apprend qu'un vieillard infirme, du nom de Lepage Antoine, est mort dans « *la Maison ci-devant presbytérale* » de Cizancourt. Cette maison fut vendue vers ce temps et acquise par Cadet-Duchemin.

3° *Le temporel de l'Eglise et de la Cure ; les Marguilliers.*

a) Déclaration du 9 août 1651 :

A cette date ont comparu par devant le Bailli général du duché-Pairie de Chaulnes, en présence de Debonnaire François, receveur et Procureur fiscal du duché :

Messire François Paillot, curé de l'église Sainte Marie-Madeleine de Cizencourt, Nicolas Froissart, marguillier de la dite église, Germain Debroye et Claude Delanchy, principaux habitants et paroissiens de Cizencourt, lesquels *ont remontré* qu'à la dite église et cure, indivisément comportent et appartiennent :

1° « 15 journaux 4 verges 1/2, tant de terres labourables que de bois, sis en plusieurs pièces à Cizencourt et environs, tenus de Mgr le duc de Chaulnes, *à cause de sa seigneurie de Saint-Christ*, et chargés et redevables par an, envers lui, au 20e jour après la fête de Noël, de 3 sols 9 deniers de cens fonciers, à lotz et ventes (lods et ventes), et concédés à faible paye, suivant la coutume » ; item,

2° « 9 journaux et 1/2 de terre labourable aussi indivisément appartenant à la dite église et cure, tenus du même duc,... à cause *de sa baronnie de Briost*, et chargés par an, à Noël, de 3 sols 6 deniers de cens fonciers à lotz et ventes ; pour lesquelles terres tenir, ci-devant avait été baillé pour Homme vivant et mourant deux personnes, les Srs Adrien Desmarquet et Rolland Prouillet, au lieu desquels les dits comparants présentent la personne de Mre Paillot, requérant qu'il soit reçu, et pour y parvenir, offrent de payer 4 droits de 61 sols chacun, dus pour raison de la dite mutation, savoir : deux pour la dite église, et deux pour la dite cure, sauf néanmoins la modération qu'il plaira au duc de faire ; offrant aussi de satisfaire à ce qui peut être tenu, et en conséquence main-levée de la saisie être donnée ; ce qui est accepté avec modération. Mre François Pailiot est reçu à Homme vivant, mourant, tant pour l'église que la cure pour, au nom desquelles, tenir du duc, les 15 jx 4 v. 1/2,... et 9 jx 1/2 (ci-dessus déclarés), sans préjudice des deux droits dus en toute mutation au seigneur, pour échange des dites terres, comme tenues des deux seigneuries, droits qui sont pour la totalité de chacun d'eux, de 61 sols 4 deniers.

Auquel Paillot est aussi enjoint de donner dénombrement dans 6 semaines de ce jour ».

Acte signé : F. Paillot, Nicolas Frossart, Germain Debroye, Claude Delanchy, Ledoulx, Debonnaire et Brucquet.

b) Déclaration de 1668 :

D'après la déclaration faite par Charles Maillard, curé de la paroisse, à M. de Clermont, évêque de Noyon, le 10 mai 1688, le revenu *de la Cure* est, à cette époque, « de 20 setiers de blé, de 280 livres pour servir de portion congrüe, et de 10 livres de casuel » ; celui *de la fabrique*, « de 22 setiers de bled et 23 l. d'argent ».

Suivant Colliette, le revenu de la Cure était, en 1770, de 900 l. ; selon l'abbé Decagny, l'Eglise avait de riches revenus, comme la Cure, à qui toute la dîme avait été cédée par le Chapitre de Nesle ; l'ensemble de ces revenus pouvait s'élever, paraît-il, à la somme de 2000 livres vers la fin de l'ancien régime.

c) Vente de biens nationaux :

Le Répertoire de la vente des biens nationaux opérée par les soins du directoire de Péronne ne fait mention que de 3 journaux 25 verges de terre labourable, situés sur divers points du territoire de Cizancourt et de Saint-Christ, comme appartenant à l'Eglise et à la Cure ; ces terres furent partagées en trois lots et adjugées :

1° 75 verges à Paul Corneille Minotte, ménager, de Misery, au prix de 450 livres ; cette pièce était située au terroir de Saint-Christ et tenait d'un long à la Vve Doisy, d'autre à l'Eglise et Cure de Saint-Christ, et était exploitée par l'acquéreur. 2° 1 j^{al} 75 verges à Louis Benoît Fouquet, de Bussu ; ce lot comprenait 75 verges de terre au terroir de Saint-Christ, à la Tombelle, tenant d'un long au Sr Serpette de Bersaucourt, et au midi, au chemin de Saint-Christ à Misery ; plus 75 verges au terroir de Cizancourt, au Quenelet, tenant d'un long au couchant, au bois de l'Eglise et Cure de Cizancourt, d'un bout au bois de Licourt, d'autre à Capel, de Misery ; ces deux pièces exploitées par J. Lefèvre, de Misery, furent estimées 420 livres et adjugées au prix de 620 livres. 3° Plus, une pièce de 25 verges de terre lab^{able}, mes. de Péronne, sise au chemin de Péronne à Nesle, et exploitée par Jean Denis Ledoux, estimée au prix de 220 livres, dont 130 pour le terrain et 90 pour deux blancs qui y étaient plantés.

Une autre pièce de 75 verges fut adjugée à Jean Ch. Lefèvre, cultivateur à Misery.

d) La dîme.

Dans l'énumération des terres que *les Prémontrés* possédaient dans le domaine de Nesle, et au sujet desquelles *Yves*, Comte de Soissons et *Seigneur de Neelle* accorde, en 1172, des exemptions de coutume et d'exaction en faveur de leur abbaye, est mentionnée, avec la dîme de Falvy, une partie de celle de Devise et la terre de Béthencourt, etc., *la dîme de Cizancourt, decima de Chisencurt* ; il est dit que cette concession est accordée aux Religieux du consentement de la Comtesse Yolande ; l'original porte le sceau du Seigneur de Nesle et celui de Conon, son neveu et successeur. Les témoins sont : Raoul, Châtelain de Nesle, Symon, bouteiller, de Péronne, etc. (Arch. départementales, H. XX).

Une charte de Symon, évêque de Noyon, rapportée dans le Cartulaire de Prémontré, nous apprend que c'est par son intermédiaire que le Seigneur Odon Albethart a donné à l'Eglise des Prémontrés tout ce qu'il possédait de dîmes à Cizancourt, à savoir les deux tiers, et ce, du consentement d'Oger de Cappy et de sa femme Herma, et aussi de celui d'Hugues, Châtelain de Bapaume, du fief desquels provenait la dîme en question.

L'acte est daté de l'année 1147. On y distingue les signatures de Théodoric, trésorier, Baudoin, doyen, etc., et celles de Robert de Hiencourt, Hugues, Gérard de Vrely, etc.

La dîme de Cizancourt passa plus tard entre les mains du Chapitre de Nesle qui la laissa à la Cure jusqu'en 1789.

En 1786, le curé de Cizancourt attaqua les fermiers du Canal au sujet de l'emprise faite par eux de terrains soumis à la dîme ou champart, prétendant avoir droit à une indemnité en sa qualité *de décimateur*. Le plaignant ayant eu gain de cause devant le Bailliage de Péronne, les fermiers interjetèrent appel au Parlement, qui renvoya l'affaire à la connaissance des tribunaux ordinaires.

Dans un projet d'arrêt proposé au Conseil en 1779 par M. d'Agay, Intendant de Picardie, il est dit en effet que Sa Majesté a déclaré vouloir indemniser les décimateurs, à raison de la totalité des terrains sur lesquels ils peuvent prouver qu'ils sont en possession de dîmes deux ans au moins avant l'emprise du Canal, et, pour faciliter la liquidation de l'indemnité des droits de dîme et de champart, a ordonné que la liquidation de chacun de ces droits serait fixée sur le produit commun de trois années, en proportion du prix des acquisitions faites pour le Canal, et ce, conformément au tarif que Sa

Majesté a fait rédiger en conséquence. (Communications de Laurent de Lyonne, du 20 juillet 1788 ; C. 2107 ; arch. départementales).

C'est sans doute dans ce sens que le jugement fut rendu, s'il le fut.

L'Eglise de Saint-Christ possédait encore à Cizancourt, en 1828, 13 ares 20 c^a de terre labourable, à la sole de Saint Antoine, et 98 ares 20 c^a de terre et rideau au lieu dit la Vallée.

L'Inventaire de 1909 mentionne, en outre du mobilier garnissant la Chapelle de Cizancourt (l'ancienne Eglise paroissiale), la possession d'immeubles à Gorenflos, faisant partie du legs Waré-Lefebvre.

L'acceptation de ce legs par le Conseil de fabrique de Saint-Christ est du 28 septembre 1896. Il y est dit que le Conseil accepte la donation *Warré-Lefebvre*, laquelle a pour objet une pièce de terre sise à Gorenflos, et en demande l'aliénation, afin d'en employer le montant à dire des messes pour le repos de l'âme de Mme Warré. — Délibération signée : Leulier, curé ; Quéquet, doyen ; Quéquet, Cottret.

Les Marguilliers. — Il n'est pas possible d'en reconstituer une liste complète, même pour le xviiie siècle ; voici ceux dont il est fait mention :

1° Gaspard Lemaire, receveur et marguillier de la dite Eglise, 1590 ;

2° Nicolas Froissard, 1651 ; (E. 841, arch. dép).

3° Laurent Duflos, laboureur, 1702 ;

4° Honorable François Charlard, 1727 ; sa fille, damoiselle Marie Jeanne Charlard épousa Charles Moilet, march^d épicier à Péronne ;

5° Louis Nardaux, 1728 ;

6° Louis Guilbert, 1747 ;

7° Joachim Emprun, fermier de la maison Saint-Antoine, 1784 ;

8° Jérôme Demay, 1788.

III. — Faits relatifs à son développement.

1° Ecoles paroissiales.

Sous l'Ancien Régime, Cizancourt avait, comme Saint-Christ et Briost, *son école paroissiale*.

Voici la liste des *clercs séculiers* dont le nom est resté :

1° *Jean Faroux*, 1695-1709 ;

2° *François Fressart*, 1710-1721 ; un nommé Fressart exerçait également cette fonction à Chaulnes, en 1694 ;

3° *Jean Croisille*, 1722-1756 ;

4° *Martial Rouillard*, 1756-1767 ; 1780-1784 ;

5° *Joachim Emprun*, 1767-1770 ; en 1762, il figure comme fermier de la maison Saint-Antoine ; de même après 1770 ; il est alors nommé Syndic de la paroisse ; il exerce de nouveau la fonction de clerc séculier de 1780 à 1784 ; en 1792, il est élu pour rédiger les actes de l'Etat-civil ; son fils, Jean-Baptiste devint adjoint de la municipalité en 1805, puis percepteur à vie de Licourt, Epénancourt, Pargny et Falvy, tout en résidant à Cizancourt ;

6° *Valentin Boitel*, 1771 ;

7° *Nicolas Prévost*, 1784 ;

8° *Nicolas Fidèle Poisson*, 1786 ; il était originaire de Caulaincourt et se maria à Saint-Christ ;

9° *Jean François Mouton*, clerc tonsuré et maître d'école, 1787 ;

10° *Claude François Polin*, 1788 ; il fut clerc séculier de Saint-Christ de 1793 à 1795 ;

11° *Auguste Mouton*, 1790 ;

12° *Philippe Baudoin*, 1791 ; il dut exercer de même à St-Christ, en qualité de clerc séculier, de 1792 à 1793, à la place de Lemoine, alors résignant, 1792.

L'école disparut par l'effet de la confiscation des biens d'Eglise.

En 1688, le *revenu* du clerc était de 2 setiers de blé et 3 livres de casuel. (Visite de M. de Clermont, évêque de Noyon, 10 may 1688).

2° Le bien des pauvres.

Un acte signé Jean Lalou, curé de Cizancourt établit que les pauvres jouissaient alors (1744) de 6 quartiers de blé et de 30 livres de rente pour le louage de bois.

Suivant l'abbé Decagny, le bien des pauvres se composait, en 1870, de 3 hectares 11 a. 61 c^a de terre dont 99 a. au terroir de Licourt, avec un revenu moyen de 500 francs.

La commune de Cizancourt a son *bureau de bienfaisance*.

Son revenu moyen était :

De 1880 à 1889, de 742 francs ;

De 1890 à 1899, de 604 francs ;

De 1900 à 1909, de 650 francs ;

Le curé de Saint-Christ fit partie du Bureau de bienfaisance, jusqu'en 1884. Etaient membres à cette date : Warré, maire, président; Bataille, curé ; Coppé, Demay, Gontier, Ledoux, Picart.

3° Institutions pieuses.

a) Le Calvaire. — Le Calvaire de Cizancourt que l'on voit sur le grand chemin de Béthencourt à Eterpigny, à l'angle de la rue de l'Eglise et près de la ferme de M. Gauchin, a été érigé en 1880, à l'aide d'une souscription libre et volontaire des habitants, complétée par de pieuses et généreuses libéralités.

Au nombre des souscripteurs, je trouve :

MM. Charles Waré ; la famille Gauchin, Mme de Bary, M. Charles, Mlle Adrienne ; Picard Léon, Demay Florimond, Caron Adolphe, Lefèvre Edouard, Robillard Léon, Demay Léopold, Vve Bardoux, Bonnard Jules, Vve Herbert, Herbert Clodomir, Vve Grimaux, Magnier, Caron Charlemagne, Cailleux Jean-Louis, Vve Boilet, Ledoux Louis-Joseph, Valère Damas, Lescarcelle Théodule, Mlle Duchemin Alexandrine, Bégard Amédée, Catherine Lescard, Demay François, Picart Cézaire

Le montant de la *souscription* s'éleva à la somme *de 322 francs* ; les frais accessoires figurent pour la somme de 171 fr. 75 centimes.

b) La Statue de Saint-Antoine, ermite.

Cette statue antique, en bois, est conservée avec soin, dans une niche pratiquée au pignon de l'une des dépendances du Château, d'où son nom de *Château et Maison de Saint-Antoine.*

Au pied du Saint figure l'animal légendaire qui en caractérise l'image, en souvenir de la corporation des charcutiers, dont il est toujours le patron apprécié et vénéré.

L'abbé Delagny croit à l'existence d'une ancienne maison de Templiers à Cizancourt ; on serait heureux d'avoir d'autres preuves de cette opinion que de simples indices.

c) La fête de Sainte Marie-Madeleine se célèbre habituellement le jour où elle tombe, c'est-à-dire le 22 juillet; souhaitons que cette religieuse tradition se perpétue à travers les âges, avec son parfum de couleur locale et le charme de ses lointains souvenirs. La fête du village a lieu le dimanche qui suit.

CHAPITRE II

DÉMOGRAPHIE RELIGIEUSE ET MORALE DE L'ANCIENNE PAROISSE DE CIZANCOURT.

I. — Faits se rapportant à la natalité.
II. — Les noms de Baptême.
III. — Les places d'Eglise.
IV. — Le Père Longueval, de Cizancourt. religieux de la Compagnie de Jésus, historien.

I. — Faits se rapportant à la natalité.

1° Moyenne de la natalité par famille ou ménage.
a) *De 1698 à 1789* :

ANNÉES	MARIAGES	NAISSANCES	MOYENNE DE LA NATALITÉ PAR MÉNAGE OU FAMILLE	
1698 à 1709	3	6	2 enfants	2
1710 à 1719	2	18	8 —	8.2
Manque plusieurs années				
1730 à 1739	8	3	3 —	3
1740 à 1749	2	24	12 —	
1750 à 1759	4	18	4 —	4.2
1760 à 1769	1	26	24 —	
1770 à 1779	6	12	2 —	2
1780 à 1789	8	29	3 à 4	3.5
	34	157		

Durant cette période on compte 34 mariages et 157 naissances, ce qui constitue une moyenne de 4 à 5 enfants par famille ; la moyenne des naissances illégitimes n'est que de *deux pour cent*.

b) De 1790 à 1902 :

Années	Mariages	Naissances	Moyenne de la natalité par ménage ou famille		
1790 à 1792	1	9	9 enfants		9
1793 à 1802	5	32	6	—	6.2
1802 à 1812	4	27	6	—	6.3
1813 à 1822	9	19	3	—	2.1
1823 à 1832	4	29	7	—	7.1
1833 à 1842	4	19	4	—	4.3
1843 à 1852	6	24	4	—	4
1853 à 1862	5	32	6	—	6.2
1863 à 1872	8	35	4	—	4.3
1873 à 1882	9	28	3	—	3.1
1883 à 1892	7	37	5	—	5.2
1893 à 1912	11	34	3	—	3.1
	73	325			

Cette période accuse 73 mariages et 325 naissances, soit une moyenne de 4 à 5 enfants par ménage, de 3 à 4, si l'on tient compte des naissances illégitimes qui, malheureusement, vont toujours en augmentant. On en compte 15 à 20 pour cent à l'heure actuelle.

2° *Taux de la natalité dans les différentes classes de la Communauté paroissiale avant 1789 ; familles de 5 enfants et plus.*

a) Chez les *châtelains* on cite :   Nombre d'enfants

La famille de Barle-Géraux,   5 enfants ;
— de Barle-Bertaux,   4 (actes in-

b) Parmi les *laboureurs* et *fermiers* du Château :   complets)

La famille Ponchon-Duflot,   8 »
— Ponchon-Roussel,   7 »
— Emprun-Castel,   11 »
— Picart-Picart,   6 »

c) Parmi les *clercs séculiers* :

La famille Croisille-Leroy,   5 »

d) Chez les *professionnels* et *gens de métier* ; famille de *bergers* :

La famille Guilbert-Duflot,   9 enfants ;

e) Parmi les *journaliers* et *ouvriers agricoles* :

La famille Lefèvre-Cauet,	5	enfants ;
— Lefèvre-Catoire,	6	»
— Bigot-Demay,	11	»
— Brunet-Mauroy.	6	»

Le recensement de 1906 accuse 3 familles de 5 enfants et plus, parmi les ouvriers agricoles et journaliers ; ce sont :

Les familles Caron-Robillard,	7	enfants ;
— Gense-Gaudefroy,	5	»
— Grimaux-Hénon,	5	»

3° Les femmes victimes ou martyres du devoir de la maternité, de 1698 à 1789.

1725 Marie Dorée, f^{me} Lefèvre, 38 ans ;
1731 Marguerite Géraux, Vve en premières noces de Claude de Barle, et épouse en deuxièmes noces de Pierre Faroux ;
1741 Marie-Madeleine Delierre, f^{me} Boissière, employé des Fermes, 43 ans ;
1743 Thérèse Duflot, f^{me} Gossuin, 28 ans ;
1763 Marie-Anne de Barle, f^{me} Picart, 31 ans ;
1773 Marie-Anne Castel, f^{me} Emprun, décédée à la naissance de son 11e enfant ;
1794 Marie-Elisabeth Picart, f^{me} Picart Césaire.

La mortalité des femmes victimes du devoir accompli était alors de 12 à 15 pour cent.

II. — Les noms de Baptême.

Caractère des noms de Baptême imposés aux enfants à différentes époques.

1° *De 1698 à 1792* :

Noms de garçons. — Louis est donné 17 fois ; Pierre, 14 fois ; Antoine, François et Jean, 9 fois ; Charles, 6 fois ; Jérôme, 5 fois ; Joseph et Nicolas, 4 fois ; Alexandre, Claude, Laurence, 3 fois ; César, Damien, Jean-Baptiste, Michel, Philibert, 1 fois ; etc.

Noms de filles. — Celui de Marie est donné 58 fois ; Anne est donnée 14 fois ; Marie-Madeleine, 12 fois ; Catherine et Marguerite,

9 fois ; Elizabeth, Gabrielle, Félicité, Marie-Josèphe, 6 fois ; Rose, Thérèse, 4 fois ; Geneviève, 3 fois ; Anastasie, Benoîte, Clotilde, Rosalie, Eulalie, Joséphine, Hélène, 2 fois ; etc. On rencontre aussi Magdeleine, Marie-Anne Josèphe et Marie-Josèphe, Madeleine, Michelle, Julle, etc.

2° De 1833 à 1842 :

Le nom de François est donné 3 fois ; Louis, Joseph, Alfred, Florimond, 2 fois ; Alphonse, Charles, Casimir, Jean, Jean-Baptiste, Jules, 1 fois ; etc.

Marie est donnée 5 fois ; Catherine et Adèle, 2 fois ; Clémence, Caroline, Euphrasie, Elizabeth, Florine, Isaure, Julienne, Marie-Madeleine, Noémie, Philomène, etc, 1 fois.

3° De 1893 à 1902 :

Charles est donné 7 fois ; Georges et Joseph, 3 fois ; Abélard, Emile, Ernest, Léopold, Léon, Henri, Louis, Maurice, Pierre, 2 fois ; Armand, Cléophas, Désiré, Damas, Elie, Fortuné, François, Gustave, Jules, Marcel, Ovide, Raoul, Robert, etc, 1 fois.

Marie (ou Maria) est donnée 12 fois ; Claudine, Angélina, Henriette, Léopoldine, Pauline, Séverine, Zaïre, 2 fois ; comme noms nouveaux on rencontre Alfrédine, Edmée, Georgette, Odonise, Olga, Théoduline, Valérie, etc. Madeleine, le nom de la patronne, n'est donnée qu'une fois.

Cette dernière période marque, chez les filles surtout, un alliage qui n'existait pas auparavant. Faut-il s'en féliciter ?

III. — Les places d'Eglise.

Etat de l'occupation des places d'Eglise, d'après les actes de vente de 1833 et 1858.

Etat de 1833 :

Bancs d'hommes

1 Lenoir de Longueval,	7 Pierre Louis Josse,
2 » » ,	8 Joseph Gonthier, fils,
3 » « ,	9 Callixte Grébert,
4 Alexandre Duchemin,	10 François Herbert,
5 Louis-Joseph » ,	11 Aimé Stantesky,
6 Charles Bigot,	12 Louis Joseph Emprun,

— 273 —

13 M. le Curé (Baptiste Melchior Josse, 1839),
14 Pierre Percheval,
15 Casimr Demay,
16 Pierre François François (Archange Liévin, 1839),
17 M. le Curé (Edmond Liévin 1839),
18 Nicolas Barbare,
19 » Pingeot,
20
21 Jean-Baptiste Cholet,
22 Florimond Demay,
23 Sulpice Brunet (Melchior Barbare),
24 Nicolas Barbare.

Bancs des femmes

1 Joseph Bigot,
2 Louison » ,
3 Mme Côsme Liévin (de Briost),
4 Désirée Emprun, fme Barbare,
5 Madeleine Jérôme Demay,
6 Généreuse Gonthier,
7 Pascaline » ,
8 Estelle Demay,
9 Rose Brunet,
10 Julie Demay,
11 Anathalie Boitel, (Vve),
12 Catherine Demay,
13 Barbe Covin, (Cosme Liévin, 1839),

14 Rose Ennuyer, (Célestin Liévin),
15 Mme Vasset, (Julie Baloche),
16 Marguerite Devaux,
17 Joseph Daussin,
18 Félicité Darloy,
19 Madeleine, Vve Bigot (Catherine Darloy, fme Arcelin),
20 Madeleine Mangot,
21 Mme de Longueval,
22 Cézarine Demay,
23 Honorine Josse,
24 Séverine Josse,
25 Emélie Parcheval,
26 Clarisse » , fme Lescarcelle, 1845),
27 Félicité Duchemin,
28 Alexandrine » ,
29 Fme Corentin Ledoux,
30 Julie Césarine Demay,
31 Vve Jean Stantesky,
32 Adélaïde Demay,
33 Maxence (Adélaïde Houssard).
34 Maxence Félicité, (Marguerite Legrand),
35 Madeleine Demay,
36 Félicité Grébert,
37 Marie-Anne Bigot,
38 Cécile Pierre François.

Etat de 1858 :

Bancs du Chœur, (à gauche)

1 M. Gauchin,
2 Mme » ,
3 Alexandre Duchemin,
4 Cézaire Picart (place du Curé),
5 François Ledoux,
6 Pre Lis Josse,
7 Callixte Gontier,
8 Joseph Ledoux,
9 Nestor Mortellier,
10 Auguste Herbert,
11 Florimond Demay, fils.

A droite, partant de l'autel

12 M. Armand Jumelle,
13 Arthur Lescarcelle,
14 Jean Lis Cailleux,
15 Adolphe Grimaux,
16 Edmond Liévin,
17 M. Waré,
18 M. Adolphe Liévin,
19 M. Gauchin.
20 Florimond Demay, frère,
21 M. Barbarre,
22 et 23 M. Waré,

Bancs des femmes. Côté de l'Epître   *Côté de l'Evangile*

1 Josèphe Bigot, fme Herbert,
2 Marie Grimaux,
3 Mme Cosme-Liévin,
4 Noémie Lescarcelle,
5 Florine Gambard,
6 Geneviève Demay, fme Gontier,
7 Florine Demay (Julie),
8 Mme Bœuf,
9 Mme Gauchin,
10 Fme Demay,
11 Ismérie Daussin, fme Odiot,
12 Irma Cailleux,
13 Prudence Barré,
14 Mme Liévin Flament,
15 Eugénie Cavy,
16 Constance Senidre,
17 Octave Lefrois, fme Damas,
18 Odyle Cailleux,
19 Mme Arcelin, (Cather. Darloy),
20 Vénérande Toriot.

21 M. Gauchin,
22 Vve Casimir Demay,
23 Honorine Houpin, fme Josse,
24 Casilda Caron,
25 Emélie Cailleux, Vve Percheval,
26 Ambroisine Darloy,
27 Félicité Ledoux fme Duchemin,
28 Alexandrine Duchemin,
29 Mme Ch. Ledoux,
30 Adalie Darloy, fme Duchemin,
31 Mme Waré,
32   »
33 Félicité Maxence, fme Cailleux.
34 Renance Valère Damas,
35 Madeleine Vasseur,
36 Mme Jumelle,
37 Cl. Bigot, fme Beauvarlet,
38 Lodoiska Laumon.

Chaises. Côté de l'Epître   *Côté de l'Evangile*

1 M. Waré (bonne),
2 Mme Boulanger,
3 Cather. Demay,(Vve Maxence),
4 Julie Leclerc,
5 Elise Pronier.

6 Mme Robert,
7 M. François Lenain,
8 Mme Barbarre,
9 Mme Jumelle, mère,
10 Mme Debroy.

Ces états sont, par eux-mêmes, une démonstration indiscutable de la mentalité religieuse et de l'esprit social et familial qui animaient l'âme des générations précédentes et de leur puissante vitalité.

IV. — Le Père Longueval, de Cizancourt, religieux de la Compagnie de Jésus, historien.

D'après le sentiment de plusieurs ecclésiastiques de la région qui vivaient au commencement du dernier siècle et de l'avis de l'abbé Decagny, c'est à Cizancourt que serait né, en 1680, Jacques Longueval. Ce nom de famille est étranger à la paroisse, mais il est avéré que notre compatriote n'est pas connu sous son vrai nom. Jacques Longueval se fit remarquer, dès son enfance, par une vivacité d'esprit bien supérieure à son âge ; ses dispositions étonnantes lui méritèrent le bienfait d'une éducation libérale. Il fit ses humanités à Amiens avec beaucoup de distinction ; suivit le cours de philosophie à Paris, où ses succès ne furent pas moins brillants. C'est alors qu'il entra chez les Jésuites, rapporte l'abbé Decagny, où il professa avec talent les Humanités, la Théologie et l'Ecriture Sainte.

Par suite des querelles religieuses qui divisaient les esprits à cette époque, le Père Longueval fut exilé au fond d'une province ; il consacra les loisirs de sa retraite à composer, sur un plan plus étendu, *l'Histoire de l'Eglise Gallicane* qu'il avait déjà ébauchée. Dans la suite, il revint à la Maison Professe de Paris, et continua de travailler avec ardeur à cet ouvrage dont il publia les *huit* premiers volumes. Il avait presque terminé le 9me et le 10me, lorsqu'il mourut frappé d'apoplexie, le 14 Janvier 1735, âgé de 55 ans.

Il était d'un caractère doux et modeste, de mœurs pures, d'une application infatigable. Son Histoire de l'Eglise Gallicane respire un grand savoir et une noble simplicité. Les discours préliminaires des quatre premiers volumes sont d'une érudition profonde et d'une critique judicieuse.

Les Pères Fontenay, Brumoy et Berthier ont continué son œuvre.

L'ouvrage, imprimé à Paris de 1730 à 1749, comprend 18 volumes in 4°.

On doit encore au Père Longueval un *Traité du Schisme* publié à Bruxelles, en 1718.

La plus grande partie des *réflexions morales* qui accompagnent le Nouveau Testament du P. Lallemand est le fruit de son travail.

L'*Eloge de Jacques Longueval*, composé par Claude Fontenai, religieux du même Ordre, se trouve à la tête du T. IX de l'Histoire Gallicane dont il est le principal auteur.

Article complémentaire

Comme article complémentaire au chapitre de la démographie morale de nos trois localités, je joins ici la liste des Instituteurs et Institutrices qui en sont originaires et qui font partie, à l'heure actuelle, du *Corps enseignant*.

Ce sont M^{rs} et Mmes

1 Lebouchez Hildegond, Instituteur public à Sequehart (Aisne) ;
2 Darloy Paul, Instituteur adjoint à Fruges (P.-de-Calais) ;
3 Vve Bouderlique, née Marie Rosine Véret, Institutrice à Proviseux (Aisne) ;
4 Vve Plin, née Lacroix Victoria, Institutrice à Bouchoir (Somme);
5 Lacroix Clotilde, Institutrice adjointe à Bouchoir (Somme) ;
6 Bassilier Emélia, Institutrice à Bléguin (P.-de-C.), avec Mlle Julienne, sa fille, comme adjointe.

Conclusion. — De tout ce qui précède se dégage l'impression nette que nos anciennes paroisses constituaient *l'organisme* le plus simple et le plus complet de *l'ancienne France* ; cet organisme avait l'avantage de grouper en un faisceau parfaitement coordonné et discipliné les éléments les plus divers et de produire ce tout harmonieux et vivant qu'on appelait « *la Communauté paroissiale* ».

Le Curé en était l'âme, mais par l'esprit même qui le caractérisait, et par l'effet *de la haute direction morale* qui réglait son action, celle-ci s'exerçait plutôt *paternellement* ; d'autre part, les membres qui composaient sa famille paroissiale s'intéressaient d'autant plus vivement au bon fonctionnement des Institutions existantes qu'elles étaient à leurs yeux un *patrimoine sacré* légué par les ancêtres, et un élément indispensable de leur activité.

Il en résultait que la paroisse était *une famille* où les joies et les tristesses étaient partagées par le Pasteur comme par tous ses membres, et où la confiance réciproque s'alliait au respect le plus profond.

BIBLIOGRAPHIE

Livres

Dom Toussaint du Plessis, Bénédictin de la Congrégation de Saint-Maur. — Hist. de l'Eglise de Meaux, 1731.

P. Colliette, doyen du doyenné de Saint-Quentin, curé de Gricourt. — Mémoires pour servir à l'Hist. Ecclésiast., civ. et milit. du Vermandois. 3 vol., 1771.

Allou (Mgr), évêque de Meaux. — Chronique des évêques de Meaux. 1876.

Rethoré, membre de la Soc. d'archéol. de S.-et-M. — Jouarre, notice historique, 1874 ; Almanach de S.-et-M., 1874-1875-1891.

Bourquelot, anc. élève de l'école des Chartes ; et Anatole Dauvergne, peintre d'histoire. — Pèlerinage à Jouarre, 1848.

Ch. Morel, vic. gén. — Discours à l'occasion du 50ᵉ anniversaire de la restauration de l'abbaye de Notre Dame de Jouarre, prononcé dans la nouvelle Eglise abbatiale, le 8 septembre 1887.

Madame de Saint-Athanase. — Vie de Madame de Bavoz, abbesse de Pradines, et notice sur l'abbaye de Jouarre.

Thiercelin. — Le Monastère de Jouarre ; son histoire jusqu'à la Révolution, 1861.

D. Cochelet, Carme. — Commentaire catholique en forme de discours sur deux lettres, l'une de Frédéric, électeur et Comte Palatin, l'autre du Prince Loys de Bourbon, duc de Montpensier, sur la fuite de sa fille, abbesse de Jouarre. Anvers, 1616.

Carro. — Hist. de Meaux et du pays Meldois, 1865.

Camusat. — Promptuarium Sacrarum Antiq. Tricassinæ diœcesis. — Acta Martyrii Sanctæ Juliæ et Sociorum ejus, 1610.

Acta Sanctorum : S. Julia, 21 Juillet.

Vie de Sainte Julle et de Saint Claudien, tirée des manuscrits de Jouarre, 1679.

Gresy. — La Châsse de Sainte Julle à Jouarre, avec planche.

Légende de Sainte Jule, vierge et martyre, du dioc. de Noyes, 1850.

Les Actes de la Prov. Eccl. de Reims, publiés par Mgr Gousset, 1842.

Pouillé de l'anc. dioc. de Noyon, publié par M. l'abbé Chrétien, chan. hon., curé-doyen de Ressons-sur-Matz, 1911.

Decagny. — Hist. de l'arrondissement de Péronne, 1869 (Semaine religieuse, T. XXV, année 1883).

Duhamel-Decéjean, membre de la Soc. des Ant. de Pic. — Description archéol. du canton de Nesle, 1884.

Corblet (l'abbé). — Hagiographie du dioc. d'Amiens, 1873.

Soyez. — Notices sur les évêques d'Amiens, 1878.

Mioland (Mgr) évêque d'Amiens. — Actes de l'Eglise d'Amiens, 1848.

Comité archéol. de Noyon, T. XVI. Notes et documents pour servir à l'Hist. de l'instruction publique dans l'anc. dioc. de Noyon.

Mémoire de la Soc. des Antiq. de Picardie, T. XVII.

Bulletin de la même Société, 1911

P. Anselme, Augustin déch. — Maison Royale de France, T. Ier, 1726.

Gallia Christiana, T. IX. Eglise ou diocèse de Noyon.

Etudes. Revue publiée par les Pères de la Compagnie de Jésus, N° du 20 décembre 1911 ; la natalité en France et à l'étranger, par M. Lemozin.

Hoppenot. — Petit Catéchisme du mariage. Paris, 5. rue Bayard.

E. Lavisse et Rambaud. — Hist. gén , T. II.

Nouveau Larousse illustré, dictionnaire.

Stein. — Bibliographie générale des Cartulaires Français, 1907.

Dictionnaire de Théologie catholique. Paris, Letouzey.

Manuscrits

I. — *Bibliothèque nationale.*

Cartulaire-censier de l'abbaye de Jouarre, manuscrit du xiiie siècle, parch. in-4°; ms. français 11.571.

Dom Grenier (Collection de). — T. 78, Pouillés et carte du diocèse de Noyon; T. 135, Pouillés de Picardie; T. 192 et suivants, Topographie de Picardie.

Aux Imprimés : vol. LC 21 ter et 28 : « Etat ecclésiastique du diocèse de Noyon, en 1780 ».

Cartulaire d'Eterpigny, nouv. acq. latine, 927.

II. — *Archives nationales.*

Inventaire des Titres de famille et des propriétés et mouvances de Chaulnes.

Documents relatifs à la procédure existante entre l'abbaye de Jouarre et la Maison de Chaulnes, V° 687; V° 709; V° 815. — Prise de possession de la Maladrerie de Saint-Christ, 8 juillet 1673; S. 4862, dos. 1. — Baux concernant les possessions du Couvent ou Monastère Notre-Dame de la franche Abbaye-au-Bois-lez-Beaulieu, sur le territoire de Saint-Christ, S. 4411, dos. 4.

III. — *Bibliothèque Mazarine.*

Etat général des Réunions, n° 13.720, vol. in-4° 1705.

IV. — *Archives départementales de la Somme.*

Répertoire de la vente des biens nationaux.

Donation de terres à la cure de Briost, par Marie de Braye, veuve Garnier Pierre, 1743; B. 123.

Affaire intentée par le curé de Cizancourt aux fermiers du Canal, relativement au refus de payer la dîme sur les digues dans les marais et étangs de Saint-Christ; C. 2015 et 2017.

Vente, à Mazancourt, de terres appartenant à l'Eglise de Cizancourt. — Accord entre Julien Cottin, etc.; E. 841.

Mémoire ou rapport sur la chapelle Notre-Dame des Joies, G. 21-23.

V. — *Archives du département de l'Oise.*

Règlement de Mgr Franc. de CLERMONT, évêque de Noyon, relatif aux honoraires à percevoir par les curés pour certains actes de leur ministère ; G. 558.

VI. — *Archives du département de l'Aisne.*

Cartulaire d'Homblières, H. 588.

VII. — *Archives du département de Seine-et-Marne.*

Lettre d'Henri II par laquelle il mande au Réformateur des Finances qu'il soit fait remise aux Religieuses de Jouarre de sommes dues par elles, en raison des pertes qu'elles ont subies :. le long de la rivière de Somme, à cause des présentes guerres..: ; H. 546.

Permission donnée aux Religieuses de Jouarre de faire opérer une coupe dans leurs bois, pour en faire emploi à des restaurations urgentes dans plusieurs églises, fermes etc., de leur dépendance ; H. 2016 (reg. in-f°, T. 28).

VIII. — *Bibliothèque de la ville de Soissons.*

Cartulaire de Prémontré, manuscrit du XIIIe siècle, ms. 7.

IX. — *Archives communales.*

Registre des comptes de fabrique 1741-1775 ; délibérations du Conseil municipal.

X. — *Diverses communications.*

Notes de M. VEYSSIÈRE, à Athies, à qui je dois en particulier plusieurs des remarquables clichés qui ont servi à l'illustration de ce volume.

Notes de M. LEFÈVRE-MARCHAND, de Chaulnes ; manuscrit communiqué par Mme Lefèvre, sa veuve.

Renseignements divers dus à l'obligeance de M. l'abbé Defrance, Curé, et de M. Lefèvre, instituteur public, de la commune de Saint-Christ.

TABLE DES MATIÈRES

Avant-Propos.

PREMIÈRE PARTIE

Histoire des Paroisses de Saint-Christ, Briost et Cizancourt

SECTION A. — LA PAROISSE DE SAINT-CHRIST

I. — LE PRIEURÉ DE SAINT-CHRIST

Chap. Ier. *Existence et Nature du Prieuré.* — Origine et situation du Prieuré. — Sa filiation de l'Abbaye de Jouarre, ses Prieures. — Ses Biens et Charges. — Son droit de franchise ou d'asile. — Le droit d'avouerie des Seigneurs de Nesle et de Briost, p. 3 à 28.

Chap. IIe. *Extinction du Prieuré.* — Echange de la terre et Seigneurie de Saint-Christ contre la terre et Seigneurie de Verdilly, au profit de la Maison de Chaulnes, en 1571. — Procédure relative à cet échange entre les dames, Abbesses et Religieuses de Jouarre et les ducs de Chaulnes, p. 29 à 44.

Chap. IIIe. *Les Abbesses de Jouarre.* — Liste chronologique des Abbesses. — Leur droit de présentation aux cures de Saint-Christ, Chaulnes, Licourt, Marchélepot, au diocèse de Noyon. — Leur rang aux Assemblées Synodales de Noyon. — Armorial de l'Abbaye, p. 45 à 52.

II. — LA PAROISSE PROPREMENT DITE

Chap. Ier. *Érection de la Paroisse.* — Donation de l'autel de Villa-Nova (Saint-Christ), à l'Abbaye de Jouarre, vers 1673. — Sainte-Jule de Troyes, titulaire de l'Eglise et patronne de la paroisse. — Attribution de la paroisse au diocèse de Noyon et au doyenné de Curchy, p. 53 à 58.

Chap. IIe. *Organisation de la paroisse.* — L'église paroissiale ; description, p. 59 à 80.

Les Curés de la paroisse. — Le Presbytère, p. 80 à 98.

Le temporel de l'Eglise et de la Cure. — Les Marguilliers, p. 98 à 152.

Le Cimetière paroissial et communal. Inhumations de marque. Concessions à perpétuité, p. 152 à 158.

Chap. IIIe. *Les Institutions paroissiales.* — Œuvres d'éducation et d'enseignement. — Clercs séculiers et Instituteurs. — Sœurs ou Maîtresses d'école et Institutrices, p. 159 à 169.

Caractère et programme des anciennes écoles du diocèse de Noyon. — Ecoles dominicales et Veilles. — Prérogatives des Clercs séculiers, p. 169 à 192.

Œuvres d'assistance et de bienfaisance. — Administration du bien des Pauvres, les Matriculiers. — La Maladrerie de Saint-Christ. — Sa réunion à l'Ordre de Notre-Dame du Mont-Carmel et de Saint-Lazare, puis à l'Hospice d'Athies, en 1698. — Plaintes de L^{is} Franc. Deplanque, en 1787. — Le Bureau de bienfaisance. — Loi d'assistance, p. 192 à 200.

Œuvres pies. — *Confréries* : du Rosaire, de Saint-Sébastien ; Compagnie du Jeu d'Arc. — *Calvaires* : la Croix Saint-Claude, le Calvaire du Riez, du Pont. — *Lieux de Pèlerinage* : la Chapelle de Saint-Christ ; *Notre-Dame des Joies*, p. 201 à 210.

Chap. IVe. *Démographie religieuse et morale de la paroisse de Saint-Christ* — Faits concernant : la natalité et les victimes du devoir de la maternité, p. 211 à 217 ;

l'éclosion des vocations sacerdotales et religieuses, p. 217 à 221 ;

le choix des noms de Baptême, p. 221 à 224 ;

l'occupation des places d'Eglise, p. 224 à 228 ;

SECTION B. — LA PAROISSE DE BRIOST.

Chap. Ier. *Etablissement et organisation de la paroisse ; son érection :* donation de l'autel à l'abbaye Saint-Barthélemy de Noyon par Radbod II. — Charte et Bulle de confirmation. — Cession à l'abbaye de Jouarre du droit de présentation à la Cure. — Armoiries de Saint-Barthélemy, p. 228-231.

Son organisation. — L'Eglise Notre-Dame de Briost, sa construction. — Description archéologique. — Composition de son mobilier en 1794 ; la cloche. — Inhumations faites dans l'Eglise de 1693 à 1789, p. 231 à 236.

Le Cimetière. — Les curés de Briost et le Presbytère, p. 237 à 241.

Le temporel de l'Eglise ; les marguilliers ; biens de la fabrique et de la Cure ; la dîme, p. 241-243.

Son développement. — Œuvres d'éducation et d'enseignement. — Clercs séculiers, p. 243-244.

Institutions pieuses : La Chapelle castrale de Sainte-Anne ; érection. — Biens et charges. — Chapelains. — Réunion de la Chapelle à la fabrique de Chaulnes, en 1669. — Le Pèlerinage de Sainte-Anne, p. 244-246.

Chap. IIe. *Démographie religieuse et morale de la paroisse de Briost.* — Faits concernant la natalité, p 246-250 ;

les noms de Baptême, p. 250-251 ;

les places d'Eglise, p. 252-253 ;

SECTION C. — LA PAROISSE DE CIZANCOURT.

Chap. Ier. *Etablissement de la paroisse.* — Date d'érection. — La Patronne du lieu et le vocable de l'Eglise. — Le Chapitre de la Collégiale Notre-Dame de Nesle et son Droit de nomination à la Cure. — Armorial du Chapitre, p. 253-255.

Organisation de la paroisse. — L'Eglise. — Construction et description archéologique. — Composition du mobilier en 1795. — La cloche. — Inhumations faites dans l'intérieur de l'Eglise de 1693 à 1789. — Le Cimetière ; quelques inhumations de marque, concessions à perpétuité, p. 255-259.

Les curés de la paroisse et le presbytère, p. 260-262.

Le temporel de l'Eglise et de la Cure. — Vente de biens nationaux. — La dîme. — Les marguilliers, p. 263-266.

Faits relatifs à son *développement*. — Ecoles paroissiales. — Le bien des pauvres. — Institutions pieuses, p. 266-268.

Chap. IIe. *Démographie religieuse et morale de l'ancienne paroisse de Cizancourt.* — Faits concernant la natalité ; les noms de Baptême ; les places d'Eglise. — Le Père Longueval. p. 269-275.

Instituteurs et institutrices originaires du pays, p. 276.

Bibliographie, p. 277.

TABLE DES GRAVURES

1. *Carte du Diocèse* de Noyon, p. 1.
2. Armoiries de l'abbaye de Jouarre, p. 52.
3. *Eglise de Saint-Christ*, p. 59.
4. *Chapelle Notre-Dame des Joies*, p. 204.
5. Armoiries de la Maison d'Estrées, p. 207.
6. Armoiries de la famille Vinchon, p. 210.
7. Armoiries de l'abbaye St-Barthélemy de Noyon, p. 230.
8. *Eglise de Briost*, p. 231.
9. Armoiries du chapitre de la Collégiale Notre-Dame de Nesle, p. 255.
10. *Eglise de Cizancourt*, p.

www.ingramcontent.com/pod-product-compliance
Lightning Source LLC
Chambersburg PA
CBHW071417150426
43191CB00008B/942